Manager au quotidien pour les nuls

Jeremy Stubbs

en collaboration avec

Caroline Facy et Bruno Luirard

Manager au quotidien pour les nuls

Nouvelle édition

FIRST
ÉDITIONS

Manager au quotidien pour les Nuls

Publié en accord avec John Wiley & Sons, Inc.

ISBN : 978-2-412-08145-7
Dépôt légal : septembre 2022

Correction : Isabelle Chave
Indexation : Servane Heudiard
Illustrations : Marty
Mise en page : Soft Office

Imprimé en Italie

Éditions First, un département d'Édi8
92, avenue de France
75013 Paris – France
Tél. : 01 44 16 09 00
Fax : 01 44 16 09 01
E-mail : firstinfo@efirst.com
Site Internet : www.pourlesnuls.fr

À propos des auteurs

D'origine anglaise, consultant, universitaire et écrivain, **Jeremy Stubbs** est intervenu à l'ESCE International Business School (Paris), au CELSA (La Sorbonne) et à l'University of London Institute in Paris, ainsi qu'en entreprise sur les thématiques du leadership et du management interculturel. Il est l'auteur d'un MOOC pour la Banque Publique d'Investissement et OpenClassrooms : *Comment développer son leadership*. Il est également l'auteur du *Management pour les Nuls*.

Bruno Luirard est entrepreneur social depuis plus de 30 ans. Après avoir créé un premier cabinet de formation, et rejoint CAP Gemini en tant que VP secteur santé, il fonde en 2003 la voie des Hommes, communauté d'indépendants. Il intervient en tant que conférencier, conseil et *executive coach* auprès des dirigeants et organisations sur les enjeux de mutation du travail, l'impact sur nos systèmes de solidarité et les modèles de gouvernance partagée.

Après 13 ans d'expérience de management dans un grand groupe audiovisuel (M6), **Caroline Facy** se forme au coaching à HEC. Elle monte sa structure AtoutGenre en rejoignant La voie des Hommes en 2012. Depuis, elle accompagne les managers, individus, équipes et organisations, plus particulièrement sur les sujets suivants : business development, stratégie de communication, accomplissement en travail des femmes, mutation des sciences de l'éducation et de l'information, sens donné à nos actions.

Contributions

Ont également contribué à cet ouvrage :

– Jérôme Bontemps
au chapitre 12 « Manager en mode projet »
– Alexandre Coudray
au chapitre 13 « Exploiter les mutations technologiques »
au chapitre 20 « Dix classiques de la littérature managériale »
– Carole Dolard
au chapitre 18 « Équilibrer la vie professionnelle et personnelle »
– Florence Despras
Au chapitre 10 « Manager la diversité »
– Samuel Hennequin
au chapitre 14 « Gérer les situations problématiques »
– Jean-Marc Lasserre
au chapitre 6 « Attirer les talents »
– Samuel Legrand
au chapitre 15 « Manager ses supérieurs »
au chapitre 16 « Manager ses clients, ses partenaires et ses fournisseurs »
– Stéphane Mousset
au chapitre 14 « Gérer les situations problématiques »
– Alexandre Okupny
au chapitre 13 « Exploiter les mutations technologiques »
– Pierre Smilovici
au chapitre 7 « Motiver ses troupes »
au chapitre 11 « Conduire ou subir le changement ? »

Praticiens en management et stratégie de transformation

– Emmanuelle Butaud-Stubbs
au chapitre 17 « Manager dans le contexte de la société civile »

Déléguée général du Comité français de la Chambre de commerce international, ancien membre du Comité économique et social européen

Sommaire

Introduction

Partie 1 Manager la performance

Partie 2 Manager ses troupes

Partie 3 Manager le changement

Partie 5 La partie des Dix

Introduction

Ce livre a été conçu pour permettre à tous les managers – ceux qui sont très pressés et ceux qui le sont moins – de bien comprendre l'ensemble des aspects du management et d'adopter des approches simples et pratiques pour s'en sortir dans toutes les situations. Des méthodes à appliquer, exposées étape par étape, sont complétées par des cas, des récits et des témoignages. Le livre conduit le lecteur à travers un panorama des différentes facettes du management humain, mais le lecteur peut très bien le consulter ponctuellement pour chercher la réponse à une question précise.

Pourquoi lire un livre sur le management ?

Certains lecteurs potentiels diront : « Je n'ai pas besoin de lire un livre de management. Je suis déjà manager et je m'en sors assez bien ! » D'autres seront de l'avis que « la meilleure façon d'apprendre le management, c'est sur le tas. La théorie, c'est pour les étudiants ! » Les auteurs de ce livre partagent la conviction que le management est surtout une affaire pratique.

Pourtant, nous pouvons tous améliorer nos capacités en profitant à la fois des expériences des autres et des études scientifiques. Qu'il s'agisse d'acquérir les gestes essentiels du management ou de les perfectionner, le premier pas consiste à prendre conscience de nos limites actuelles et à nous entraîner pour les dépasser. Ce livre apporte les éléments d'un tel entraînement, de même qu'il apporte des solutions adaptées à des problèmes spécifiques que le lecteur rencontrera inévitablement au cours de sa carrière de manager.

Pourquoi lire ce livre sur le management ?

Une autre réaction possible de la part d'un lecteur consisterait à dire : « Je n'ai pas le temps de lire un livre sur le management ! » Ce livre sur le management a été fait pour être facile à feuilleter et à consulter. Mais en plus, il va vous permettre de faire des économies de temps appréciables. Comment ? D'abord, grâce à des chapitres qui traitent explicitement de la gestion du temps, que ce soit au bureau ou dans les interactions entre notre vie professionnelle et notre vie personnelle. Ensuite, parce que s'en sortir mieux et plus facilement dans nos tâches de manager implique à la longue des gains inévitables de temps et d'énergie.

Comment peut-on être si sûr du résultat ? Ce livre est le fruit des expériences réelles sur plusieurs décennies d'un groupe de consultants qui accompagnent toutes sortes de managers dans la plupart des situations imaginables, des plus routinières aux plus dramatiques. Il est alimenté aussi par la recherche la plus récente en termes de management, ce qui permet notamment d'aborder des questions relativement nouvelles comme le leadership, l'intelligence émotionnelle, la diversité et le contexte plus large de la société civile. Et comme les auteurs sont bien conscients que, face à une situation spécifique, on ne peut pas toujours appliquer directement une recette générale, l'accent est mis dans ce livre sur le pouvoir du questionnement. Le manager qui se pose les bonnes questions peut découvrir le moyen d'appliquer un principe général dans le contexte spécifique où il se trouve. Poser les bonnes questions constitue aussi le meilleur moyen de stimuler, d'inspirer et de guider les autres. On peut pratiquement dire que le management, c'est l'art du questionnement.

Comment ce livre est organisé

Le management et le monde de l'entreprise connaissent un changement de paradigme. Dans la vie professionnelle, le système de nos relations, influences et interactions est en train d'évoluer, donnant lieu à des problématiques nouvelles et à des opportunités inédites.

Ce livre aidera les managers, actuels comme futurs, à s'adapter à ces évolutions, grâce aux informations contenues dans les cinq parties suivantes.

Première partie : Manager la performance

Le manager est principalement concerné par la performance : sa propre performance, celle de ses équipes et celle de son entreprise. Ici, nous découvrons le rôle fondamental, à tous les niveaux de l'organisation, de la stratégie, comprise de la manière la plus simple possible et exprimée de façon inspirante. Car c'est seulement à la lumière des objectifs stratégiques à atteindre que le manager peut mesurer les progrès accomplis. Mais pour mener ses troupes vers un but qui peut parfois sembler lointain ou difficile, le manager a besoin des qualités d'un leader, c'est-à-dire de courage et d'intégrité, sans oublier la productivité personnelle ni l'art de la communication.

Deuxième partie : Manager ses troupes

Il est impossible d'oublier – du moins, on l'espère ! – que le management s'occupe des êtres humains aussi bien, sinon plus, que des systèmes et des processus. Cette partie montre comment le manager peut recruter et fidéliser ses équipes, les motiver, les faire travailler efficacement ensemble, pour finalement les évaluer de la manière la plus juste, la plus sensible et la plus constructive.

Troisième partie : Manager le changement

Si tout restait pareil, la tâche du manager serait, sinon évidente, du moins beaucoup plus facile. Aujourd'hui, les changements arrivent de tous les côtés et de manière continue, rendant nécessaires des transformations souvent très complexes. Cette partie aborde les différentes questions soulevées par ce monde en mutation. C'est bien sûr l'environnement externe qui évolue, mais les disruptions et les perturbations ont aussi des sources internes à l'entreprise, parmi lesquelles l'impact des nouvelles technologies sur nos façons de travailler, et les difficultés qui sont toujours à prévoir quand les êtres humains font face aux rivalités qui existent entre eux, et aux différents types de pression – psychologique et professionnelle – qui pèsent sur eux.

Quatrième partie : Manager son écosystème

Le périmètre du manager ne se limite pas à son service ou même à son entreprise. Au-delà de ses relations avec ses collaborateurs et ses collègues, le manager doit s'occuper aussi de ses chefs, ceux qui sont au-dessus de lui et qui lui transmettent leurs instructions. En dehors de l'entreprise même, il y a les fournisseurs, distributeurs et clients qui l'attendent, sans parler de la société civile qui l'observe, le critique, et souvent voudrait l'influencer... Cette partie guide le lecteur à travers ce paysage plus étendu, plus compliqué, plus délicat à maîtriser.

Cinquième partie : La partie des Dix

Pour qui voudrait réfléchir sur les grandes transformations qui ont lieu actuellement dans le management, cette partie propose des pistes simples et quelques lectures choisies pour stimuler la pensée du lecteur.

Les icônes utilisées dans ce livre

C'est une des marques de fabrique de la collection « pour les Nuls » : au fil de l'ouvrage, en marge du texte principal, vous trouverez de drôles de petites icônes. Ces balises ne sont pas là pour la décoration : elles visent à attirer votre attention sur certains passages.

Voici la signification de chacune de ces icônes :

À retenir Cette icône indique des informations à graver absolument dans votre mémoire. Si vous n'arrivez pas à mémoriser toutes les informations que vous lisez, retenez au moins celles-là.

En pratique La théorie, c'est bien. La pratique, c'est mieux ! Ces exemples vous aident à vous mettre en situation pour gérer au mieux toutes les situations.

Histoire vraie Cette icône signale un témoignage ou une histoire illustrant une situation de management réelle, pour ancrer la théorie dans la réalité.

Test En fin de chapitre, vous trouverez un encadré pour tester vos connaissances des thématiques développées dans les pages précédentes.

Truc Il s'agit ici de petites astuces pour vous aider dans votre rôle de manager, quelle que soit la situation.

Attention Si vous voyez cette icône, c'est que l'information qui suit est essentielle : elle vous évitera de tomber dans un piège ou une situation délicate.

Dilemme Cette icône vous donne les clés pour faire les bons choix.

Et maintenant, par où commencer ?

De même que le management peut prendre de multiples formes, vous pouvez lire ce livre dans l'ordre qui vous convient le mieux. Si vous souhaitez connaître ou reprendre les bases du management, nous vous conseillons de commencer par la première partie, puis de continuer votre lecture en suivant l'ordre des chapitres, afin d'approfondir différentes thématiques.

Si vous souhaitez en revanche trouver des informations à propos d'un sujet en particulier à un moment donné, vous pouvez vous servir du sommaire pour trouver le chapitre qui vous convient, ou picorer les informations qui vous sont utiles en recherchant un terme dans l'index.

N'attendez plus et plongez-vous dans ce livre !

Partie 1
Manager la performance

Dans cette partie…

Nous découvrirons les actions fondamentales du management et du leadership, de la stratégie à l'évaluation des performances. Nous développerons les compétences indispensables à la bonne exécution de ces actions, que ce soit le maniement des questions ouvertes, la pratique de l'intelligence émotionnelle ou l'art de la communication.

DANS CE CHAPITRE

Le management : un élément incontournable de la vie quotidienne

•

Le questionnement comme principe d'action et de motivation

•

Management et stratégie : un lien indéfectible

Chapitre 1

Comprendre le management

Si vous voulez être un bon manager, il est normal que vous cherchiez à mieux comprendre en quoi consiste exactement le management. Pourtant, le verbe « manager » ne désigne pas une activité réservée aux seuls « managers ». Nous sommes tous occupés à manager les autres.

Même si vous êtes situé plutôt en bas d'une hiérarchie, vous devez d'une certaine façon manager vos collègues, vos pairs. On peut aller jusqu'à dire que, dans vos relations avec vos supérieurs hiérarchiques, vous devez également les manager eux. Si vous êtes parent, vous managez vos enfants, ou du moins vous essayez de le faire. Et ce n'est pas encore fini ! Afin de réaliser ce que vous voulez faire dans la vie, quelquefois à l'encontre de vos propres caprices momentanés ou d'une certaine inclination pour la paresse, il vous faut apprendre à vous manager vous-même.

Déjà deux conclusions s'imposent. D'abord, le management est presque toujours présent à un degré variable dans les relations humaines, sans qu'il se confonde entièrement avec elles. Deuxièmement, le management n'est pas une simple affaire d'autorité et de subordination. Hâtons-nous donc de découvrir l'essence de ce phénomène aussi mystérieux que terre à terre.

Les composants essentiels du management

Au fond, le management n'est pas seulement une « théorie », bien que l'on puisse théoriser à son sujet. Le management est d'abord une activité. Cette activité consiste à :

- **Étape 1 : définir des objectifs réalisables.**
- **Étape 2 : motiver les gens, afin qu'ils réalisent ces objectifs.**
- **Étape 3 : organiser et coordonner efficacement leurs activités pour qu'ils atteignent ces objectifs, en contrôlant les résultats.**
- **Étape 4 : gérer prudemment toutes les autres ressources nécessaires à la réalisation de ces objectifs.**
- **Étape 5 : réagir et s'adapter aux événements imprévus et aux changements significatifs dans son environnement.**

Si vous cherchez à réaliser cette série d'actions, que ce soit en lançant une start-up dans le domaine du développement des applications mobiles, en creusant et exploitant un nouveau puits de pétrole pour une multinationale, ou en organisant un anniversaire pour vos enfants, vous êtes en train de manager.

Une science de l'imprévisible nature humaine

Le management est souvent enseigné dans les universités et les écoles comme étant une science. Il faut certes une compréhension d'ordre scientifique pour bien gérer les matières premières, la logistique, les environnements réglementaires et juridiques, la détermination et la coordination des différents rôles et gestes dans une usine d'automobiles ou dans un centre d'appels. Cependant, le management est aussi un art, dans la mesure où l'individu doit s'entraîner à sa pratique, se familiariser avec les nombreux types de situations que l'on peut rencontrer et constamment ajuster son action aux spécificités de chaque cas qui se présente. D'ailleurs, la variété et l'imprévisibilité des circonstances qui entourent le manager s'accroissent de manière exponentielle par le fait que nous sommes obligés de gérer, non seulement des ressources et des processus, mais aussi des êtres humains. Bref, à chaque étape, nous sommes confrontés à la nature humaine. Ah oui, la nature humaine, si imprévisible, si frustrante, si rationnelle à certains moments, si irrationnelle à d'autres, si docile un jour, si rebelle le lendemain...

À l'époque actuelle, les scientifiques qui se penchent le plus sur nos activités quotidiennes, les économistes, abandonnent leurs théories fondées sur la notion de l'« homme rationnel » (*homo œconomicus*), l'homme qui connaît et poursuit ses véritables intérêts en exploitant au mieux les ressources dont il dispose. Ces chercheurs, adeptes de l'« économie comportementale », préfèrent étudier la nature humaine en scrutant les comportements des groupes et des individus dans des situations authentiques. Comme eux, le manager moderne doit connaître ou mieux connaître la nature humaine pour parvenir à ses fins.

Origines et leçons du mot « management »

De nos jours, le mot très anglo-saxon de « management » a évincé dans un certain nombre de contextes les termes traditionnels en français de « direction » et de « gestion ». Et pourtant, le mot « management » a été emprunté à la langue française par les Anglais au XVIe siècle. Calqué sur un terme italien, lui-même dérivé du latin, *manus*, « main », le français *mesnager* signifiait « guider un cheval en tenant les rênes ». Cette idée perdure aujourd'hui dans le terme « manège ». Ensuite, le mot a désigné l'action de diriger une unité économique, comme un « ménage ». Aujourd'hui »

»

Origines et leçons du mot « management » *(suite)*

le verbe « ménager » réunit les sens d'« économiser », « gérer », « arranger » et « traiter quelqu'un avec égards ».

En cela, « ménager » et « manager » restent très proches. Le terme français révèle beaucoup sur le management, réunissant les deux perspectives scientifique et humaine. Il s'agit de mesurer, d'organiser, de diriger *quelque chose*, mais aussi de traiter *quelqu'un* avec tous les égards nécessaires. C'est pour cette raison qu'on peut manager non seulement ses subordonnés, mais aussi ses supérieurs : on s'occupe d'eux de la bonne manière pour arriver à ses fins.

Que ce soit en entreprise, dans une ONG ou dans l'administration publique, on peut avoir un plan formidable, des notions très exactes des ressources à mettre en œuvre, une connaissance précise des besoins et des enjeux de la situation, mais tout son projet peut échouer à cause du « facteur humain ».

Imaginons un technicien très galonné mais sans trop d'expérience de la responsabilité et du commandement. Quand il est promu chef de sa division, on peut dire que sa nouvelle situation est doublement préoccupante : il a perdu son meilleur technicien et il a acquis un mauvais chef. Il s'agit, bien sûr, dans les deux cas, de lui ! Pour être un bon manager, il faut savoir influencer les individus de sorte qu'ils fassent ce que vous voulez ou ce qui est nécessaire au projet.

Les qualités requises pour être un bon manager

Nous savons que ce que fait le manager est représenté par nos cinq étapes susmentionnées. Mais pour qu'il parvienne à ses fins, confronté à la nature humaine, quelles sont les capacités qu'il doit maîtriser ? Autrement dit, que doit posséder le bon manager ? Voici les six qualités humaines fondamentales qui s'appliquent dans toutes les situations :

1. *Vision du réel* : il a une bonne idée de la manière dont les choses se passent et vont se passer.

2. *Autorité* : quand il demande aux gens de faire quelque chose, ils le font.

3. *Charisme* : il inspire de l'enthousiasme aux gens et leur donne l'envie d'agir.

4. *Empathie* : il a suffisamment d'intelligence émotionnelle pour comprendre les autres et presque lire dans leurs pensées et leurs sentiments.

5. *Clarté* : il exprime clairement et de manière persuasive ses idées, en bon communicant.

6. *Intégrité* : il montre l'exemple et assume ses responsabilités, même quand les choses tournent mal.

Ces qualités, pour naturelles et innées qu'elles soient *dans une certaine mesure* pour la plupart d'entre nous, méritent toujours d'être cultivées et perfectionnées. Dans ce livre, vous apprendrez à le faire dans des situations quotidiennes. Pour l'instant, portons notre attention sur celle qui cristallise les autres et représente pour beaucoup de managers le levier central du management : l'autorité.

Après tout, il faut que les autres fassent ce que je leur dis de faire, n'est-ce pas ? Et qui est mieux qualifié que moi, leur supérieur hiérarchique, pour leur donner des ordres ? Pourtant, on peut se demander si la magie d'un titre est suffisante pour se faire obéir ?

Le manager entre autorité et motivation

Le cauchemar du manager, c'est l'impuissance : lorsque les autres refusent de faire ce qu'il leur demande de faire. Ils se révoltent ou font preuve d'une inertie infinie. Cela peut arriver parfois même aux managers les plus qualifiés, mais à notre époque, la situation devient critique.

De nos jours, beaucoup de cadres supérieurs se plaignent de leurs jeunes recrues, celles dites de la génération Y, c'est-à-dire les travailleurs nés entre la fin des années 1970 et le milieu des années 1990. Ces dernières n'écoutent pas leurs chefs avec toute la déférence requise. Pendant qu'on leur donne des consignes, elles se concentrent plutôt sur leur téléphone mobile en consultant leur compte Twitter ou leur page Facebook. Elles demandent à participer aux décisions plutôt que de les accepter passivement. Que faire ?

Portrait-robot de la génération Y

Aux yeux de leurs aînés, de leurs professeurs et de leurs managers, les adultes de la génération Y se montrent particulièrement rétifs à l'autorité traditionnelle.

Tandis que les jeunes cadres d'autrefois reconnaissaient implicitement le pouvoir de commandement du chef, ceux de la génération Y n'en ont cure.

Ils respectent, non celui ou celle qui tient telle ou telle position dans l'organigramme de l'entreprise, mais plutôt celui ou celle qui sait retenir leur attention en leur proposant des projets captivants.

Obéir les intéresse beaucoup moins que *participer*.

Habitués à zapper entre la tablette et le smartphone, la durée de leur capacité d'attention est généralement plus courte et plus imprévisible.

Ils s'attendent à dialoguer d'égal à égal avec tout le monde, exactement comme dans leurs échanges sur les réseaux sociaux.

Dans toutes leurs activités, ils font preuve de curiosité et cherchent du sens et de la nouveauté.

Malgré leur attitude apparemment nonchalante, ils sont prêts à s'impliquer dans de grands projets, voire de grandes causes humanitaires et planétaires*.

* Voir Olivier Rollot, *La Génération Y*, Presses universitaires de France, 2012.

Il arrive souvent que nous nous fassions obéir seulement en apparence. Nous évitons ainsi de perdre la face, mais au bout du compte, les résultats ne sont pas ceux espérés. Dans ces cas, les collaborateurs acquiescent devant nous, mais ne font pas ce qui était demandé. Ou ils obéissent consciemment, tout en désobéissant inconsciemment, tellement ils sont peu inspirés par nos instructions. Certains managers parlent des vertus du bon vieux système du bâton et de la carotte, l'univers du collaborateur se divisant entre punitions et récompenses. Cependant, là encore, les résultats de nos jours s'avèrent trop souvent médiocres, à peine plus que suffisants...

Déclin du système du bâton et de la carotte

	Action	Conséquence	Le résultat *selon le manager*	Le *vrai* résultat d'amortissement annuel
BÂTON	**Le salarié ne fait pas ce que dit le manager – ou le fait mal**	**Le manager punit le salarié**	**Le salarié apprend sa leçon**	**Le salarié accumule du ressentiment, se démotive**
CAROTTE	**Le salarié fait ce que dit le manager – et le fait bien**	**Le manager récompense le salarié**	**Le salarié est plus motivé**	**Le salarié s'active pour avoir une carotte, quand il y en a une, mais pas plus**

Pour en savoir plus sur la motivation humaine, voir Daniel Pink, *La Vérité sur ce qui nous motive* (Leduc.s, 2011).

Parfois c'est à se demander s'il est vraiment possible de motiver les êtres humains !

Nous aborderons la motivation sous d'autres angles au chapitre 6, mais l'art du management apporte déjà une réponse immédiate à ce double problème de l'autorité et de la motivation : c'est l'art du questionnement.

L'art du management, c'est l'art du questionnement

La capacité à poser les bonnes questions constitue l'arme la plus puissante, la plus simple et la plus fidèle du manager. Les bienfaits du questionnement sont concrets :

» **Attirer l'attention des autres sur les sujets que vous croyez importants.**

» **Faire participer les gens en éveillant leur curiosité naturelle et en les challengeant.**

» **Valoriser les contributions des uns et des autres et rehausser leur estime de soi par l'intérêt que vous manifestez pour leurs réponses.**

» **Indiquer la direction que vous croyez bonne à prendre, grâce à un enchaînement habile de questions.**

» **Faire voir à tous l'intérêt commun qui réconcilie ou transcende les intérêts individuels.**

» **Donner à tous l'envie d'agir ensemble dans le bon sens et leur permettre finalement de se motiver eux-mêmes.**

Les êtres humains sont naturellement curieux, naturellement stimulés par les énigmes et les défis, portés à exprimer leur opinion sur tous les sujets.

En pratique

Faisons une expérience très simple. Demandez à quelqu'un de répondre à la question suivante en y donnant toute son attention :

« Quel est le plus long des deux, le fleuve Amazone en Amérique du Sud ou la Route 66 aux États-Unis ? »

Votre interlocuteur ne pourra pas résister à la tentation immédiate de chercher la « bonne » réponse, avant de comprendre que cette question est absurde et inutile. Imaginez maintenant combien vous capturerez son attention en lui posant une question qui porte sur ce qui l'intéresse profondément.

Questions ouvertes et questions fermées

Les questions se divisent en plusieurs catégories. Celles qui sont les plus aptes à susciter la curiosité et à challenger les individus sont les questions « ouvertes ». Les questions ouvertes contiennent des mots (pronoms, adverbes, adjectifs) *interrogatifs* : « qui », « que », « quoi », « qu'est-ce que », « pourquoi », « comment », « combien », « quand », « où », « quel ». Elles exigent des réponses plus développées qu'un simple « oui » ou « non ». Des questions telles que les suivantes focalisent l'attention et l'intelligence de tous sur l'avenir et les enjeux fondamentaux :

> « Quel est notre véritable objectif ici ? »
>
> « Comment l'atteindre ? »
>
> « Pour quand faudrait-il l'atteindre ? »

Il suffit d'adapter ces formules à votre contexte précis pour galvaniser votre équipe.

À côté des questions ouvertes, il y a les questions « fermées ». Ce sont celles qui appellent une réponse négative ou positive, « oui » ou « non ». Elles servent à confirmer ou à infirmer une idée ou une proposition qui a déjà été développée dans la conversation.

> « Ce projet est-il aussi important pour nous que nous le croyons ? »
>
> « Voulons-nous vraiment prendre un tel risque dans les circonstances ? »

Les questions fermées peuvent mettre vos interlocuteurs face à un dilemme à une étape critique de votre dialogue ou les inciter à prendre explicitement une direction déjà suggérée dans les échanges antérieurs. De manière générale, les questions fermées ont tendance à intervenir dans une conversation après les questions ouvertes. Celles-ci ouvrent des perspectives, mettent la balle dans le camp de vos interlocuteurs et suscitent des réponses créatives. Les questions fermées viennent renforcer, préciser et pousser à la décision.

Une des erreurs les plus fréquemment commises par les managers dans leurs conversations avec les collaborateurs, c'est de poser une question fermée à la place d'une question ouverte.

En pratique

Considérez le dialogue suivant :

— Pouvez-vous nous représenter à la Foire de Francfort le mois prochain ?

— Non, ce n'est pas commode pour moi.

La conversation arrive déjà à un point mort. Il faut de l'énergie supplémentaire de la part du manager pour la relancer. Essayons une autre approche :

> — Qu'est-ce qui vous aiderait à nous représenter à la Foire de Francfort le mois prochain ?
>
> — Oh, je ne sais pas. Réfléchissons… Je ne suis pas sûr de pouvoir y aller.
>
> — Ce serait très dommage. Qu'est-ce qui vous faciliterait le déplacement ?
>
> — Je pense que si j'avais…

À chaque fois, c'est à votre interlocuteur de réfléchir à la bonne réponse. Il est constamment mis en demeure de trouver une solution positive. S'il rétorque : « Est-ce vraiment nécessaire ? » (question fermée), relancez la conversation avec une question ouverte : « Qu'est-ce qui se passera si nous ne sommes pas représentés à un événement aussi important pour notre industrie ? » ou : « Dites-moi qui d'autre que vous est mieux qualifié pour nous représenter ? » Certains protesteront ici en disant que c'est de la manipulation du collaborateur. Que nenni ! Vous le convaincrez à la fin seulement si vous avez de bonnes raisons de croire que ce voyage est nécessaire et que c'est lui la meilleure personne. Vous faites triompher la logique, s'il y en a une, face à l'inertie occasionnelle, toute naturelle, des êtres humains.

Le management = une forme de manipulation ?

Le mot de « manipulation » a la même origine que le mot « management ». Les deux termes proviennent du latin *manus*, « main », et désignent le fait de guider ou de déplacer quelque chose avec les mains. Pourtant, la manipulation est souvent considérée comme la face obscure du management. Dans le langage courant, manipuler quelqu'un, c'est l'amener à faire quelque chose qu'il ne veut pas faire ou qui n'est pas dans son intérêt. Mais nous essayons presque tout le temps de nous influencer les uns les autres. Déterminer si cette influence va à l'encontre de la volonté ou de l'intérêt véritable de quelqu'un n'est pas chose aisée. Les frontières entre ce qui est dans notre intérêt et dans celui des autres restent souvent floues. À la fin, les limites entre le management légitime, éthique, d'un côté, et la manipulation immorale de l'autre, sont établies par les lois et par les cultures, tant nationales que d'entreprise.

En somme, les questions ouvertes et fermées permettent de focaliser l'attention de tous sur les véritables enjeux d'une situation et les véritables intérêts communs des personnes concernées.

Questions alternatives et questions rhétoriques

Deux autres types de questions méritent d'être mentionnés ici. Il y a les questions alternatives :

> « Faut-il lancer le produit maintenant ou attendre pour voir les évolutions du marché ? »

Ces interrogations imposent un choix à vos interlocuteurs. Attention, si vous avez de sérieuses raisons de croire qu'une des alternatives est vraiment préférable, ne posez pas une telle question sans avoir préparé le terrain, pour que les autres puissent identifier clairement le chemin le plus logique.

Il y a aussi les questions rhétoriques – celles qui n'appellent pas de réponse de la part des autres parce que ces réponses sont évidentes ou impossibles. Souvent, elles exploitent le pouvoir des questions à stimuler le cerveau uniquement pour asséner une évidence que les gens semblent avoir oubliée :

> « Voulons-nous vraiment sacrifier toutes ces années de recherche technique uniquement parce que la mode actuelle ne semble pas tout à fait favorable à une telle innovation ? »

La plus puissante de toutes les questions : « pourquoi ? »

Si l'essence du management des êtres humains, c'est l'art du questionnement qui fait ressortir l'intérêt commun et implique les collaborateurs dans un dialogue positif avec leur manager, les questions les plus puissantes sont celles qui commencent par « pourquoi ? ». Car, tandis que s'effrite l'empire du bâton et de la carotte sur les esprits, ces questions se révèlent être dotées d'une force motivante à nulle autre pareille.

Nous l'avons déjà vu, la motivation est à la base du management. Pourtant, il est terriblement difficile, face à des collaborateurs, d'ouvrir le robinet de la motivation collective, pour ainsi dire, quand on veut. La motivation n'est pas quelque chose qu'on apporterait à un individu qui en serait dépourvu. Un être humain est habité par une multiplicité de sources de motivation – d'ambitions, d'envies, de besoins. Pour le manager, il s'agit de lui donner l'opportunité d'exprimer sa tendance innée à l'action. Bref, il s'agit de lui donner une *raison* d'agir, de canaliser ses efforts. Et les questions qui commencent par « pourquoi ? » invoquent toujours des *raisons*.

Commencer par le pourquoi

Simon Sinek, dans sa célèbre conférence TEDx et son livre best-seller*, explique de manière lumineuse l'importance pour une organisation de poser la question primordiale du « pourquoi » de ce qu'elle fait. Le « pourquoi » stimule directement nos désirs et nos ambitions les plus profonds.

Cette question vous permet de galvaniser et de diriger vos propres troupes. Les frères Wright ont effectué le premier vol motorisé contrôlé, face à des concurrents mieux financés et mieux qualifiés scientifiquement, parce que leur passion pour la découverte plaçait le « pourquoi » de leur activité plus haut que le « quoi ».

Cette question vous permet aussi d'enthousiasmer vos clients et vos partenaires. Apple a largement dépassé la plupart de ses concurrents dans le domaine de l'informatique parce que, tandis que les autres se définissaient comme des fabricants d'ordinateurs – le « quoi » – la firme de Cupertino se définissait comme créatrice d'expériences nouvelles pour le public – le « pourquoi ».

Le succès d'une organisation, qu'il s'agisse des frères Wright, d'Apple, ou de toute autre entité cherchant à réaliser un projet commun, est toujours fondé sur sa capacité à trouver la bonne raison pour agir.

* Voir Simon Sinek, *Commencer par le pourquoi. Comment les grands leaders nous inspirent à passer à l'action*, Performance, 2014.

Toutes les études récentes ont tendance à montrer que la plupart des salariés, à partir du moment où ils trouvent leur niveau de récompense pécuniaire à peu près satisfaisant, sont motivés par tout autre chose que l'argent. Ils sont prêts à investir leurs efforts, leur initiative, leur créativité, dans les projets de l'entreprise s'ils y trouvent un *sens*. (Voir Daniel Pink, *La Vérité sur ce qui nous motive.*)

Une raison collective d'agir qui ouvre une perspective enthousiasmante sur un avenir où chacun trouve un sens est ce qu'il y a de plus motivant. Dans l'art du questionnement, la première place revient donc aux interrogations qui commencent par « pourquoi ? ».

Les règles d'or du questionnement

Après des années passées à conseiller de nombreux dirigeants, nous avons formulé cette double règle fondamentale pour tous les managers :

À retenir

Celui qui maîtrise les questions, maîtrise la conversation. Celui qui maîtrise la conversation, maîtrise l'action commune.

Pour bien manier l'art du questionnement, notez bien ces conseils supplémentaires :

- **Écoutez attentivement, en essayant, à travers les réactions, de détecter les émotions et les mobiles intérieurs de vos interlocuteurs.**
- **Valorisez toutes les réponses de vos interlocuteurs, en donnant le plus de prix à celles qui vous semblent servir la cause commune du groupe ou de l'organisation.**

Ne vous inquiétez pas ! Les capacités requises se développent avec l'expérience et l'entraînement. En tant que spécialistes, nous pouvons le certifier !

Notre règle, pour pratique qu'elle soit, provoque inévitablement une interrogation supplémentaire. Si la maîtrise des questions permet celle de la conversation et ensuite celle de l'action commune, qu'est-ce qui nous permet de maîtriser les questions ? Comment trouver toujours la bonne question ouverte à poser à ceux que nous manageons ? À la fin, qu'est-ce qui, à part peut-être notre titre et certaines compétences techniques, nous distinguent dans la conversation avec nos collaborateurs ? La réponse se trouve dans notre dernière règle d'or du questionnement :

À retenir

Celui qui maîtrise les questions, c'est celui qui garde les yeux fixés sur les objectifs à atteindre.

Vous pouvez toujours garder la maîtrise des questions, et affirmer votre rôle de manager, en rappelant à vos collaborateurs les grands objectifs ou les principes de base déjà communément reconnus. Vous tirez vos interlocuteurs vers un peu plus de hauteur de vues.

Considérons l'exemple suivant :

En pratique

— Comment introduire ce nouveau système informatique dans les meilleurs délais ?

— Ce système a été recommandé par Jean-Pierre. J'ai toujours trouvé qu'il sous-estime les difficultés. Regardez ce qui s'est passé l'année dernière à Lyon...

— Mais Jean-Pierre est très qualifié. Ce qui s'est passé à Lyon n'était pas de sa faute. Le sous-traitant...

La conversation a déjà été détournée de son vrai objectif. On s'empêtre dans des questions de personnes et dans de l'autojustification. On parle du passé et pas de l'avenir. Recommençons :

— Comment introduire ce nouveau système informatique dans les meilleurs délais ?

— Ce système a été recommandé par Jean-Pierre. J'ai toujours trouvé qu'il sous-estime les difficultés. Regardez ce qui s'est passé l'année dernière à Lyon...

— Quelles leçons pouvons-nous tirer de cette expérience ? Pour quelle(s) raison(s) avons-nous choisi ce nouveau système ? Pourquoi est-il nécessaire de l'introduire dans les meilleurs délais ? Qu'est-ce que ce nouveau système nous permettra de faire que nous ne pouvons pas faire maintenant ? Pourquoi est-ce important pour nos clients ? Sur quel principe stratégique étions-nous tous d'accord lors du séminaire du mois dernier ?

On n'est pas obligé de poser toutes ces questions à la fois ! Il suffit d'en poser une pour braquer l'attention de la salle sur le futur et les raisons plus profondes qui motivent le groupe.

Pour prendre de la hauteur, il vaut mieux que le manager comprenne les bases de la stratégie de son organisation. Il pourra en partager les aspects les plus saillants avec ses collaborateurs. D'où le lien indéfectible, mais trop souvent sous-estimé, voire ignoré, entre management et stratégie d'entreprise.

Management et stratégie d'entreprise

Dans toutes les situations de management, même les plus difficiles, c'est le « pourquoi » de toute l'organisation qui va nourrir le « pourquoi » de votre équipe et permettre au manager, quel que soit son rang dans l'organigramme, de guider les conversations et de mener l'action.

De la question du « pourquoi ? » à la stratégie d'entreprise

Si le questionnement provoque des visions enthousiasmantes de notre avenir et de celui de notre entreprise, s'il inspire des recherches de solutions créatives pour réaliser lesdites visions dans toutes les circonstances, que représentent ces éléments sinon des composants essentiels de la stratégie de notre organisation ? Une objection immédiate pourrait être : « La stratégie ? Mais c'est l'affaire des plus hauts dirigeants de l'entreprise, c'est la chasse gardée du codir ! Inutile d'imposer des concepts aussi ardus et abstraits à nos collaborateurs... » Ou dans une PME : « C'est le fondateur qui s'occupe de ça. » Certes, déterminer la stratégie est la responsabilité de ceux qui sont les mieux qualifiés pour analyser le marché et faire de la prospective. Néanmoins, à y regarder de près, une bonne, une vraie, stratégie possède des vertus médicamenteuses qui, bien dosées, tonifient et fortifient tout l'organisme, permettant aux salariés de se projeter dans le futur, d'accomplir leurs tâches de manière inventive et efficace et même… d'écouter leurs managers avec attention et intérêt.

Histoire vraie

Une contribution française à l'histoire du management

Après la Seconde Guerre mondiale, les grands pionniers du management aux États-Unis avaient réussi à distiller l'essence du management comme étant :

- la détermination par les managers des objectifs de l'organisation ;
- la communication de ces objectifs à leurs subordonnés qui étaient chargés de les exécuter ;
- le contrôle de leur exécution.

C'était clair mais autoritaire, pyramidal même. En 1968, tandis que la jeunesse manifestait dans les rues de Paris, un monsieur très distingué et diplômé, Octave Gélinier, alors directeur général de la Cegos, leader français de la formation professionnelle, publiait un livre intitulé – avec un vocabulaire typique des Trente Glorieuses – *La Direction participative par objectifs*. Nous dirions aujourd'hui « Le management participatif par objectifs ». Ici, il soutenait que la façon la plus efficace de motiver et de manager une organisation, c'était non seulement pour le manager de communiquer les objectifs à ses subordonnés, mais aussi de leur permettre de comprendre la raison d'être de ces objectifs et de collaborer avec eux dans la recherche des moyens de les mettre en œuvre. Pourquoi ? Parce que le collaborateur peut ainsi comprendre le sens ultime de ce qu'il fait et se sentir impliqué dans un partenariat avec ses chefs et son entreprise. Malheureusement, au cours des années, cette approche très positive a cédé la place à un mouvement contraire, selon lequel le manager dit à son collaborateur : « Je vous fixe vos objectifs, mais je vous laisse toute la responsabilité pour les réaliser – moi, je m'en lave les mains ! » Loin de se sentir impliqué dans

»

Une contribution française à l'histoire du management *(suite)*

le système et dans son travail, le collaborateur se sent abandonné par son manager. Et trop souvent ses résultats s'en ressentent. Maniant l'art du questionnement, revenons plutôt aux idées d'origine de cette initiative française, afin de galvaniser nos collaborateurs.

Le fond du problème, c'est que l'idée de stratégie est mal comprise, même parfois de ceux qui sont censés concevoir et réaliser des stratégies. Aujourd'hui, dans la bouche des managers, le mot « stratégie », comme le mot « priorité », est devenu trop souvent une étiquette que l'on colle à un choix pragmatique qui marche à court terme mais représente très peu à long terme pour la vie – ou la survie – de l'entreprise. Justement, dans un monde où l'incertitude et l'instabilité vont grandissantes, où l'accélération du changement est devenue si violente, les salariés et les dirigeants ont plus que jamais besoin d'une stratégie commune.

> **« *Il faut autour de soi, pour exister, des réalités qui durent.* »**
>
> (Antoine de Saint-Exupéry)

Car la stratégie a au moins deux fonctions importantes. La première consiste à identifier ce qui reste stable – et doit rester stable – dans un environnement où tout bouge sans cesse, c'est-à-dire la finalité ultime et les valeurs fondamentales de l'entreprise. La seconde consiste à anticiper l'avenir et à préparer des actions qui permettront de respecter les valeurs et de poursuivre la réalisation du but ultime au milieu de toutes les turbulences occasionnées par le changement. Nous verrons que dans la construction d'une stratégie, l'art du questionnement s'avère être là encore d'une très grande utilité.

À la recherche de la stratégie : récit d'un consultant en management

Histoire vraie

Voici le récit authentique de l'un des auteurs de ce livre :

« En arrivant dans une entreprise, et en interrogeant le personnel, depuis les cadres les plus humbles jusqu'aux dirigeants, nous posons souvent cette question aussi simple que fondamentale : "Quelle est la stratégie de votre entreprise ?" Les réponses sont à la fois variées, prévisibles et révélatrices d'un certain malaise de base.

Les cadres intermédiaires répondent normalement en désignant un certain enchaînement d'actions. Quand on leur fait savoir que la stratégie d'entreprise ne peut pas être réduite à la seule réunion de quelques gestes, ils disent : "Allez voir mon supérieur, il saura vous expliquer notre stratégie !"

Généralement, le supérieur apporte la logique derrière ces quelques actions. Trop souvent il ajoute que la stratégie se fonde dans quelque nouvelle organisation "matricielle"* adoptée par l'entreprise pour qu'elle puisse réagir plus vite que ses concurrents aux changements du marché.

Ainsi, en guise de réponse à notre question, les salariés décrivent ce qu'ils font. Leurs supérieurs immédiats expliquent comment ces tâches sont reliées entre elles pour permettre aux gens de coopérer au sein de l'organisation. Mais si tout cela a un léger parfum de stratégie, la plupart de ces acteurs admettent volontiers que celle-ci leur échappe. Nous sommes donc régulièrement repoussés vers les strates altières de l'entreprise.

Là au moins on répond à notre question avec confiance. Le directeur financier est convaincu que la stratégie de l'entreprise est contenue dans le plan d'affaires ou le modèle économique. Les directeurs commercial et marketing sont tout aussi convaincus que la stratégie réside entièrement dans le positionnement de la marque ou sa réaction aux nouveaux usages des consommateurs. Tous ces éléments sont bien

»

»

À la recherche de la stratégie : récit d'un consultant en management *(suite)*

entendu essentiels, mais apparaissent plutôt comme des tactiques permettant à une partie de l'entreprise de trouver une place au sein du marché.

Parfois les plus éclairés, tout en haut de la pyramide hiérarchique, affirment essayer d'identifier – souvent à partir de signaux faibles – le contexte économique et social dans lequel l'entreprise devra évoluer et peut-être survivre à l'horizon des 18, 24 ou même 36 mois à venir. Voilà une facette importante de la stratégie : le diagnostic prospectif permettant à l'entreprise de trouver sa place au milieu d'un environnement fluctuant.

Seuls quelques très rares individus nous répondent que, outre le besoin d'anticiper et de dominer le changement, la stratégie participe de manière centrale à la création de l'identité de l'entreprise. Qu'elle lui permet non seulement de rester à flot au milieu de cet océan agité, mais aussi de savoir où elle va et pourquoi. Autrement dit, d'avoir une finalité ultime qui justifie tous les efforts pour survivre et qui inspire tous ceux qui participent à son aventure. »

* Une forme d'organisation adaptée à la gestion de projets en entreprise.

L'art du questionnement appliqué à la stratégie d'entreprise

Quel est le bon questionnement conduisant à la construction cohérente d'une stratégie – une stratégie suffisamment claire et captivante pour que les membres de l'organisation en question puissent la partager, au moins dans ses aspects les plus généraux ? Quatre questions résument tout le processus :

❶ **Quelle est la finalité ultime de notre entreprise ? Autrement dit, si notre projet réussissait complètement, que verrions-nous ?**

❷ Quelles sont les valeurs fondamentales qui guident notre conduite et qui nous distinguent d'autres entreprises possédant une finalité ultime similaire à la nôtre ?

❸ Quelles sont les activités que nous pouvons sous-traiter et celles que nous devons toujours garder afin de rester nous-mêmes ?

❹ Quels sont les obstacles et menaces à 360° qui nous empêcheraient de conquérir notre finalité ultime ?

Histoire vraie

La finalité ultime d'une entreprise : trois exemples

Selon Henry Ford, le fondateur de la marque automobile qui porte toujours son nom, la mission globale de son entreprise était de faire en sorte que chaque citoyen américain devienne le propriétaire d'une voiture. À cette époque, entre les deux guerres mondiales, c'était loin d'être le cas.

Pour Sony, le géant de l'électronique, la mission ultime de l'entreprise était de transformer la perception très négative des produits manufacturiers japonais qu'avait le reste du monde après 1945.

Remarquez que, dans les deux cas, ces finalités sont simples et parfaitement compréhensibles pour tous les membres de l'organisation. Elles sont aussi tout à fait aptes à motiver tout le monde, depuis le dirigeant le plus haut placé jusqu'à l'ouvrier le plus modeste.

Apple se définit, nous l'avons vu ci-dessus, non pas par ce qu'il fabrique, mais par l'impact qu'il a sur ses clients. Les valeurs d'Apple – l'innovation constante, l'ergonomie simple, une esthétique épurée… – sont restées les mêmes à travers tous les avatars de cette entreprise. Beaucoup de ses activités sont sous-traitées à de nombreuses autres entreprises, mais l'identité et la mission d'Apple restent constantes.

La question 1 ci-dessus, en dépit de sa formulation, représente le grand « pourquoi ? » de l'entreprise. C'est une autre façon de demander : « Pourquoi faisons-nous ce que nous faisons ? »

L'identité d'une entreprise est importante, non seulement pour ses clients qui reconnaissent et valorisent sa marque, mais aussi pour ses propres collaborateurs qui ont tous besoin de savoir pourquoi ils sont là.

Tout manager se doit de comprendre les grandes lignes de la stratégie afin de pouvoir motiver et guider les autres – et pour se motiver lui-même !

Place à la pratique !

Dans ce livre, nous ferons référence :

» **aux cinq fonctions de base de l'activité de tout manager, quel que soit son secteur ;**

» **aux six capacités essentielles du manager ;**

» **à l'art du questionnement ;**

» **à la définition de la stratégie ;**

» **et aux quatre questions clés permettant de construire une stratégie cohérente.**

Vous pouvez mettre en application les enseignements de ce chapitre tout de suite en réfléchissant aux questions suivantes. Les deux premières portent sur votre « pourquoi ? » personnel et sur celui de votre organisation :

» **Quelle est ma motivation profonde dans mon travail ? En quoi sert-elle l'intérêt collectif de mon organisation ? Autrement dit, si je gagnais le gros lot à l'Euromillions et que je continuais néanmoins de venir au travail, ce serait pour satisfaire quel besoin fondamental ?**

» **Quelle est la finalité ultime de mon entreprise ? En suis-je conscient(e) ? Mes collègues et mes collaborateurs en sont-ils conscients ?**

Les quatre suivantes portent sur le maniement de l'art du questionnement :

- » Que puis-je faire pour répandre le plus efficacement autour de moi la compréhension de notre finalité ultime ?
- » Lors de ma prochaine réunion avec mes collaborateurs, quelles sont les trois questions ouvertes les plus stimulantes que je puisse formuler afin de nous faire progresser tous dans la bonne direction ?
- » Comment vais-je accueillir les réponses à ces questions et ensuite m'en servir dans l'intérêt de tous ?
- » Comment puis-je mieux remplir ma mission de manager en parlant moins moi-même et en faisant plus parler les autres sur les thèmes les plus pertinents ?

Test

Testons nos connaissances

❶ Le but fondamental de tout manager, c'est de :

❑ développer sa propre stratégie.

❑ définir des objectifs réalisables.

❑ savoir utiliser Twitter.

❑ être charismatique.

❷ Les questions « ouvertes » sont celles qui :

❑ représentent un dilemme.

❑ n'ont pas besoin de réponse.

❑ contiennent des mots interrogatifs.

❑ confirment l'opinion de votre interlocuteur.

❸ Du point de vue du management, une stratégie d'entreprise doit surtout :

❑ incarner un modèle économique.

❑ motiver tout le personnel de l'entreprise.

❑ réagir aux nouveaux usages des consommateurs.

❑ promouvoir la marque.

❹ Afin de préserver notre identité à travers toutes les mutations imposées par notre environnement changeant, notre entreprise doit surtout :

❑ trouver de nouveaux partenaires.

❑ faire plus de publicité autour de la marque.

❑ déterminer les activités que nous ne sous-traiterons pas.

❑ soigner son image.

1) définir des objectifs réalisables.
2) contiennent des mots interrogatifs.
3) motiver tout le personnel de l'entreprise.
4) déterminer les activités que nous ne sous-traiterons pas.

DANS CE CHAPITRE

La définition du leadership et pourquoi le manager doit en faire preuve

•

Les sept actions fondamentales du leadership

•

Les différentes approches

•

Réussir une nouvelle prise de fonctions

Chapitre 2

Devenir un leader

Le chapitre 1 a présenté le rôle fonctionnel du manager au sein de son organisation et les différentes actions qui en découlent :

» la définition des objectifs ;

» la motivation des individus pour les réaliser ;

» la coordination des activités et le contrôle des résultats ;

» la gestion des ressources ;

» l'adaptation aux événements imprévus.

Tout cela est très bien, mais qu'en est-il du vécu intérieur de ce personnage très particulier qu'est le manager ? Celui-ci se trouve face à une triple tâche : se manager lui-même, manager ses relations avec les autres et, dans la mesure du possible, manager les relations entre ces autres. C'est ici que nous abordons la question du leadership. Le leadership désigne cette « présence » qui, dans un groupe, distingue d'emblée quelqu'un comme un leader. Comment cerner cette « présence » ? Comment l'acquérir ? Le leadership n'est au fond qu'une série de gestes qui peuvent être identifiés et que l'on peut apprendre à mettre en pratique.

Quel motif nous pousserait à tenter de devenir un leader ? Pour qui veut être un manager quelconque ou pour qui ne craint pas d'être un mauvais manager, il suffit de rester courbé sur ses tâches et de se réfugier dans son savoir-faire technique. En revanche, pour être un bon manager, il vaut mieux faire preuve de leadership. Certes, la transformation n'est pas évidente. En général, les managers ne reçoivent pas de formation en leadership. Mais qui n'a pas envie de remonter le niveau de son jeu ? De se faciliter la vie dans ses interactions avec autrui ? De réaliser ses objectifs plus rapidement et au moindre effort ? De mieux s'acquitter de ses obligations envers les autres ? Dans ce chapitre nous allons réduire le leadership à ses facettes essentielles, en montrant comment adopter les actions qui les incarnent, tout en évitant les pièges les plus fréquents. Nous ne délaisserons pas pour autant l'arme secrète du manager : le questionnement.

Pourquoi le manager doit-il être aussi un leader ?

Le management et le leadership ne sont pas exactement la même chose. On peut être un leader sans être un manager et vice versa. Être un *manager*, c'est remplir une fonction dans une organisation, c'est-à-dire dans une structure plutôt formelle, avec des règles et un organigramme explicites. Être un *leader*, c'est être une personne qu'on écoute, qu'on suit, qu'on respecte, qu'on craint parfois, quel que soit le contexte social.

Pensez, par exemple, à une bande de jeunes : sans qu'il y ait une structure formelle, il y a souvent un individu qui assume le statut de chef, qui influence les autres, qui prend parfois des décisions au nom du groupe. Il se trouve même que plusieurs individus prétendent jouer ce rôle, d'où des rivalités, des exclusions, une hiérarchie des chefs ou un partage *ad hoc* des responsabilités. En l'absence de règles et d'organigramme, ce sont les qualités personnelles, les gestes et les paroles des uns et des autres, qui déterminent les rôles.

Bien qu'il s'agisse d'un phénomène très complexe, le leadership n'est au fond que notre capacité à influencer les autres, à attirer et à maintenir leur attention, à parler de ce qui touche tout le monde, et à proposer des activités à la hauteur de l'ambition collective.

C'est ici que le manager est attendu. Pour bien accomplir sa mission, il doit avoir un impact sur un certain nombre de personnes : autour de lui, au-dessous de lui et au-dessus. Il doit aussi subir la pression des attentes de toutes ces personnes qui pèse sur lui. Ce n'est pas chose aisée. Tout le monde n'a pas la même facilité naturelle pour se débrouiller. Même les individus qui naissent avec des dons innés peuvent toujours gagner à perfectionner leurs talents.

Le « leadership » : encore un mot d'origine anglo-saxonne

Le verbe *to lead* et le substantif *leader*, ont pour origine une racine germanique qui signifie, « aller, guider, naviguer ». *To lead* correspond au français, « mener » ou « conduire ». Un « leader », c'est littéralement un « meneur ». Il s'agit de quelqu'un qui, investi ou non d'une autorité officielle, est capable de montrer le chemin, d'y aller le premier et de prendre des initiatives au nom du groupe. Son autorité est dérivée, non pas de son rang ou de son titre, mais de son audace, de sa sagesse, et de son souci du collectif. C'est à la fois un chef et un éclaireur.

Le mot *leadership*, indiquant ce rôle et les qualités qu'il requiert, n'est pas utilisé avant le XIXe siècle. Pourtant, au XXe siècle son utilisation explose dans les pays anglophones. Une immense quantité de recherche y est consacrée, surtout aux États-Unis. Pourquoi dans ce pays et à ce moment-là ? Afin sans doute de répondre aux besoins en termes de vision et d'initiative d'une grande démocratie qui est aussi un important foyer de la seconde révolution industrielle et qui, par la suite, deviendra la plus grande économie mondiale. C'est sans doute également pour tenter de comprendre le côté sombre du leadership, qui s'exprime à travers ces dictatures fascistes et communistes qui jalonnent l'histoire du XXe siècle.

»

»

Le « leadership » : encore un mot d'origine anglo-saxonne *(suite)*

Les premières réflexions sur le leadership se focalisent sur le rôle et les caractéristiques des « grands hommes », de qui c'est apparemment le destin de devenir leader. Ensuite, par réaction, les théoriciens soulignent l'importance des situations particulières qui réclament un certain type de personnalité plutôt qu'un autre. Winston Churchill, par exemple, avant la Seconde Guerre mondiale, était généralement considéré par le public et son propre parti comme quelqu'un d'extravagant et de peu fiable. Mais en 1940, son heure a sonné : la situation exigeait quelqu'un de démesurément têtu et courageux.

Ces deux approches – la personnalité crée le leader ou la situation crée le leader – sont devenues complémentaires.

Plus récemment, l'obsession initiale avec le « meneur » a été tempérée par l'étude du rôle des suiveurs, en anglais *followers*. Ceux-ci contribuent activement à la création des leaders, mais en plus, c'est leur adoption de la posture de suiveurs qui permet à l'effort collectif de prendre son essor. On parle aujourd'hui, très logiquement, de *followership*. Une certaine tendance à voir la mission du chef comme étant de se mettre au service des suiveurs avec toute l'humilité appropriée a même créé le terme paradoxal de *servant leadership*.

Aujourd'hui, invoquant la notion d'« identité sociale », on considère que les leaders qui réussissent le mieux, en plus de leurs qualités innées et de leurs talents acquis, sont ceux qui amènent leurs suiveurs à se voir comme les membres d'un seul groupe et à considérer les intérêts collectifs du groupe comme étant identiques à leurs intérêts personnels. Le général Eisenhower disait déjà que l'essence du leadership consiste à définir quelque chose que vous voulez voir fait, et à le faire faire par quelqu'un d'autre parce que lui aussi veut le voir fait.

Si le mot « leadership » est courant dans la langue française en Europe, au Canada on préfère « chefferie ».

Le leadership est souvent associé aux grands personnages historiques, comme Georges Clemenceau ou le général de Gaulle, mais ce n'est pas l'apanage des « grands hommes ». On n'a pas besoin de se montrer digne d'être « panthéonisé » pour exhiber les qualités d'un leader à une certaine échelle. Il n'est pas nécessaire d'être Jeanne d'Arc pour être un bon chef de section ; il suffit d'inspirer confiance, de communiquer avec clarté et enthousiasme, de montrer l'exemple avec courage – et de le faire à un degré proportionné aux besoins de la situation.

Si le manager ne joue pas du tout le rôle de leader, quelqu'un d'autre risque de le faire à sa place, peut-être même un de ses propres subordonnés. Que le manager partage certains des aspects du leadership avec les autres membres de son équipe ne constitue pas un problème en soi, surtout à notre époque où les vieilles hiérarchies rigides se révèlent de plus en plus inaptes à gérer les situations complexes. Pourtant, si le manager abdique le rôle de leader, les personnes qui l'assumeront à sa place ne seront pas forcément motivées par les mêmes bonnes intentions que lui. Découvrons donc les différents piliers du leadership qui permettront au manager de jouer son rôle avec assurance, aisance et même brio.

Qu'est-ce que le leadership ? Les sept actions fondamentales

Selon une définition très simple, le leadership est un ensemble de rapports qui s'établissent entre les membres d'un groupe. S'il y a des leaders qui « mènent », il y a aussi des « suiveurs », et ces deux catégories ont besoin l'une de l'autre. Quand le roi de France Hugues Capet a demandé à Adalbert, comte de la Marche et du Périgord : « Qui t'a fait comte ? », l'autre a rétorqué : « Qui t'a fait roi ? » Les leaders s'imposent à leurs suiveurs, mais ceux-ci choisissent leurs leaders et leur permettent de jouer ce rôle.

À retenir

Que cherchent les suiveurs en confiant une part de leur autonomie d'action et de décision à quelqu'un d'autre ? Les membres d'un groupe ont certains besoins essentiels :

Besoin		Questions implicites du suiveur
1	Le sentiment d'appartenance	Quelle est l'identité du groupe auquel j'appartiens ? Qu'est-ce qui symbolise cette identité ? Qui est-ce qui incarne cette identité ?
2	La sécurité	Quelles sont les menaces qui m'entourent ? Qui va m'en protéger ?
3	La compréhension de leur situation	Qu'est-ce que je fais ici ? Qu'est-ce qui nous arrive ?
4	La définition d'un projet	Qu'allons-nous faire ? Pourquoi ?
5	La responsabilité	Qui est-ce qui va endosser la responsabilité des décisions touchant notre groupe ? Qui est-ce qui va me confier certaines responsabilités en retour ?
6	La confiance	En qui est-ce que je peux avoir confiance ? Qui est-ce qui va avoir confiance en moi ?
7	La reconnaissance et la récompense	Si je me montre à la hauteur de ce que le leader me demande, si j'avance les intérêts du groupe, quel statut dans le groupe cela me donnera-t-il ? Quel bénéfice en retirerai-je ?

Le leader répond à ces besoins tant bien que mal. Quelqu'un qui est à la fois un bon leader et un bon manager y répond de la manière suivante :

À retenir

Comment répondre aux différents besoins

1) Le sentiment d'appartenance

ACTION DU LEADER : il comprend l'identité du groupe (une bande d'ingénieurs, de commerciaux, d'Espagnols, d'Anglais, d'anciens de HEC, de femmes, d'hommes…) et il sait incarner ou faire valoir cette identité.

»

»

EXEMPLE MANAGÉRIAL : parfois des généraux en campagne mangent la même nourriture que leurs soldats pour afficher la solidarité qui unit le groupe. Parfois des grands managers mangent dans la cafétéria comme tout le monde pour montrer qu'ils ne craignent pas de se fondre dans la masse de leurs collaborateurs. Le message implicite : « Comme vous, je suis là pour m'occuper de réalités pratiques et non pour me bichonner. »

QUESTIONS OUVERTES POUR LE MANAGER : *Comment montrer aux autres que je reste proche d'eux malgré mon rôle à part ? Aux moments clés, comment réduire la distance qui nous sépare ?*

2) La sécurité

ACTION DU LEADER : il veille au bien-être de ses équipes et cherche à les protéger. Il gère les conflits internes du groupe pour que l'harmonie générale soit maintenue.

EXEMPLE MANAGÉRIAL : le manager, recevant une plainte de sa hiérarchie ou d'un client qui implique un de ses collaborateurs, ne sacrifie pas celui-ci à la vindicte générale, mais cherche à ce qu'il soit traité avec justice. Il arbitre les disputes entre collaborateurs de manière compréhensive.

QUESTIONS OUVERTES POUR LE MANAGER : *Comment protéger mes collaborateurs ? Comment être juste avec tout le monde et l'être de manière visible ?*

3) La compréhension de leur situation

ACTION DU LEADER : il est capable d'expliquer avec simplicité et clarté à tous ses collaborateurs ce qui arrive au groupe, en recueillant préalablement toutes les informations nécessaires.

EXEMPLE MANAGÉRIAL : lorsqu'une fusion est annoncée avec une entreprise jusqu'alors rivale, tous les collaborateurs craignent pour leur poste. Le bon manager ne laisse pas ses troupes dans l'ignorance, en proie aux pires spéculations. Il n'entretient pas non plus de faux espoirs quand les mauvaises nouvelles sont les plus probables.

QUESTIONS OUVERTES POUR LE MANAGER : *Qu'est-ce que mes collaborateurs ont le plus besoin de savoir ? Comment le leur expliquer de la manière la plus simple – sans incohérence, exagération ni mensonge ?*

»

Comment répondre aux différents besoins *(suite)*

4) La définition d'un projet

ACTION DU LEADER : il est capable d'articuler une vision de l'avenir à la fois réaliste et motivante aux yeux de tous ses collaborateurs.

EXEMPLE MANAGÉRIAL : apprenant qu'un concurrent réussit à traiter beaucoup plus de dossiers clients par jour que son propre service, le manager sait présenter cette nouvelle comme un défi à relever par son équipe, et non comme un poids de plus à supporter.

QUESTIONS OUVERTES POUR LE MANAGER : *Quels sont les objectifs atteignables qui découlent de cette nouvelle situation ? Quel est l'intérêt commun auquel la réalisation de ces objectifs correspond ?*

5) La responsabilité

ACTION DU LEADER : il accepte la responsabilité qui lui est confiée ; il ne cherche pas à culpabiliser les autres injustement ; il admet les erreurs qu'il a commises. Mais il n'a pas peur de mettre d'autres personnes face à leurs responsabilités.

EXEMPLE MANAGÉRIAL : ayant nommé un nouveau membre de l'équipe qui est parti après avoir « intoxiqué » l'atmosphère, le bon manager accepte ouvertement sa part de responsabilité et essaie d'apprendre la leçon de cette erreur. Si un autre membre de l'équipe a envenimé la situation, il ne craint pas de le lui faire savoir de manière à ce que l'autre puisse s'améliorer aussi.

QUESTIONS OUVERTES POUR LE MANAGER : *Comment faire de nos erreurs les moteurs de l'apprentissage ? Comment admettre mes propres erreurs afin de montrer l'exemple ?*

6) La confiance

ACTION DU LEADER : à travers les cinq actions ci-dessus, le leader inspire confiance à ses troupes. Il doit aussi montrer qu'il a confiance en eux en leur déléguant des responsabilités qui les valorisent et les stimulent.

EXEMPLE MANAGÉRIAL : un manager récemment nommé a supervisé l'installation dans son service d'un nouveau système informatique. Lui est un

»

»

spécialiste de ce système qu'il connaissait déjà dans son poste précédent. Sa prouesse technique a vite inspiré confiance à ses collaborateurs. Ceux-ci connaissent ce nouveau système beaucoup moins bien que lui, mais suffisamment pour l'utiliser. Le manager doit résister à la tentation de contrôler tout ce qu'ils font, de proposer des conseils superflus et de se prévaloir indûment de son expertise supérieure. Bref, il doit arrêter de micro-manager les autres.

QUESTIONS OUVERTES POUR LE MANAGER : *Qu'est-ce que je peux faire aujourd'hui pour mériter la confiance des autres ? Quand les autres me font confiance, comment montrer que c'est réciproque ?*

7) La reconnaissance et la récompense

ACTION DU LEADER : il témoigne sa reconnaissance aux autres et il les récompense à la hauteur de leurs contributions. Il valorise le travail coordonné de toute l'équipe.

EXEMPLE MANAGÉRIAL : le vendredi soir, après une semaine de travail fou couronné à la fin par un succès éclatant, le manager qui a défini la stratégie gagnante n'oublie pas de remercier toute son équipe des efforts qui ont permis la réalisation de *sa* grande idée. Il invite tout le monde à le rejoindre au bar avant de rentrer dîner. Après avoir remercié le groupe collectivement, il réserve des remerciements plus détaillés et en tête à tête pour deux collaborateurs qui, depuis longtemps, font preuve d'une énergie et d'une initiative hors du commun. Dans le cas d'un des deux, il médite sa recommandation pour une promotion qui mènerait ce collaborateur à un autre service mais en lui donnant une chance méritée.

QUESTIONS OUVERTES POUR LE MANAGER : *Comment reconnaître et récompenser les efforts communs ? Comment reconnaître et récompenser les efforts individuels ? Comment conjuguer ces deux opérations ?*

Il est évident que, pour réaliser ce programme, le manager-leader doit faire preuve de certaines qualités. Il faut d'abord avoir du courage : des nerfs solides, une résilience face au stress et une grande maîtrise de soi-même. Il faut être un excellent communicant, ce qui n'est pas la même chose que d'être quelqu'un qui parle tout le temps. La communication n'est jamais vraiment à sens unique. Pour bien parler, il est nécessaire de savoir bien écouter. Il faut aussi être doté d'une capacité à comprendre les autres, à repérer ce qui leur est cher, à anticiper leurs réactions, à déchiffrer leurs sentiments. Et finalement, il faut savoir être exemplaire. Nous approfondirons l'apprentissage de ces différentes qualités personnelles au cours des deux chapitres suivants.

Le leadership, l'éthique et le pouvoir

Dans tout ce qui a été évoqué jusqu'ici, les considérations éthiques ne sont jamais loin. Les sept actions fondamentales du leadership sont surtout des gestes accomplis *devant les autres* et donc jugés par eux – selon leurs valeurs et/ou selon les valeurs affichées par le manager-leader. Celui-ci n'a pas vocation à être un saint, mais il doit être en accord avec les principes qu'il énonce. En outre, il doit être capable d'identifier les valeurs et les normes qui régissent les comportements au sein du groupe dont il est le chef. Si nécessaire, il lui faut infléchir ces valeurs et ces normes vers une version plus apte à réaliser les objectifs qu'il a fixés au groupe.

Le leadership est une question de pouvoir dans la mesure où le leader est à même de distribuer des dons et des punitions. Nous retrouvons ici la vieille histoire du bâton et de la carotte. Le manager est souvent bien placé pour exercer le pouvoir. Il a l'autorité de l'organigramme derrière lui. Il a à sa disposition un système officiel de récompenses et de sanctions, qu'il s'agisse de prix (« ingénieur du mois »), augmentations de salaire ou promotions, d'un côté, ou de réprimandes, avis négatifs, refus d'augmentation, mutations ou licenciements, de l'autre. Pouvoir s'appuyer en principe sur ce système est un grand avantage. Mais au jour le jour, le bon manager laisse ce tableau visible en arrière-plan, surtout le côté punitif, plutôt que de l'invoquer tout le temps et à tout bout de champ. Il met son pouvoir au service de son leadership et non le contraire. En temps normal, le premier plan est occupé par son exécution des sept actions fondamentales. Et n'oublions pas que le manager, comme le leader, a un autre pouvoir : celui de pardonner !

La personne qui exerce un pouvoir peut en éprouver un sentiment de fierté, mais celle qui abuse de ce pouvoir, celle qui fait souffrir ses *followers* pour le plaisir de jouir de sa puissance, est un mauvais leader.

Le bon, la brute et le truand : comment nos collaborateurs nous voient-ils ?

À retenir

Que verrions-nous si nous pouvions contempler le portrait global que nos collaborateurs et collègues ont peint de nous dans leur esprit ? Serions-nous capables de reconnaître ce personnage ? Serions-nous pris du désir immédiat d'effacer cette image pour y substituer une autre ? De nos jours, les évaluations à 360 degrés peuvent être des exercices aussi révélateurs que pénibles. Afin d'éviter les aspects potentiellement désagréables de ces opérations, passons en revue les bons et les mauvais comportements les plus typiques du leadership des managers, dans le but d'éviter consciencieusement les premiers et d'adopter rapidement les derniers. Cela nous aidera non seulement à être mieux appréciés, mais aussi à être réellement plus efficaces.

Ce qu'on dit de nous	« Mon manager ne reconnaît pas la valeur de mon travail. » « Quand on fait quelque chose, mon manager dit toujours "Super !". On ne sait pas si c'est bien ou pas. Il dit ça à tout le monde. »
Les besoins en cause	La reconnaissance et la compréhension.

La bonne piste	Si vous appréciez le travail d'un collaborateur, il faut le lui dire clairement. En saluant la réalisation des différentes tâches, il vaut mieux varier vos louanges selon l'importance et le degré de la réussite, plutôt que de flatter tout le monde de la même manière. Pour être convaincant et donner à l'autre l'impression que vous avez vraiment compris ce qu'il a fait de bien, ajoutez des détails et des raisons, par exemple : « J'ai particulièrement apprécié la façon dont vous avez gagné la confiance de la cliente. »

Ce qu'on dit de nous	« Mon manager ne cesse pas d'annuler ou de reporter les entretiens individuels. » « Quand je suis au téléphone avec mon manager, il semble toujours distrait et j'entends comme le claquement de ses doigts sur son clavier. » « Notre chef prétend nous déléguer des tâches, mais il est constamment en train de surveiller chaque geste qu'on fait. »
Le besoin en cause	La confiance.
La bonne piste	On ne gagne jamais la confiance des autres en ignorant ou en dévalorisant leurs besoins individuels. C'est encore pire si on ne leur fait pas confiance non plus. Déléguer, ce n'est pas micro-manager. Le bon manager prend très à cœur le développement de ses troupes, s'intéresse de près à leur progression et leur permet suffisamment d'autonomie pour qu'ils grandissent. Ses troupes le lui rendront bien.

Ce qu'on dit de nous	« Quand quelque chose ne réussit pas, notre manager prétend toujours que c'est de notre faute ; par contre, quand ça marche, c'est uniquement grâce à lui ! »
Le besoin en cause	La responsabilité.

La bonne piste	Un leader qui ne prend jamais ses responsabilités et qui reste trop occupé à voler le crédit qui appartient de droit aux autres, n'est guère apprécié. L'erreur symétrique arrive aussi : confondre « se faire aimer » et « se faire respecter ». Quelqu'un qui évite tout ce qui pourrait froisser les autres uniquement pour être dans leurs bonnes grâces compromet sa mission et finit par être considéré, non comme responsable, mais comme « mou ».

Ce qu'on dit de nous	« Mon manager est toujours en train d'annoncer une stratégie et d'en suivre une autre. C'est la pagaille chez nous ! » « Notre manager rejette systématiquement toutes les idées qui ne viennent pas de lui. »
Le besoin en cause	La définition d'un projet.
La bonne piste	Donner une impression régulière d'incohérence et d'indécision sape le leadership du manager, de même que la surdité totale face aux idées des autres, quelle que soit leur qualité. Le but du manager, c'est de mettre en place un projet réaliste et enthousiasmant. Il n'a pas besoin d'en être à chaque fois l'architecte unique.

Ce qu'on dit de nous	« Quand il y a des changements importants dans l'organisation, notre service est toujours le dernier à en être informé. »
Les besoins en cause	La communication, la compréhension, la confiance.
La bonne piste	Il y a des managers qui ne transmettent pas les nouvelles importantes à leurs équipes parce qu'ils ne daignent pas le faire ou, plus souvent, parce qu'ils craignent leurs réactions face aux changements annoncés. En fait, nos collaborateurs sont moins rétifs au changement qu'on ne croit, pourvu que nous les tenions régulièrement au courant de ce qui se passe.

Ce qu'on dit de nous	« Après ma dispute avec le technicien, mon manager m'a engueulé dans son bureau au lieu d'appeler le chef de l'autre pour l'engueuler lui ! » « Dans les conflits, notre manager prend toujours le parti de ses petits chouchous. »
Les besoins en cause	La sécurité.
La bonne piste	Les collaborateurs se tournent vers leur leader pour les protéger, surtout quand ils croient être dans leur droit. Crier est souvent le signe de la faiblesse du leader, comme c'est le cas ici : le manager n'a pas assez de courage pour défendre son collaborateur, mais il en a assez pour décharger sa colère sur lui. Le besoin de *sécurité* des membres d'un groupe passe normalement par un besoin de justice. Dans un groupe, un leader doit parfois reconnaître l'appui qu'il reçoit de ses alliés, mais trop de favoritisme aliène les autres qui ne peuvent plus compter sur lui pour appliquer des règles justes. C'est encore pire quand le leader récompense la dévotion envers sa personne plus que le talent et l'effort.

Ce qu'on dit de nous	« Mon manager m'a appelée "Sandrine" parce qu'elle et moi, on a le même nom de famille ! » « Notre manager ne sait même pas que notre équipe a remporté le tournoi de billard face aux gens de marketing jeudi dernier ! »
Les besoins en cause	Le sentiment d'appartenance.
La bonne piste	Il y a de ces plaintes qui semblent avoir très peu à voir avec la vie professionnelle. Pourtant, comprendre et respecter l'identité du groupe est fondamental. Sinon, le leader paraît mépriser le besoin d'*appartenance* que ressentent ses collaborateurs. Le même effet est provoqué par le refus du manager de défendre ses équipes face aux critiques moqueuses du chef d'une autre section. L'honneur de son service est bafoué. Mais attention, on peut aller trop loin dans la tentative d'afficher sa solidarité identitaire. Si le leader met trop souvent

> la main à la pâte en faisant les mêmes tâches que ses subordonnés, ou se mêle trop souvent à des activités de loisir, il risque de négliger ses propres responsabilités. Le travail du manager, c'est surtout de créer les meilleures conditions possibles pour le bon travail de ses équipes.

Après la compréhension des sept actions fondamentales du leadership, tournons-nous vers la question des différents styles de leadership.

L'exploitation des différents styles de leadership

Un grand nombre de publications sur notre sujet évoquent les différents « styles » de leadership. Ces styles sont souvent associés à différents types de personnalité et nous sommes fréquemment invités à découvrir « notre » style individuel. Certes, il y a des approches du leadership qui nous viennent plus spontanément que d'autres et qui correspondent mieux à notre zone de confort personnelle. Pourtant, les expériences engrangées et les capacités acquises à tel ou tel moment de notre vie ne représentent pas nécessairement la somme de notre potentiel. Sans aller trop loin trop vite, nous pouvons toujours, dans notre pratique du leadership au jour le jour, développer et maîtriser différentes approches. Il est important de ne pas nous limiter prématurément, car les différentes situations où nous risquons de nous trouver exigent des styles différents et nous obligent à abandonner, peut-être temporairement, nos habitudes familières pour acquérir de nouvelles pratiques.

Considérons un cas flagrant, celui d'un manager qui quitte une entreprise avec une culture hiérarchique pour un poste avec plus de responsabilités mais dans une start-up dans le domaine de l'informatique. Il sera probablement obligé d'adopter un style plus collaboratif. Préservons, donc, cette notion de « styles », mais en gardant à l'esprit le fait qu'un seul leader peut explorer et pratiquer plus d'un style au cours de sa vie professionnelle.

Le degré d'autoritarisme donne un premier critère pour catégoriser les styles de leadership. Prenons comme point de départ les fameuses « théories X et Y », proposées en 1960 par un chercheur américain, Douglas MacGregor. Son grand ouvrage a été traduit en français en 1969 sous le titre *La Dimension humaine de l'entreprise*. Selon MacGregor, les managers ont tendance à se diviser en deux catégories, selon leur théorie (explicite ou implicite) de la nature humaine.

Les managers tenants de la théorie X postulent que les êtres humains sont naturellement paresseux et terrifiés par la responsabilité. C'est au leader de suppléer à leur manque de volonté en leur imposant la sienne ; c'est à lui d'assumer cette responsabilité que les autres sont incapables de supporter. À ces fins, il utilise toutes les ressources à sa disposition en termes de pouvoir, c'est-à-dire les récompenses et surtout les sanctions. Il incarne une autorité centralisée qui se déploie en sens unique – du manager vers les managés. Si ceux-ci ont de la chance, l'autoritarisme du leader sera pallié par sa bienveillance.

En revanche, les tenants de la théorie Y croient que l'être humain est naturellement motivé et intelligent. Il suffit de lui proposer des objectifs intéressants pour qu'il les poursuive ; il suffit de le consulter pour bénéficier des fruits de son intelligence. Ces leaders sont plus démocratiques et collaboratifs.

Cette division bipartite est simpliste, mais elle constitue un axe commode pour une première taxonomie des styles.

À retenir

En voici quatre exemples assez répandus. Chacun représente un modèle abstrait dont tel ou tel manager réel est une version approximative. Vous reconnaissez-vous particulièrement dans un de ces quatre portraits ? Chaque style peut se justifier dans certains contextes ; chacun comporte des risques.

	Plus X ← LEADERSHIP → Plus Y			
Type	**Le dictateur**	**Le micro-manager**	**Le collaborateur**	**Le coach**
Approche	Décide de tout personnellement. Se fie à sa propre expérience, à ses propres connaissances, plutôt qu'à celles de ses subordonnées.	Contrôle tout, exige d'être informé de tout, au risque de faire perdre du temps à ses collaborateurs. N'accepte pas d'autres procédures que les siennes.	Reconnaît l'utilité de l'*input* de ses collaborateurs. Ses réunions sont participatives et il cherche activement les *inputs* des autres.	Aime construire des équipes soudées et performantes. Distribue les rôles selon les talents qu'il perçoit en chacun.
Avantages	Réponses rapides en temps de crise quand son air d'autorité et son action décisive inspirent confiance.	Intègre bien les novices ; épaule les équipes en désarroi ; sécurise dans des contextes où il y a un règlement strict à respecter.	Exploite mieux l'intelligence collective ; encourage l'implication des collaborateurs dans le travail.	Aide tous ses collaborateurs à se développer et à grandir.
Risques	Peut démoraliser les collaborateurs par son traitement des erreurs, en soulignant celles des autres à la place des siennes.	Peut démoraliser les collaborateurs en limitant leur autonomie et en dévalorisant implicitement leurs capacités.	Peut paraître indécis ou faible dans des cas d'urgence ou des situations tendues.	Peut donner l'impression de ne pas mettre la main à la pâte ; peut avoir tendance à ne pas distinguer assez les très bons collaborateurs.

Tout manager peut être amené à adopter des postures de leadership différentes selon les circonstances où lui et son équipe se trouvent. Ces circonstances peuvent varier selon les cultures des différentes organisations et des différents pays par lesquelles le manager passe au cours de sa carrière. Il est nécessaire de garder à l'esprit les avantages de chacune des postures et les risques à éviter. Le style adopté devrait être celui qui permet de mieux réaliser les objectifs du groupe au sein de l'organisation.

Les entreprises libérées

À notre époque, on parle beaucoup de nouvelles formes d'organisation, moins hiérarchiques, plus « plates » (*flat* en anglais), plus souples. On qualifie d'« entreprises libérées » celles qui adoptent ces nouvelles approches. La traditionnelle pyramide managériale est mise en cause au nom du bien-être des employés, ce bien-être étant lui-même considéré comme favorisant une productivité accrue. Tout comme les managers tenants de la « théorie Y » de MacGregor, les pionniers dans ce domaine considèrent que les êtres humains sont naturellement responsables. Si nous accordons plus d'autonomie à nos employés, ils se sentiront valorisés et feront de leur propre gré ce qui est nécessaire pour la réalisation des missions que nous leur confions. Le pouvoir de prise de décision n'a pas besoin d'être concentré vers le haut d'une pyramide, mais peut être dévolu à chaque équipe. Si on fait plus confiance aux gens, ceux-ci feront plus confiance à leur firme. Pour les mêmes raisons, on réduit le nombre et la longueur des boucles de contrôle : on n'a pas réellement besoin de vérifier et revérifier ce que font les employés. Non seulement le niveau actuel de contrôle est parfaitement superflu, mais c'est coûteux et improductif pour l'entreprise.

Nous ne savons pas encore si ces nouvelles approches s'installeront dans la durée ou se révéleront être des modes éphémères. Dans le premier cas, il est certain que les sept actions fondamentales du leadership, tel qu'il a été présenté ici, seront encore plus nécessaires pour le manager de demain, si jamais il porte encore ce titre ! Celui-ci ne pourra plus se draper dans la dignité conférée par l'organigramme. La vie professionnelle consistera peut-être dans des prises d'initiative pertinentes de la part des différents membres d'une équipe, prises d'initiative entraînant des « suiveurs » – des *followers* – parmi lesquels le manager lui-même. Dans ce cas, ce sera à tout le monde d'adopter dans une certaine mesure les qualités et les gestes du leadership.

Prendre ses fonctions : les cent premiers jours

Les cent premiers jours après une prise de fonctions sont souvent considérés comme déterminants pour la réussite future – ou non – du manager dans son nouveau poste. Cette notion des cent premiers jours décisifs proviendrait de l'exemple de la présidence de Franklin Roosevelt qui, accédant au pouvoir au milieu d'une grave crise économique en 1933, a dû immédiatement agir de manière résolue pour éviter les pires conséquences de cette situation.

En supposant que votre nouveau contexte soit moins dramatique que celui de Roosevelt, pourquoi ces cent premiers jours sont-ils si critiques ? La réponse est que nos premiers gestes, nos premières paroles et réactions vont ancrer dans les consciences de nos collaborateurs, collègues et chefs une certaine image de nous qui, si jamais elle est négative, sera plus difficile à rectifier par la suite. Selon un proverbe populaire :

> ***« On n'a jamais deux fois l'occasion de faire une bonne première impression. »***

Les pièges les plus fréquents consistent à :

- Mal calculer les effets de nos premières déclarations.
- Rester trop à l'écart, trop distant, dès le départ.
- Donner une impression d'inertie.
- Prétendre tout connaître sur son nouvel environnement avant d'avoir pris le temps de l'apprendre.
- Investir beaucoup d'énergie dans des projets grandioses, sans accomplir ce que les parties prenantes voulaient voir fait en priorité.

- **Essayer de s'imposer en dévalorisant tout ce qui avait été fait par son prédécesseur.**
- **Faire preuve de mépris apparent pour la culture et l'identité collectives de son nouvel environnement.**
- **Brusquer les gens en leur imposant des changements sans prendre le temps de gagner leur confiance.**
- **Prétendre qu'il y a urgence à tout transformer quand ce n'est manifestement pas le cas.**
- **Croire que ses propres intérêts sont les plus importants ou même les seuls importants.**

Il faut prévoir tous ces pièges un peu comme un démineur trouverait son chemin à travers un champ dangereux. Il est utile de se poser les questions suivantes :

- **Qu'attend-on de moi dans ce nouveau rôle ?**
- **Pourquoi m'a-t-on choisi pour jouer ce rôle ?**
- **Quels sont les principaux défis à relever au cours de cette période de transition ?**
- **Qu'est-ce que je peux utilement garder de mon rôle précédent et qu'est-ce que je dois maintenant abandonner ?**

Nous pouvons utilement nous demander ce que réussir ses cent premiers jours veut dire au fond. Cela veut-il dire être apprécié par les équipes dont on prend la charge ? Par son nouveau management ? Réussir veut-il dire être capable d'apporter un diagnostic limpide, grâce au recul idéal et momentané dont nous allons bénéficier ? Cela veut-il dire voir des résultats immédiats, prendre des décisions structurantes, que nous aurons plus de difficulté à prendre plus tard ? Ou être capable d'apporter son savoir-faire, les ressources clés qui nous sont attachées, les façons de réussir qui nous ont permis d'atteindre nos objectifs dans le passé ? Et de façon plus négative, ne pas prendre les pieds dans le tapis ? Parce qu'on n'aurait pas pris le temps de bien comprendre tout ce qui se passe à 360°, de considérer les acteurs clés de l'écosystème qui, par leur comportement, vont déterminer le futur ? Parce qu'on aurait oublié qu'il est toujours plus délicat de mobiliser les autres sur nos propres idées que sur les leurs et celles qu'ils auraient eues en notre présence ?

À la nomination, se produit un effet régulièrement répété de lune de miel qui nous place dans un état de projection souvent irréaliste. Nous apparaissons comme une sorte de *deus ex machina* dont on dit : « Ah ! celui-là va peut-être réussir là où ses prédécesseurs ont échoué. » Nous sommes également animés du désir de tellement bien faire et donc de répéter ce qui nous a tellement bien réussi par le passé.

Truc

Question pour un nouveau leader : quelle est la seule chose que nous ne pouvons jamais totalement déléguer ?

En répondant à cette question, chacun fera son choix, que ce soit l'arbitrage des conflits, la fixation des objectifs ou le contrôle final des tâches. En fait, l'intérêt de cette interrogation provocatrice, c'est de braquer notre attention sur le sujet le moins attendu, un sujet dont presque tout le monde parle avec une certaine difficulté. Lequel ? La promotion de soi-même. Le rôle de la modestie excessive, gênée, chez les uns, et celui de l'immodestie, peu subtile et franchement contre-productive, chez les autres, nous empêchent d'aborder cette question en toute sérénité. Nous pouvons toujours bien nous comporter dans la vie professionnelle, en espérant que quelqu'un le remarquera et en parlera de la manière qu'on voudrait et aux personnes qu'on voudrait. Après tout, la bonne réputation n'est rien d'autre que cela.

Cependant, dans un environnement où les évaluations sont omniprésentes, de façon explicite ou implicite, on ne peut pas laisser trop de choses au hasard. Il faut se préparer pour les moments où nous sommes amenés à nous justifier, à passer en revue nos qualités et nos réalisations. Les occasions de le faire se présenteront : entretiens d'embauche, *feedback* avec notre propre

»

»

Question pour un nouveau leader : quelle est la seule chose que nous ne pouvons jamais totalement déléguer ? *(suite)*

supérieur hiérarchique et même certains moments de confrontation imprévus. Le faire spontanément n'est pas chose aisée – avec de la préparation non plus. Il faut tenir le bilan de nos réussites et de nos échecs pour pouvoir en parler *simplement*, *factuellement* et *avec modestie*.

Nous faisons partie idéalement de cette catégorie des bons managers qui cherchent à surprendre leurs collaborateurs en train de réussir quelque chose de bien, afin d'accomplir ce geste délicat de l'évaluation motivante spontanée. Et nous rêvons sans doute que quelqu'un accomplira ce même geste à notre égard aussi. Si nous sommes vraiment capables d'évaluer à sa juste valeur le travail des autres, nous pourrons tourner ce même regard bienveillant sur nos propres œuvres pour les évaluer et en dire le bien qu'il faut, avec lucidité.

De facto, attente du futur et recours au passé créent une tension extrême dans le présent. Afin de mieux vivre cet état de présent pendant ces cent jours, quatre recommandations sont à suivre :

- » Retrouver le plaisir d'être curieux et le plaisir de reconnaître le meilleur de ce qui a été fait avant nous par d'autres que nous.
- » Écouter attentivement les autres, et bien comprendre le *cadre de référence* (voir chapitre 1) de sa nouvelle organisation, avant de vouloir imposer notre propre vision.
- » Être exemplaire sur les fondamentaux du management participatif dès le départ. Selon Albert Schweitzer, Prix Nobel de la paix en 1952, « l'exemplarité n'est pas *une* façon d'influencer, c'est la *seule*. » Tentons de fixer des objectifs pour nos nouveaux collaborateurs en nous assurant de leur engagement plein et entier.

» Nous montrer juste mais ferme dans le traitement des écarts de performance ou de comportement de nos collaborateurs, en leur permettant de s'engager à faire mieux, ou encore mieux.

Témoignage d'un *follower*

Histoire vraie

« Dans la vie j'ai rencontré deux catégories de managers passionnants : ceux qui faisaient croire qu'ils savaient tout et ceux qui faisaient croire qu'ils ne savaient rien. Dans le fond, je crois que je préfère les seconds, parce qu'ils sont curieux de moi, de mon écosystème, de mes problèmes, de mes façons et peut-être, de ce point de vue-là, ont-ils tout compris. Le cheminement qu'ils proposent est toujours plus drôle, plus enchantant, et à la fin, je me sens plus intelligent, plus capable de prendre des décisions intelligentes, utiles, pertinentes et de les faire appliquer. Et au bout du compte, je crois que ce sont eux les premiers bénéficiaires. »

Si nous pratiquons les sept actions fondamentales du management et si nous nous rappelons les quatre recommandations ci-dessus, nos nouveaux collaborateurs deviendront volontiers nos « suiveurs ».

Place à la pratique !

Si tous les aspects du leadership évoqués dans ce chapitre sont bien appliqués dans votre environnement, les différents éléments sur la liste suivante devraient pouvoir être cochés :

» Les membres comprennent la *finalité* de leur activité et l'assument.

» Les *priorités* sont évidentes pour tout le monde : chacun sait quelles sont les tâches à faire – et pour quand.

- La distribution des *responsabilités* est claire : chaque membre sait quelle est sa responsabilité dans l'accomplissement des tâches ; il est suffisamment autonome mais ne craint pas de demander de l'aide quand un autre niveau d'expertise est nécessaire.
- L'ordre du processus de prise de *décisions* est intelligible pour tout le monde.
- Les *conflits* sont gérés rapidement et selon des règles établies.
- La *valorisation des talents et des capacités* des uns et des autres fait que chacun se sent apprécié et pleinement mis à contribution.
- Les règles, officielles et officieuses, qui régissent la *coopération* entre les coéquipiers sont établies et appliqués à tout le monde de manière homogène.
- Les *réunions* sont considérées par tout le monde comme des moments productifs, et même agréables, parce qu'il y a une écoute véritable.
- Les critères de la *réussite* collective sont connus de tout le monde et les moments de réussite sont clairement célébrés par tout le monde.
- Les besoins des uns et des autres en matière de *progression*, de développement et de formation sont satisfaits.

Qu'est-ce qui vous empêcherait de cocher tous les éléments sur cette liste ? Qu'est-ce que vous pouvez faire pour que cela soit possible ?

Testons nos connaissances

Test

❶ L'essence du leadership réside dans :

❑ l'organigramme.

❑ la personnalité magnétique du chef.

❑ la capacité de punir.

❑ l'influence qu'on a sur les autres.

❷ Il n'y a pas de leaders sans le consentement implicite ou explicite :

❑ de chefs encore plus haut placés.

❑ des personnes qui les suivent.

❑ de ceux qui parlent le plus fort.

❑ de l'âme collective de la foule.

❸ Lequel de ces éléments ne constitue pas une action fondamentale du leadership ?

❑ Prendre ses responsabilités.

❑ Reconnaître et faire valoir l'identité collective du groupe.

❑ Imposer aux autres ses propres décisions.

❑ Communiquer clairement.

❹ Qu'est-ce qu'il ne faut pas faire en prenant de nouvelles fonctions ?

❑ Introduire des changements.

❑ Consulter son prédécesseur.

❑ Demander de l'aide.

❑ Mépriser la culture régnante.

1) l'influence qu'on a sur les autres.
2) des personnes qui les suivent.
3) Imposer aux autres ses propres décisions.
4) Mépriser la culture régnante.

DANS CE CHAPITRE

Se connaître pour se donner confiance

•

Gérer les interactions professionnelles de façon optimale

•

Réduire les effets du stress

•

Améliorer sa productivité et celle de son équipe

Chapitre 3

Manager nos émotions et notre productivité

Notre tour d'horizon des aspects essentiels du leadership aura donné l'impression que le leader et, du coup, le manager, est une sorte d'athlète des relations humaines. Parmi ses nombreux objectifs :

- » se maîtriser soi-même ;
- » prendre ses propres responsabilités en mettant les autres face aux leurs ;
- » inspirer confiance aux autres en leur en témoignant ;
- » saisir et valoriser les mobiles profonds que partage le groupe ;
- » évaluer la part de reconnaissance qui revient à chaque acteur.

Comment être à la hauteur de toutes ces exigences ? De quelle étoffe sont faits ces héros et héroïnes des temps modernes que sont les managers ? Par quelle méthode peuvent-ils se préparer psychologiquement pour être le point de convergence de tant de regards, le carrefour de tant de flux d'informations et le détenteur de tant de responsabilités ? Comment peuvent-ils se prémunir contre le stress, les critiques, les déceptions et les revers qui jonchent inévitablement le chemin de tout professionnel ? Nous allons maintenant aborder ces questions. Il y va du rôle, fondamental, des émotions dans la vie d'une organisation. Le moral d'une équipe a une influence sur sa performance. Nos sentiments personnels ont un impact sur notre productivité. Pour optimiser notre propre productivité et la performance de nos équipes, il nous faut développer notre intelligence émotionnelle.

De l'intelligence émotionnelle à la productivité

De plus en plus d'études et de statistiques rendent compte des effets du surmenage. Les travaux réguliers de l'Agence européenne pour la sécurité et la santé au travail montrent que le stress en milieu professionnel a un impact négatif significatif, non seulement sur le bien-être et la santé des employés, mais aussi sur leur productivité et même le roulement du personnel. Si les effets de la surcharge de travail sont déjà nocifs, ils sont aggravés par les conflits, les affrontements et les malentendus qui viennent si souvent perturber la vie d'une organisation – et, ce de manière inutile. Nous aborderons dans le chapitre 13 la délicate question des risques psychosociaux. Ici, il sera question du rôle ordinaire des émotions quotidiennes. Car, loin d'être mises définitivement au second plan, les émotions sont omniprésentes au travail : dans les sources profondes de notre motivation intérieure, dans nos relations avec les autres, dans nos façons de communiquer et de convaincre, dans notre capacité à encaisser des chocs et à surmonter les épreuves, et dans notre besoin de célébrer les moments de réussite.

Les émotions négatives peuvent empoisonner l'atmosphère dans un service. Un individu avec des intentions « toxiques » peut déstabiliser toute une équipe. Cependant, un moral très positif peut permettre à une équipe de triompher d'une situation difficile. Un manager qui traite ses collaborateurs, collègues et chefs avec compréhension peut promouvoir une certaine harmonie dans les relations et contribuer efficacement au bon fonctionnement d'une organisation. Comme elles font partie intégrante de notre vie, les émotions sont toujours *productives* dans un sens ou dans un autre.

Une des propriétés des émotions, c'est d'être contagieuses. Celles d'un leader en particulier peuvent facilement gagner les autres membres de son équipe, pour le meilleur ou pour le pire. Le leader se doit donc de bien canaliser ses émotions, mais, pour ce faire, il doit bien les connaître. Il a aussi besoin de s'intéresser aux émotions des autres. Il ne s'agit nullement de « maîtriser » ou de « dompter » ses émotions, au sens de les *refouler*, mais bien plutôt de les écouter, de les comprendre et de les utiliser au mieux. Bref, pour vivre harmonieusement avec nos émotions, il faut en avoir l'intelligence.

L'intelligence émotionnelle

Ce terme, qui est devenu très à la mode mais qui reste d'une importance cruciale, désigne les aptitudes suivantes :

» **Notre capacité à saisir ce qui se passe à l'intérieur de nous-mêmes : émotions, sentiments et impulsions, ainsi que leurs causes.**

» **Notre capacité à capter tout ce qui passe à travers nos relations avec les autres, en termes encore une fois des émotions et de leurs causes.**

De ce dernier point de vue, on parle aussi d'« intelligence sociale ». Voir et comprendre ce qui arrive à l'intérieur de nous nous libère de telle ou telle émotion qui, dans un contexte donné, nous entraverait dans notre rôle de leader. Voici trois exemples aussi simples que communs :

» **La jalousie qui nous empêche de féliciter un collègue pour un travail réussi.**

» **La colère qui nous incite à blâmer excessivement un collaborateur après une erreur.**

» **La peur qui fait monter notre niveau de stress de manière à nous rendre improductifs ou même à nous faire détester nos responsabilités.**

Afin d'être plus conscients dans nos relations sociales, nous sommes obligés de faire plus attention à tous ces signaux que les autres nous envoient par leurs paroles, le ton de leur voix et leurs gestes. Et de faire l'effort d'imaginer, par exemple, ce qui passe par l'esprit d'un collaborateur qui n'a pas été choisi pour une promotion ; ou d'un *n* + 1, à qui nous voulons demander un service, qui revient stressé et fatigué d'un déplacement. Quand nous comprenons mieux l'état d'esprit des autres, leurs attentes et leurs besoins, nous sommes plus en mesure de les rassurer ou de les calmer, de les motiver ou de leur faire voir l'intérêt commun. Ce décryptage des signaux est souvent complémenté par le recueil d'informations. Quand nous arrivons à la tête d'un service ou d'une entreprise, nous pouvons non seulement déchiffrer les réactions sur les visages lors d'une réunion, mais aussi nous documenter sur l'histoire de l'entreprise ou du service en question. Toutes ces actions nous permettront de mieux cerner cette identité collective, ce besoin d'appartenance, qui constitue un levier si puissant du point de vue du leadership.

L'exemplarité productive

L'exemple est la meilleure façon d'influencer les autres. La première chose que le manager demande aux autres – collaborateurs et collègues – c'est d'être productifs : d'arriver à l'heure, de terminer les tâches à temps, de réagir à nos requêtes avec promptitude... Pour justifier ces exigences, mais aussi pour stimuler l'énergie des autres, nous leur devons d'être exemplaires. Ce n'est pas toujours facile. Vu le niveau de nos responsabilités, c'est peut-être encore moins facile pour nous que pour eux – et pourtant c'est à nous de montrer l'exemple. Ainsi, la pression que nous subissons, qui est déjà forte, ne cesse de monter, en augmentant notre stress et sa cohorte de symptômes perturbateurs de la santé. En réponse, nous pouvons apprendre à accroître notre productivité en prenant certaines mesures. Nous pouvons aussi réduire le stress par des pratiques très simples. C'est ici que nous sommes ramenés à l'intelligence émotionnelle et à ce qu'elle révèle de nous et de notre intériorité.

Comment augmenter son intelligence émotionnelle ?

Pour vous sensibiliser à ce qu'est l'intelligence émotionnelle, lisez chacune des phrases suivantes en décidant honnêtement si elle s'applique à vous :

» Je suis conscient(e) de mes émotions ; je peux me les décrire en détail ; je n'ai pas peur de le faire.

» Je comprends toujours les causes des sentiments que je ressens.

» Je peux maîtriser mes impulsions.

» Je reste calme dans les situations stressantes.

» Je fais des efforts pour saisir les raisons derrière les paroles et les actions des personnes avec qui je travaille.

» Je comprends volontiers le point de vue des autres, même quand il est très différent du mien.

» Quand les circonstances changent brusquement, je n'ai pas de difficulté à modifier mes objectifs en conséquence.

Quand on exploite pleinement son intelligence émotionnelle, on peut cocher tous les éléments sur cette liste.

Un peu de science pour comprendre les émotions

Dans le monde du management, on éprouve quelque gêne à parler d'émotions. Celles-ci ne cadrent pas avec l'image traditionnelle d'une activité censée être purement rationnelle et calculatrice. Force est de constater qu'évoquer les émotions ne vient pas aisément au manager masculin, pour qui le registre émotionnel constitue souvent un signe de faiblesse. Pourtant, nous avons tous des émotions – et heureusement ! Les émotions sont le fruit de notre évolution. Le développement des émotions a permis à notre espèce de survivre. Elles représentent une façon de traiter les informations venant de notre environnement ou de notre propre corps et de donner ou de préparer une réponse : que ce soit la colère pour faire face à un ennemi ; la peur pour fuir un danger ; la jalousie pour protéger nos intérêts ; ou la joie pour nous récompenser d'une action réussie. Le problème dans la vie moderne, c'est que nos réactions émotionnelles ne sont pas toujours adaptées à des situations sociales plus complexes. Par exemple, la colère et la peur, quoique toujours utiles aujourd'hui, nous font dire parfois des choses qu'on ne veut pas dire, brisant ainsi une relation précieuse ou augmentent notre niveau de stress face à un problème épineux alors que nous avons plutôt besoin de calme.

L'évolution nous a apporté autre chose : le cortex préfrontal du cerveau, qui est le siège, entre autres choses, d'une grande partie des « fonctions exécutives ». Ces dernières jouent un rôle important dans la gestion des situations inhabituelles – situations où les réactions automatiques sont insuffisantes et où il faut inhiber une réponse habituelle très forte ou résister à une tentation. Les fonctions exécutives interviennent en quelque sorte pour crier « Halte ! » aux débordements d'émotions. Elles ne peuvent pas prêter attention à tout ce qui se passe en nous et elles ne peuvent pas triompher sur toutes les impulsions. Mais elles constituent notre meilleur recours dans beaucoup de situations, y compris professionnelles. Elles sont cruciales pour cultiver l'intelligence émotionnelle.

Pratiquer l'intelligence émotionnelle

L'intelligence émotionnelle est divisée en cinq composants :

1. **La conscience et la compréhension de soi, de nos propres sentiments.**

2. **La canalisation – et non le refoulement – des émotions.**

3. **La motivation de soi.**

❹ L'empathie envers les autres, l'acte de se mettre à leur place et d'essayer de ressentir ou d'imaginer ce qu'ils ressentent.

❺ La résolution des conflits.

Découvrons tous ces éléments à l'œuvre dans une situation réaliste. Les nombres, de (1) à (5), permettront de les identifier.

Votre discussion avec Céline

À midi, à la cafétéria, vous apercevez Céline, une *n* + 2 que vous avez toujours appréciée, qui déjeune seule. Vous vous asseyez en face d'elle avec l'idée éventuellement de parler d'une réunion prévue pour demain au cours duquel vous allez présenter un projet qui vous est cher, projet pour lequel vous comptez naturellement sur l'appui de cette alliée de longue date : « Je peux me joindre à vous ? — Oui ! » marmonne-t-elle du bout des lèvres. Déjà, cela vous douche un peu.

Ensuite, votre question : « Ça va ? », provoque un « ça va » sans enthousiasme en retour. Le regard de Céline reste fixé sur son assiette. Aucune question de sa part ne vient vous rendre la politesse. Vous avez passé une matinée dure. « Avec des abrutis ! », dit une voix intérieure quelque part en vous, en ajoutant : « Et en voilà une autre ! » Vous êtes tenté de garder obstinément le silence comme elle. Vous lorgnez vers un dossier que vous avez posé sur la table. Oserez-vous le lire devant elle en mangeant ?

Ici, vous réfléchissez : vous sortez d'une série de réunions assommantes ; et, jusqu'à présent, cette personne en face s'est toujours montrée particulièrement bien disposée à votre égard. (*Ici nous avons le composant* 1 : la conscience de ses propres émotions).

Au lieu d'exprimer votre agacement, vous vous dites qu'elle aussi a sûrement une raison d'être d'humeur grognonne. (*Ici, le composant* 2 : la canalisation de ses propres émotions). Votre irritation laisse la place à deux autres émotions positives : la curiosité et le souci empathique »

»

Votre discussion avec Céline *(suite)*

de l'autre. (*Ici, le* 3 : la motivation de soi, et le 4 : l'empathie). Et, droit dans les yeux, simplement et doucement, vous lui dites : « Ça ne va pas ? — Non... » répond-elle, d'un air soudain déprimé et las. Ces expressions tangibles – le ton de sa voix, son visage fatigué, ses épaules tombantes – trouvent un écho dans votre propre corps. C'est une forme d'empathie automatique, physiologique, qui provoque une émotion en vous, différente de la sienne : la compassion, une forme forte du souci empathique. (*Ici, le* 4 : l'empathie). Vous devenez encore plus curieux et soucieux. Avant que ces deux émotions ne débordent, quelque chose en vous dit « Halte ! » – les gens en détresse n'apprécient pas toujours d'être pris pour un objet de pitié. (*Ici, les « fonctions exécutives » font bien leur travail*). Et vous gardez le silence un instant de plus, en la regardant avec un air attentif. Là, elle vide son sac : « J'ai appris ce matin qu'"ils" veulent que je parte en retraite anticipée. Très vite. »

Vous ressentez deux émotions successives : d'abord de la pitié pour elle ; ensuite, plus égoïstement, pour vous-même : « Je vais perdre un mentor, une alliée importante. » Vous prenez la parole : « C'est terrible !... Vous me manquerez beaucoup... » Votre propre émotion trouve maintenant un écho en elle, qui répond : « Allez ! Vous vous en remettrez. » Elle esquisse presque un sourire amical. Mais soudain une autre émotion chasse votre pitié qui devenait insupportable. C'est le soulagement : au moins, ce n'est pas vous qui devez partir ! De telles émotions, quoique difficiles à admettre, sont fréquentes et naturelles. L'empathie peut vite se fatiguer. Dans les professions soignantes, les spécialistes ont identifié un problème que les Anglo-saxons appellent « compassion fatigue ». Vous contemplez un instant ce soulagement.

Elle continue en changeant soudain de ton : « En tout cas, vous vous êtes toujours très bien débrouillé, vous ! Une ascension fulgurante ! "Ils" vous adorent, là-haut, vous. » À la fin de cette saillie, vous vous regardez tous les deux droit dans les yeux, l'hostilité montant des deux côtés.

»

»

Une belle relation va mal se terminer. Et c'en est peut-être fini pour votre projet demain ! Et là, au lieu de riposter pour vous défendre, vous vous mettez à sa place. Quel effet cela fait-il de voir sa carrière abrégée si brutalement ? D'avoir en face un jeune ambitieux qui a tout son avenir devant lui ? Et qui, il y a un instant, se sentait soulagé ! (*Ici, une forme du* 4 : l'« empathie cognitive », *fondée, non sur la physiologie ou la pitié, mais sur la raison et l'imagination*). L'hostilité dans vos yeux, la tension de vos muscles faciaux, se dissipent. « Mais j'ai toujours compté sur vous, sur vos conseils. (Très posément.) Je serai sincèrement désolé de vous voir partir. »

Elle vous regarde un instant, cherchant dans vos yeux. Apparemment, elle y a trouvé ce qu'elle cherchait : « Allez ! Ce n'est pas la fin ! La vie continue ! » Puis, en se levant : « On se voit demain à la réunion ? Je serai moins sous le choc. » Les relations se sont normalisées. (*Ici, finalement, le* 5 : la résolution des conflits). Bravo !

Il est évident que notre intelligence émotionnelle ne peut pas être perpétuellement en mode « veille active » comme ici. Cela fatiguerait très vite notre faculté d'attention. Mais quand on rencontre une situation difficile, il faut se mettre rapidement en alerte.

Cet exemple souligne une vérité fondamentale : les deux processus consistant à prêter attention à nos propres émotions et aux émotions des autres sont étroitement imbriqués l'un dans l'autre. Être vraiment attentif à soi, c'est être attentif aux autres. Notez bien les étapes d'une interaction difficile mais finalement réussie avec un collègue, chef ou collaborateur :

» **Nous devenons attentifs à nos propres émotions.**

» **Nous remarquons les effets émotionnels que les expressions d'émotion venant de l'autre personne (voix, visage, gestes) réveillent en nous. C'est l'empathie « automatique ».**

» **Nous devenons attentifs aux émotions que cela engendre dans notre esprit (compassion, rejet, soulagement, colère…), nous les reconnaissons, au besoin nous les nommons.**

» **Nous cherchons des informations dans l'environnement qui confirment et expliquent ces émotions, surtout en questionnant les autres (quoi ? pourquoi ? comment ?). C'est l'empathie « cognitive ».**

» **Nos fonctions exécutives canalisent les émotions les plus aptes à nous motiver dans la recherche d'une solution à une situation problématique.**

» **Nous résolvons un conflit ou évitons un conflit potentiel.**

Mais attention ! Cette forme de curiosité pour nos émotions et celles des autres implique en même temps une certaine distance. Posséder de l'intelligence émotionnelle ne veut pas dire donner libre cours à nos sentiments, mais en être conscients. L'intelligence émotionnelle permet d'être plus à l'aise avec nos émotions et d'en tirer le meilleur parti.

Pour en savoir plus

Daniel Goleman, *L'Intelligence émotionnelle. Intégrale* (J'ai lu).

Daniel Goleman, Richard Boyatzis, Annie MacKee, *L'Intelligence émotionnelle au travail* (Pearson).

Pour se mettre dans les meilleures dispositions

L'intelligence émotionnelle montre que notre attitude, notre humeur, influe constamment sur notre performance. Il y a dans la vie d'un manager de nombreuses situations où nous avons intérêt à adopter la bonne disposition mentale pour réussir notre action. Ici, il y a deux techniques utiles.

Truc

La première consiste à provoquer des émotions en nous pour créer une attitude positive. Imaginez que, dans trente minutes, vous devez présider une réunion cruciale avec vos collègues, dont beaucoup sont des personnalités fortes avec des opinions bien tranchées. Y penser déjà provoque en vous le sentiment de ne pas être à la hauteur. Vous craignez de ne pas oser parler quand c'est nécessaire ; de ne pas montrer assez de confiance dans vos jugements ; de ne pas prendre d'initiatives. Comment arriver à la réunion avec une attitude tournée vers l'action efficace ? Des chercheurs américains ont montré que, avant une prise de parole importante en public, un entretien pour une place dans une école de commerce ou une négociation commerciale, les chances de réussir des acteurs étaient considérablement rehaussées par le fait, juste avant, d'écrire quelques paragraphes sur leurs ambitions dans la vie ; sur un incident dans le passé quand ils ont eu le sentiment d'exercer du pouvoir ; ou sur un moment dans leur vie où ils se sentaient heureux et stimulés. Si vous le faites avant votre réunion, vous augmentez vos chances d'être efficace, de vous comporter comme un leader. L'effet est de courte durée, mais il est appréciable[1].

La deuxième technique nous aide à rester rationnel quand nous sommes en train de délibérer mentalement d'un problème. Dans le monologue intérieur, le choix du pronom qu'on utilise, « je », « tu » ou « elle/il », peut avoir une influence décisive. La première personne a tendance à souligner l'aspect émotionnel ; la deuxième personne introduit plus de distance pour permettre une réflexion utile, et la troisième personne éloigne encore plus nos sentiments pour laisser le champ libre à la résolution de problèmes[2].

Pour congédier le stress

Aujourd'hui, presque tout le monde se plaint du surmenage. Les causes apparentes en sont un agenda surchargé, un rythme de vie effrénée et le manque de sommeil. Mais s'agit-il des causes ou des effets ? Pourquoi sommes-nous stressés ? Notre capacité à être stressé, comme nos émotions, est le produit de l'évolution. Le

1. Adam Galinsky, Gavin J. Kilduff, « Be seen as a leader : A simple exercise can boost your status and influence », *Harvard Business Review*, 91, déc. 2013, p. 127-130.
2. Ozlem Ayduk, Ethan Kross, « Pronouns matter when psyching yourself up », *Harvard Business Review*, en ligne, 6 février 2015.

stress a ses fonctions. Si vous êtes confronté par un agresseur dans la rue, le stress vous donnera une chance supplémentaire de le distancer ou de l'affronter. Il en va de même avec beaucoup d'animaux qui doivent faire face à des prédateurs ou à des dangers.

Truc

Se parler en disant « je », « tu » ou « elle/il » pour résoudre nos problèmes ?

Comparez ces différentes versions d'un monologue intérieur :

« Qu'est-ce que je vais faire ? Je vois mon *n* + 1 demain matin et je vais devoir lui annoncer que je n'ai pas atteint l'objectif prévu et lui expliquer pourquoi ! Qu'est-ce que je vais faire ?... Qu'est-ce que je vais faire ?... » Ici, le monologue conduit au désespoir.

« Qu'est-ce que tu vas faire ? Tu vois ton *n* + 1 demain matin... Tu peux lui dire la vérité – et avec dignité. Tu peux t'excuser – sincèrement et sans trop d'à-plat-ventrisme. » Déjà l'effet de distanciation conduit à autre chose qu'au désespoir.

« Jean(ne) voit son *n* + 1 demain matin... Qu'est-ce qu'elle/il va faire ? D'abord, elle/il va dire la vérité. Simplement. Ensuite, elle/il va proposer un plan réaliste pour rattraper le retard. Et elle/il va rester calme tout le temps. Parce que le pire qui peut lui arriver n'est pas si grave que cela au fond. » Cette fois, la distanciation maximale permet de raisonner de manière à la fois générale et pratique. Nous sommes dans un état d'esprit propice à la recherche d'une solution.

Le stress est donc une réaction physiologique éphémère qui nous prépare pour une situation dangereuse. Normalement, il se dissipe dans l'effort pour surmonter cette situation, qui se termine par la survie ou la mort. Mais dans notre vie moderne, les menaces ne sont pas instantanées :

- un rapport crucial à faire pour mardi matin ;

- un chef qui semble nous en vouloir pour des raisons qui nous échappent ;
- une rivalité intense avec une autre équipe.

Dans ces situations, notre corps se met en mode réactif, mais l'action qui devrait dissiper le stress très vite n'arrive pas. Les situations se prolongent dans le temps, pendant des jours, des semaines... Le stress s'accroît dans notre corps et, graduellement, commence à provoquer des symptômes physiques nocifs. Les personnes qui sont les plus stressées ne sont pas plus « faibles » que les autres. Leur physiologie peut fonctionner aussi normalement que celle des autres. Elles se trouvent plus souvent dans des situations où leurs réactions physiologiques naturelles sont déclenchées à répétition, sans pouvoir se dissiper.

Dans le passé, on croyait qu'il fallait surtout évacuer le stress par une activité sportive intense ou quelque autre expérience cathartique. Mais intégrer de telles activités dans la routine quotidienne n'est pas toujours commode. Maintenant, les experts préconisent plutôt d'attaquer le problème à sa source, en dissipant les effets du stress régulièrement au cours de la journée. Si un leader célèbre comme Steve Jobs était connu pour sa pratique du zen, le monde de l'entreprise aujourd'hui connaît un enthousiasme grandissant pour ce qu'on appelle en anglais *mindfulness*, traduit en français par le terme de « pleine conscience ». Il s'agit d'une forme de méditation développée à partir de certaines pratiques bouddhistes par un professeur de médecine américain, Jon Kabat-Zinn, afin de combattre le stress, l'anxiété, la douleur et les effets des maladies. De nos jours, la pleine conscience est utilisée dans des grandes entreprises comme Google, Intel et Target, où elle permet de réduire de façon significative le niveau de stress des employés. Le vocable *mindfulness* ne présente pas les connotations religieuses du mot « méditation » qui cadreraient mal avec la culture managériale.

Certains exercices de « pleine conscience » très simples peuvent réduire le stress et revigorer votre puissance de concentration. Si, par exemple, vous passez de longues périodes devant un écran, en pianotant sur un clavier, l'attention focalisée sur plusieurs opérations délicates à la fois, vous saurez que, au bout d'un certain temps, votre attention vacille, la nervosité s'accroît dans votre système et votre efficacité se réduit. De temps en temps, éloignez vos mains du clavier. Concentrez-vous, non plus sur toutes ces tâches différentes, mais sur une seule : l'acte de respirer, très lentement, en inspirant par le nez et en expirant par la bouche. Le stress se réduit, le bien-être s'accroît et l'attention s'affine.

Truc

Mini-méditation de « pleine conscience » en trois minutes

- » S'asseoir droit sur sa chaise.
- » Devenez conscient(e) de vos sensations corporelles, agréables ou non. Ne les jugez pas, acceptez-les, dans la mesure du possible.
- » Devenez conscient(e) de vos émotions du moment. Ne les jugez pas, acceptez-les.
- » Devenez conscient(e) de vos pensées. Observez-les avec curiosité et une certaine distance, sans vous laisser emporter par elles.
- » Focalisez votre attention sur votre respiration.
- » Si votre attention erre, pas de problème : ramenez-la chaque fois à votre respiration.

Un aspect très important des exercices de pleine conscience, et qui va dans le sens de l'intelligence émotionnelle, c'est de ne pas chasser nos émotions, mais de les laisser venir. Nous les observons comme un phénomène quelque peu détaché de nous. Les ayant reconnues et acceptées, nous éprouvons de la compassion face aux émotions les plus déstabilisantes, nous nous pardonnons en quelque sorte. Considérons ce monologue intérieur :

Reconnaître et « pardonner » nos émotions

Truc

« Véronique a eu cette promotion à ma place. Suis-je jaloux ? Pas du tout ! »

Ici, nous nions et nous refoulons l'émotion. Elle ne s'en ira pas, mais reviendra par la suite avec plus de force. Recommençons : « Véronique a eu cette promotion à ma place. Suis-je jaloux ? En fait, oui. Je voulais vraiment avoir cette promotion. Mais il n'y a pas de honte. Ma jalousie est une réaction normale. Elle est là, ma jalousie, elle flotte devant moi, elle ne représente pas une partie essentielle de moi. Je comprends pourquoi je ressens de la jalousie et je me pardonne. »

La pleine conscience nous permet de reconnaître des émotions fortes qui, refoulées, couveraient et exercerait une influence déstabilisante sur nos relations avec autrui et sur notre efficacité productive.

Pour en savoir plus

Jon Kabat-Zinn, *Au cœur de la tourmente, la pleine conscience* (J'ai lu).

Shamash Alidina, Hélène Felipe, Élisabeth Coulon, *Méditation : la pleine conscience pour les Nuls* (First).

Comment être exemplaire dans la productivité ?

Napoléon disait que « le temps est le grand art de l'homme ». Pourquoi semble-t-il au manager qu'il n'en a jamais assez ? Il y a, à chaque instant, tellement de choses à faire et pas assez de temps pour nous en occuper. Nous avons souvent du mal à établir des priorités. La procrastination improductive nous guette à chaque instant, et le risque de tomber dans la démoralisation est parfois grand. Et pourtant, en tant que leader, nous nous devons, et nous devons aux autres, d'être exemplaires. La vie professionnelle est une lutte constante entre l'*attention* et la *distraction*. Comment faire peser la balance du côté de l'attention ?

Problème 1 : je n'ai pas assez de temps

Selon La Bruyère, « ceux qui emploient mal leur temps sont les premiers à se plaindre de sa brièveté ». C'est un peu dur. Après tout, savons-nous au juste comment nous employons notre temps ? À quelles activités consacrez-vous le plus de temps chaque semaine ? La vraie réponse à cette question pourrait vous surprendre. À cette fin, il y a un exercice simple à faire.

Truc

Pour savoir à quoi vous consacrez votre temps

Faites un tableau avec, dans la colonne de gauche, les jours de la semaine.

Dans la ligne en haut, dénombrez les différentes activités dans lesquelles vous êtes normalement engagés : gérer les clients, parler avec vos supérieurs hiérarchiques, discussions ou entretiens avec vos collaborateurs, réunions avec des collègues, déplacements physiques...

Au cours de la semaine, inscrivez le nombre d'heures que vous consacrez chaque jour à chaque activité.

À la fin de la semaine, totalisez les colonnes et faites un schéma visuel de la répartition de votre temps.

Si cette répartition ne vous semble pas idéale, c'est l'heure de réagir.

Il ne s'agit nullement de travailler plus dur, mais de travailler plus malin.

Problème 2 : je n'arrive pas à établir des priorités efficacement

Truc

Commencez par utiliser la matrice attribuée au président Eisenhower, le célèbre général qui a planifié le débarquement en Normandie en 1944. C'est dire s'il connaissait quelque chose à l'organisation ! Le principe en est que ce qui est urgent n'est pas toujours important, et ce qui est important n'est pas toujours urgent.

	Pas important	Important
Urgent	Urgent mais pas important – à déléguer ou supprimer	Aussi important qu'urgent – à faire tout de suite
Pas urgent	Pas urgent et pas important – à différer, déléguer ou supprimer	Important mais pas urgent – à différer

Avec ces quatre catégorisations et les quatre types de réponses – faire, déléguer, différer, supprimer – il devient plus facile d'établir des priorités rationnelles.

Voici quatre conseils pour tirer le meilleur parti du temps dont vous disposez :

» Éviter de consacrer du temps à une tâche seulement pour décider de s'en occuper plus tard. S'il n'y a pas d'obstacle matériel à la réalisation immédiate de cette tâche, vous risquez de prolonger inutilement le temps total que vous y allouez.

» Avant de quitter votre bureau le soir, préparez votre journée de demain. Vous consolidez ainsi ce que vous avez accompli aujourd'hui et vous mettez en place le nécessaire pour le jour suivant. Vous partez plus tranquille et, en arrivant demain matin, vous commencez sur les chapeaux de roues !

» Ne prolongez pas les entretiens ou les réunions au-delà de l'heure fixée pour leur durée. Annoncez à l'avance l'heure qui sera respectée.

» N'acceptez pas qu'on vous impose des délais que vous savez ne pas pouvoir tenir. Ne dites ni « Oui », ni « Je ne sais pas... » Cette dernière réponse fait croire à votre interlocuteur que c'est faisable avec un peu de pression de sa part. Répondez plutôt : « Vous le voulez pour quand ? » Ou : « Je peux le faire, mais pas avant de terminer X... Si ce délai n'est pas commode pour vous, quelles alternatives suggérez-vous ? »

Problème 3 : je suis souvent en proie à la procrastination

La tendance à la procrastination fait partie de la condition humaine. C'est un immense problème qui impacte trop souvent notre efficacité professionnelle. C'est particulièrement grave pour un manager quand la procrastination le conduit à avoir l'air indécis devant ses troupes. Celles-ci s'attendent à ce que leur leader leur inspire confiance en se montrant décisif. Il peut toujours y avoir des raisons logiques pour remettre une décision à plus tard, mais si nous sommes motivés uniquement par le désir de différer un moment désagréable, nous sommes en proie à la procrastination.

Cette tendance est en partie le produit d'une lutte entre, d'un côté, le cortex préfrontal et les fonctions exécutives, et, de l'autre côté, des systèmes du cerveau (autrefois étiquetés du nom unique de « système limbique » ou, pire, « cerveau reptilien ») qui s'occupent du plaisir ou d'autres facteurs comme la peur ou l'agressivité. Il y a des moments dans la vie où il faut différer la satisfaction pour avoir une meilleure récompense par la suite. Devrions-nous économiser et investir ou dépenser tout de suite ? C'est l'histoire de la cigale et de la fourmi ! C'est aussi la leçon d'une expérience célèbre conduite par le chercheur néo-zélandais Walter Mischel, racontée dans son livre *Le Test du marshmallow* (J.-C. Lattès). Il a proposé à un grand nombre d'enfants un test : soit ils recevaient un bonbon à la guimauve tout de suite, soit ils attendaient 15 minutes pour finalement en recevoir deux. À peu près un tiers a succombé immédiatement à la tentation ; un autre tiers a résisté un certain temps avant de succomber à leur tour ; et le dernier tiers a réussi à avoir les deux bonbons. En suivant la carrière de ces enfants à l'âge adulte, le chercheur a trouvé que ceux qui ont eu les deux bonbons étaient plus riches, en meilleure santé et avaient moins de démêlés judiciaires. Cette capacité à maîtriser sa volonté était même un meilleur indicateur de la réussite financière d'un enfant que son QI. Cette maîtrise de soi, c'est précisément ce qui est cultivé dans l'intelligence émotionnelle et la pleine conscience.

Comment fortifier le pouvoir de votre volonté ?

- Cessons de prétendre que nous sommes « multitâches ». La recherche scientifique montre que généralement nous nous dupons. Nous sommes les victimes de la distraction, si ce n'est pas de la procrastination. Focalisons-nous sur une tâche à la fois.
- Commencez la journée en faisant une de ces corvées antipathiques mais nécessaires. Vous vous sentirez plus productif/ve après.
- Faites un contrat avec vous-même. Prenez une décision qui vous force à travailler sur quelque chose pendant un certain temps. Victor Hugo ordonnait à un domestique de le laisser nu dans son bureau chaque matin et ne pas revenir avec ses vêtements avant une heure désignée. Le grand écrivain et père de la République ne pouvait pas sortir. C'est un peu drastique pour le bureau, mais grâce à votre créativité, vous trouverez votre propre façon de vous obliger à travailler !
- Selon Piers Steel, un grand expert sur les problèmes de procrastination, nous nous laissons détourner de nos vrais objectifs par des tentations que nous essayons de refouler mais qui refont surface très vite avec plus de force pour nous distraire. Pour les combattre, il ne faut pas essayer de les chasser, mais plutôt y penser en les situant dans un contexte négatif.

Truc

Pour résister à la tentation

« J'ai ce rapport à rédiger. C'est toujours barbant... J'ai envie d'appeler Fred. Papoter avec lui, c'est toujours distrayant. Il ne m'a pas encore raconté son congé parental. Je vais le faire. »

Décrochant le téléphone, mais se ravisant : « Avoir l'oreille collée à ce téléphone, c'est tellement désagréable ! Et puis la dernière fois il m'a gonflée avec ses histoires de golf. »

- » Toujours selon Piers Steel, nous nous laissons distraire par des tentations visibles dans notre environnement. Il faut identifier et enlever les sources de distraction (« loin des yeux, loin du cœur ») pour les remplacer par des objets ou des spectacles plus aptes à nous rappeler ce que nous avons à faire.
- » Quand notre corps se fatigue, nous le ressentons tout de suite dans nos muscles. Quand notre volonté se fatigue, les effets sont moins tangibles. Et pourtant, les travaux de l'équipe du chercheur Roy Baumeister montrent que quand nous faisons un grand effort de volonté, notre volition peut s'épuiser temporairement. La victoire est souvent un moment périlleux pour la volonté : pensez à une personne qui récompense un effort continu pour suivre un régime en cédant à la tentation d'un beignet. Nous devons ménager le pouvoir de notre volonté. Il vaut mieux diviser une tâche importante en étapes ; faire une pause de temps en temps et ne pas fêter la victoire trop tôt.

Problème 4 : je suis démoralisé(e)

Truc

Il peut arriver au manager de se sentir franchement submergé par toutes ses obligations, perdu au milieu du chaos, sans pouvoir se motiver pour en sortir. Dans ces cas, il faut retrouver le « pourquoi » de notre présence dans cette organisation (voir chapitre 1). Selon un des grands gourous de la productivité, David Allen, la métaphore de l'altitude nous aide ici : au jour le jour, nous voyons les choses selon une perspective très terrestre, qui ne permet de voir qu'un fourmillement de détails banals. Il faut prendre de la hauteur pour avoir une vue d'ensemble et retrouver la logique qui explique et justifie nos actions de base. Le schéma suivant, fondé sur les idées de David Allen, est à lire de haut en bas et de bas en haut. Après vous être familiarisé(e) avec le tableau, adaptez-le à votre situation et remplissez-le.

Altitude	Niveau d'activité	Exemple	
6 →	Notre épitaphe : le but de notre vie professionnelle, la raison pour laquelle nous travaillons dans tel ou tel secteur plutôt qu'un autre. Dans la vie quotidienne, cela semble si loin.	Je voudrais montrer que, dans ce monde, il est possible de négocier de manière humaine et juste pour arriver à des accords satisfaisants pour tous les participants.	↓
5 ↑	Vision de l'avenir à 3 ou 5 ans, représentant les grandes transitions stratégiques dans notre carrière. Dans la vie de tous les jours, cette vision surnage de temps en temps comme une chimère.	Je voudrais trouver un poste à l'étranger pour développer mes capacités commerciales dans un contexte international et interculturel.	↓
4 ↑	Objectifs à 2 ou 3 ans, représentant des changements dans nos domaines de responsabilité. Nous y pensons de temps en temps.	Je voudrais devenir la directrice de ce centre de formation et faire reconnaître au reste de notre groupe son importance et sa valeur.	↓

Altitude	Niveau d'activité	Exemple	
3↑	Domaines où nous exerçons des responsabilités selon nos capacités techniques et nos talents. Ce sont des sources occasionnelles de fierté au milieu du chaos de la vie.	En tant que directrice adjointe de ce centre de formation des commerciaux au sein d'un grand groupe, je suis responsable du programme pédagogique, de la formation des formateurs et du suivi de la progression de chaque personne formée.	↓
2↑	Les objectifs à court terme, après lesquels on a tendance à courir.	La refonte de notre programme pédagogique est bien engagée mais doit être terminée pour la fin du mois.	↓
1↑	Actions courantes diverses – réunions, e-mails… – dans lesquelles on s'embourbe trop souvent.	Entre autres choses, répondre à cet e-mail très critique envoyé par mon prédécesseur qui ne comprend ni nos besoins actuels, ni les principes de base du nouveau programme pédagogique.	←

Nous nous trouvons tous, de temps en temps, face à une tâche aussi délicate que désagréable, à laquelle nous ne nous attendions pas, qui vient perturber notre routine et saper notre motivation. C'est la goutte d'eau qui fait déborder la vase ! En utilisant le tableau, il suffit de remonter du niveau 1 au niveau 6 pour retrouver le « pourquoi » ultime qui motive nos actes. Du coup, nous nous rappelons l'importance centrale pour nous de la négociation. Soudain, cet e-mail malvenu se transforme en une excellente opportunité de pratiquer cet art de la négociation qui nous est si cher. De plus, nous pouvons situer l'acte de répondre à cette personne dans l'enchaînement des actions qui vont nous conduire lentement mais sûrement vers les autres étapes aux autres niveaux de notre tableau permettant de réaliser un jour notre ambition ultime.

Place à la pratique !

À retenir

Voici une série de questions ouvertes pour vous guider dans votre pratique du management au jour le jour. En cherchant vos propres réponses, inspirez-vous des méthodes et des conseils proposés dans ce chapitre.

- » Qu'est-ce que je peux faire pour mieux comprendre le point de vue des autres ?
- » D'un point de vue émotionnel, quel sera le meilleur moment pour aborder ce sujet avec X ?
- » Me suis-je assez bien préparé(e), me suis-je assez bien documenté(e), pour aborder ce sujet avec X ?
- » Quand la prochaine occasion se présentera, qu'est-ce que je pourrai faire pour résoudre un conflit plutôt que de le prolonger ?
- » Comment me préparer psychologiquement pour cette réunion problématique ou cette conversation difficile ?
- » À quels moments de la journée insérer un exercice de « pleine conscience » pour évacuer le stress et refocaliser mon pouvoir de concentration ?
- » Par quelles actions puis-je devenir un exemple positif pour les autres ?
- » Quelles sources de distraction inutile puis-je exclure de mon environnement ?
- » Par quelle tâche que j'aurais préféré différer, uniquement parce qu'elle est désagréable à mes yeux, vais-je commencer cette journée ?
- » Pourquoi suis-je en train de faire cette corvée ? Quel en sera l'effet positif, dans l'immédiat ? En quoi contribuera-t-elle à la réalisation de mes projets à plus long terme ?
- » Qu'est-ce qu'on verra à la fin de ce projet quand on aura réussi ?

Le « pourquoi » a tendance aussi à agrandir le champ des solutions possibles. Quand on a oublié le pourquoi de quelque chose, on a du mal à en envisager la fin.

En s'occupant de votre productivité personnelle, vous devenez exemplaire. Au besoin, vous pouvez répandre parmi vos équipes vos méthodes pour être productif.

Pour en savoir plus

David Allen, *S'organiser pour réussir* (Alisio).

Stephen R. Covey, Rebecca R. Merrill, *Priorité aux priorités. La méthode pour s'organiser, gérer son temps et atteindre ses objectifs* (J'ai lu).

Piers Steel, *Procrastination. Pourquoi remet-on à demain ce qu'on peut faire aujourd'hui ?* (Éditions Privé).

Roy F. Baumeister, John Tierney, *Le Pouvoir de la volonté : La nouvelle science du self-control* (Markus Haller).

DANS CE CHAPITRE

Augmenter la force d'impact de sa communication

•

Bien choisir les moyens de communication

•

Écouter les autres pour mieux communiquer

•

Gérer les conversations difficiles

Chapitre 4
Communiquer comme un pro

Si le manager est un vrai athlète des relations humaines, son sport préféré est nécessairement la communication. Un manager qui communique peu ou mal est comme un grand sportif qui passe tout son temps endormi. Comment inspirer les autres et les motiver, comment fixer des objectifs et recadrer des écarts de comportement, si on ne communique pas ? Notre capacité à bien réaliser toutes ces tâches est proportionnelle à nos capacités de communicant. Certes, le management ne se réduit pas à la communication, mais il est impossible sans elle.

> ***« Je parle. Il le faut bien.
> L'action met les ardeurs en œuvre.
> Mais c'est la parole qui les suscite. »***
>
> (Charles de Gaulle, *Mémoires de guerre*)

Il s'agira ici de toutes les capacités nous permettant d'accomplir les actions suivantes :

- Attirer et retenir l'attention des autres pour nous faire entendre d'eux.
- Faire passer nos messages aux autres le plus clairement possible.
- Interpréter le plus exactement possible les messages que nous recevons des autres pour mieux y répondre.

Après tout, nos relations avec autrui passent nécessairement par la communication et ses trois formes :

- orale (en *live* ou dans une vidéo) ;
- écrite ;
- corporelle, gestuelle (en *live* ou dans une vidéo).

Voici des exemples de situations les plus typiques où un manager doit exercer ses talents de communicant :

- Dans un entretien en tête à tête avec un collaborateur.
- Avec une vingtaine de collègues autour d'une grande table dans une salle de réunion.
- À côté d'un rétroprojecteur, face à un public de quelques centaines de personnes, dans un grand auditorium lors d'un séminaire international.
- Face à un écran d'ordinateur ou de smartphone, en réfléchissant à des destinataires qui ne nous connaissent pas mais qui vont recevoir notre message sous forme d'e-mail ou de vidéo postée sur un réseau social.

Autant de situations où nous pouvons réussir ou... essuyer un cuisant échec. La communication est souvent sous-évaluée par les managers, pour qui la forme est secondaire et inférieure au fond. La décoration est jugée futile face à la vérité essentielle. Pourtant, à quoi cela sert-il d'avoir les meilleures idées du monde, si notre public ne les comprend pas ou n'est pas d'humeur à bien les accueillir ? Puisqu'une bonne communication implique de prendre en compte l'état d'esprit et la réceptivité des destinataires de notre message, elle dépend grandement de notre intelligence émotionnelle.

N'est pas clair qui veut. Si nous nous retrouvons fréquemment à nous exclamer : « Je n'ai pas été clair là-dessus ? », il est probable que nous ne le soyons pas autant que nous le croyons. Et aujourd'hui, il y a de nouveaux médias qui nécessitent une approche différente. Nous sommes obligés de varier notre communication, non seulement selon l'attitude de notre public, mais aussi selon le canal par lequel nous voulons faire passer notre message. Dans le monde de l'entreprise, certaines formes et habitudes de communication ont pris racine. Elles sont aujourd'hui en train de changer. Le bon manager sera à l'avant-garde de ces transformations.

« PowerPoint m'a tuer »

Lors de sa première apparition dans les entreprises, PowerPoint a constitué une révolution magique. Tout le potentiel de la représentation visuelle était désormais à la portée de n'importe quel intervenant qui, de surcroît, pouvait maintenant compter sur ses diapos, plutôt que sur sa seule mémoire, pour se rappeler le contenu de son discours.

Quelques décennies plus tard, le bilan est mitigé. Les facilités qu'offre cet outil ont certes apporté une nouvelle dimension aux présentations. Malheureusement, elles ont provoqué aussi une certaine paresse chez les conférenciers et formaté jusqu'à notre pensée. Trop fréquemment, notre audience écoute à peine, comprend encore moins et s'ennuie à mort devant l'étalage des mêmes phénomènes peu stimulants :

- Un discours qui suit le rythme hoquetant d'un rétroprojecteur.
- Une voix monotone qui lit ce qui est déjà écrit sur les diapositives.
- Des diapositives qui sont un méli-mélo de mots, de flèches et de graphiques.
- Des phrases à puce qui saucissonnent la pensée en petites tranches sans véritable enchaînement logique.
- Une succession de principes abstraits sans parfum, sans saveur et sans relief.

Témoignage d'un consultant en management

Histoire vraie

« Je coachais Cédric, P.-D.G. d'une PME importante, depuis quelques semaines. Il avait initié une grande opération de changement et avait besoin d'être accompagné pendant cette période de transition difficile.

Un jour, je suis arrivé chez lui juste avant le début d'un séminaire crucial avec ses collaborateurs. Il semblait très anxieux. Interrogé, il m'a expliqué que ce qu'il allait leur annoncer risquait d'être mal accueilli par eux. Il avait préparé une présentation avec pléthore de diapos, toutes surchargées de tableaux et de graphiques pour justifier ce qu'il avait à dire. Et pourtant, tout cela ne le rassurait guère.

Je lui ai dit : "Écoutez, Cédric, ne pensez-vous pas que vous êtes en train de vous cacher derrière toutes ces diapos ? Ne vaudrait-il pas mieux oublier le rétroprojecteur, vous mettre debout devant vos collaborateurs et leur dire, les yeux dans les yeux, ce que vous avez à leur dire ?" Ce qui fut fait. La discussion a été intense, mais les collaborateurs ont été rassurés par la franchise de Cédric, et celui-ci en est sorti avec le sentiment d'avoir été à la hauteur de la situation et d'avoir joué franc jeu avec son personnel. »

C'est sans enthousiasme, les neurones en état d'hébétude, que nous entendons le signal de la fin : « Y a-t-il des questions ? »

Il ne faudrait pas se défaire d'un outil aussi commode et qui a beaucoup de potentiel pour qui sait s'en servir de manière créative. Mais se reposer sur lui continuellement, sans réfléchir, a souvent pour effet de torturer nos collègues et d'altérer sérieusement notre pouvoir de communication.

Truc

Quand nous avons une présentation à faire, il y a deux questions essentielles : pourquoi utiliser PowerPoint ou tout autre outil comparable ? Si son utilisation se justifie, comment l'utiliser ? Voici quelques conseils fondamentaux :

- N'utilisez pas PowerPoint comme aide-mémoire : l'impression principale donnée à votre public est celle de votre paresse.
- Pour impressionner son public par sa sincérité et son dynamisme, un orateur fait face à son public et le regarde. Un écran de projection détourne l'attention de votre personne et sape la force de votre impact.
- Ne surchargez jamais vos diapositives : une seule idée par page.
- Privilégiez l'image sur le texte : si une image est parlante, elle est plus immédiatement compréhensible pour le public.
- Utilisez des listes à puces *seulement* quand vous avez vraiment besoin d'une liste.
- Excluez de votre PowerPoint tout ce qui est mieux dit verbalement. Et dites-le verbalement, les yeux dans les yeux, face à votre public.
- Surtout, faites simple !

L'exemple des atouts et des handicaps de PowerPoint permet de définir un principe encore plus large : dans la communication, les moyens doivent toujours être adaptés aux fins.

Avec l'extension prise par le télétravail, les managers ont souvent recours à des outils de visioconférence, tels que Zoom ou Teams, pour organiser des réunions à distance. Pour la meilleure façon d'exploiter cette technologie, consultez le chapitre 9.

Le pourquoi et le comment

Attention

D'habitude, le plus grand obstacle à une communication réussie, c'est notre obsession avec *ce que nous avons à dire*. Cette obsession nous conduit à commettre trois erreurs :

- Mettre l'accent sur nous-même en oubliant le public qu'il s'agit de convaincre.
- Rester dans les limites de notre expertise en oubliant le pourquoi de cette intervention.

» **Ne voir que le sujet dont il faut parler, aux dépens du choix des moyens les plus adaptés à notre message.**

Bref, le *quoi* nous fait négliger le *pourquoi* et le *comment.*

Les dix étapes d'une intervention réussie

Voici les étapes cruciales de toute prise de parole en public et des recommandations appropriées à chacune :

❶ **Bien préparer votre discours :**

a. Quel est le message fondamental que je veux faire passer ? Si mon public ne retenait qu'une seule idée essentielle, ce serait laquelle ?

b. Quel est mon public ? Quelles sont leurs préoccupations fondamentales ? Dans quelles dispositions seront-ils quand je ferai mon intervention ?

c. Pour faire passer ce message auprès de ce public, quels sont les moyens (outils, formats, images, tableaux) les plus adaptés ?

❷ **Le trac est normal. Il y a deux remèdes :**

a. Bien avant l'intervention, exprimez vos inquiétudes par écrit ou oralement. Votre esprit aura moins tendance par la suite à s'attarder là-dessus.

b. Rappelez des moments où vous avez bien réussi vos interventions – ou relevé tout autre défi.

❸ **Dans la salle, juste avant de commencer le discours :**

a. faites face au public, calmement, avec une posture droite (plutôt qu'avachi) ;

b. regardez le public un instant en silence pour attirer leur attention.

❹ **Ne commencez pas votre intervention par une banalité ou des mots parasites (« Bien ! », « Écoutez ! »), mais par une phrase relativement courte destinée à susciter l'intérêt immédiat de vos auditeurs. Une question, de** préférence ouverte, serait l'idéal ici. N'oubliez pas d'y répondre avant la fin de votre discours !

5. Au cours de l'intervention, évitez les mots parasites, gardez une posture relativement dynamique mais sans gestes exagérés ni cabotinage.

6. Relancez l'intérêt de vos auditeurs à des moments stratégiques par des questions.

7. Ne parlez pas seulement à l'esprit rationnel de vos auditeurs, mais aussi à leurs émotions. Souvent, pour parler *aux* émotions, il faut parler *avec* les émotions. Non pas de manière dramatique, mais authentique.

8. Utilisez des métaphores frappantes et appropriées, et des formules verbales mémorables (comme celle du président Kennedy : « Ne vous demandez pas ce que votre pays peut faire pour vous, mais demandez-vous ce que vous pouvez faire pour votre pays »).

9. Utilisez des histoires (voir p. 92).

10. Votre dernière déclaration doit :

    a. être très claire ;

    b. résumer votre idée essentielle ;

    c. pousser votre public à agir au nom de cette idée ;

    d. laisser une bonne impression de vous dans l'esprit du public.

Le rôle des émotions

Dans les situations qui comptent pour le manager, la communication doit toujours être fondée sur l'intelligence émotionnelle. La raison peut convaincre nos interlocuteurs, mais ce sont leurs émotions qui les poussent à l'action. Souvent, pour parler aux émotions, une image ou un geste frappe les esprits beaucoup plus que des paroles. Comme dans l'exemple suivant :

Un geste manuel ?

Histoire vraie

Il s'agit de la célèbre histoire de ce cadre dirigeant qui voulait réaliser des réductions importantes dans les coûts d'approvisionnement de son entreprise. Il a vite compris combien il est difficile de changer les habitudes. Mais un jour, découvrant que les usines de l'entreprise achetaient 424 types de gants différents, il a adopté une nouvelle stratégie de communication. Plutôt que de parler uniquement chiffres avec ses collègues, il a empilé 424 paires de gants avec leurs différentes étiquettes de prix sur la table de la salle du conseil.

L'effet a été immédiat. L'« autel aux gants » a même fait la tournée des usines pour que tout le monde puisse apprécier le message. Les réductions de coûts ont été effectuées*.

* John P. Kotter, Dan S. Cohen, *The Heart of Change. Real-Life Stories of How People Change their Organizations*, Harvard Business Review Press.

Quelquefois, les chiffres, bien qu'exacts, ont un effet inhibant sur le public. Si vous annoncez qu'il y a des millions de personnes qui meurent de faim et qu'il faut donner de l'argent, le donateur potentiel trouvera que sa contribution ne représente qu'une goutte dans l'océan : dans ce cas, à quoi bon donner ? En revanche, si vous expliquez qu'une contribution peut sauver la vie d'un enfant – et que vous montrez l'image de cet enfant – l'acte de donner semble désormais aussi utile qu'urgent.

Quand nous nous trouvons face à un public ou à un interlocuteur que nous n'apprécions pas, notre langage corporel peut facilement trahir notre malaise émotionnel et faire mauvaise impression. De plus, nous ne sommes guère motivés pour le convaincre. Très souvent, notre vision des choses détermine notre comportement. Il faut donc réussir à avoir une vision plus positive du public en question.

Truc

Pour avoir une vision positive de votre public

Si vous devez faire une intervention devant les membres d'un autre service qui ont la réputation d'être excessivement perfectionnistes, d'être de vrais fignoleurs, dites-vous bien que cette prédisposition, quoiqu'opposée à vos propres qualités, leur permet de jouer un rôle essentiel dans l'entreprise. Leur faire une présentation est même une bonne occasion pour profiter du *feedback* d'un groupe aussi attentif aux détails.

Si vous avez un rendez-vous avec un collègue habituellement obstructionniste, et que vous y allez à contrecœur, pensez à tout ce que vous avez en commun, à tout ce qui le rendra plus humain à vos yeux. Il a une photo de sa femme et ses enfants sur son bureau : il est donc père de famille comme vous êtes mère/père. C'est un défenseur acharné des intérêts de son groupe : il présente donc un admirable exemple de loyauté.

De la communication écrite aux réseaux sociaux

Bien que nous nous sentions généralement trop pressés pour vouloir lire des messages écrits, la communication textuelle est toujours d'actualité, qu'il s'agisse d'e-mails, de tweets ou de posts sur les réseaux sociaux. Ceux-ci sont désormais incontournables en entreprise. La communication écrite a ses propres règles. Compte tenu de la surcharge des informations dans le milieu professionnel et de la répugnance des gens à lire encore un texte de plus, la concision représente une qualité que le manager doit cultiver de toute urgence. Faire une version préparatoire de notre message s'impose, pour fastidieux que cela puisse paraître, ainsi qu'une vérification du texte avant de l'envoyer ou de le poster. Relisons notre communication du point de vue de ses destinataires, afin d'éliminer toute ambiguïté fâcheuse ou pour éviter de dire sous le coup d'une émotion quelque chose que nous regretterons par la suite. Relire permet aussi de corriger grammaire, syntaxe et orthographe. Pourquoi ? Parce qu'un message mal écrit peut donner l'impression au destinataire que nous considérons que communiquer avec lui n'a pas une grande importance et ne mérite pas que nous y consacrions beaucoup de temps et d'effort.

Si Internet et les réseaux sociaux ont ainsi donné un nouveau souffle à la communication écrite, force est néanmoins d'admettre que, pour un message destiné à un public un peu plus large, une vidéo relativement courte (jusqu'à trois minutes) constitue le média idéal. On n'a besoin ni d'être un grand cinéaste, ni de louer les services d'un cameraman réputé, pour tourner une vidéo acceptable. Cela peut même être un avantage, surtout pour la communication interne. Une communication trop lisse, trop *corporate*, passe parfois mal sur les réseaux sociaux où la spontanéité apparente est considérée comme un signe de sincérité. Sur les réseaux sociaux, il est recommandé de privilégier une communication participative plutôt que des messages à sens unique (voir chapitre 13), et le *storytelling* plutôt que la simple présentation de données.

« Il était une fois » : la puissance des histoires

Le *storytelling*, l'art de raconter des histoires, est à la mode dans les entreprises. Ce n'est pas seulement un gimmick de marketing. Les grands groupes multinationaux, tels que Proctor and Gamble, Nike ou Costco l'utilisent. C'est une technique de communication hors pair. C'est un instrument puissant entre les mains d'un leader.

À retenir

Le *storytelling*, c'est la transformation d'événements, de données, d'objectifs, de résultats, et de relations humaines en histoires, c'est-à-dire en récits organisés dans le temps. Ces récits ont un début et une fin, des personnages, des enjeux, des défis et des conclusions. Tous ces éléments sont organisés pour présenter le maximum d'intérêt pour le public ciblé.

À bien des égards, le cerveau humain fonctionne de manière narrative. Il a tendance à organiser l'expérience en des séries de causes et effets qui balisent le passage du temps. Raconter une histoire est une activité traditionnelle pour l'humanité parce que cela nous permet de comprendre ce qui nous arrive. Un récit a le pouvoir de relier le passé, le présent et l'avenir et, ainsi, de conférer un sens à notre vie. En entreprise, on a autant besoin de sens que partout ailleurs.

Les avantages du *storytelling* sont nombreux :

» **Capter l'attention du public : tout le monde aime une bonne histoire.**

» **Inclure l'auditeur : celui-ci s'identifie avec les personnages et se projette dans leurs luttes.**

» **Présenter des faits de manière simple et compréhensible.**

» **Rester dans les esprits : les histoires sont mémorables.**

» **Se répandre : les histoires se racontent et circulent d'une personne à une autre.**

Très souvent, la direction d'une entreprise a beau répéter des mantras comme : « Nous devons être plus axés sur le client », en espérant que tout le personnel s'y « alignera », ces phrases ternes et prévisibles ne sont pas mémorables et sont loin de se répandre comme une traînée de poudre. Une histoire bien racontée, qui met en scène des personnages comme nos collaborateurs en train de surmonter des difficultés pertinentes, aura plus d'effet. Quand de telles histoires sont partagées par les collaborateurs eux-mêmes sur les réseaux sociaux de l'entreprise, c'est encore mieux.

L'histoire de Paul Smith

Histoire vraie

Travaillant pour la section de Proctor and Gamble qui fabrique les couches, Paul Smith a eu l'occasion de présenter à la direction une recommandation stratégique à long terme. Il aurait pu faire une intervention traditionnelle, consistant à expliquer sa recommandation et ensuite à la justifier par une analyse des données. Mais il choisit l'approche du *storytelling*.

- 1re étape : il a commencé par le *connu*. Il a rappelé à son public que tout le monde croyait dur comme fer que pour augmenter les bénéfices, il faut augmenter le volume des ventes. (Dans une histoire, le *connu* a une espérance de vie limitée : la routine est toujours bouleversée par les événements.)
- 2e étape : il a posé une question. « Est-ce vrai ? » La question focalise l'attention et les pensées des auditeurs qui se demandent : « Mais comment cela pourrait-il être faux ? »
- 3e étape : il raconte une histoire personnelle et en même temps remonte dans l'histoire de l'entreprise. Il a analysé des données sur une période de quarante ans. Entre 1961 et 1982, le principe (pour augmenter les bénéfices, il faut augmenter le volume des ventes) s'appliquait parfaitement. Mais entre 1983 et 2000, il n'y avait pas de corrélation du tout. (Ayant posé une question qui éveille de la curiosité, il raconte sa quête de la vérité, créant du suspense. La conclusion de cette quête est époustouflante.)
- 4e étape : il montre un schéma, puis fait une pause, pour que le public puisse bien comprendre la nouvelle donne. Ensuite, il relance leur intérêt et sollicite leur participation en posant une question : « Qu'est-ce qui a bien pu se passer en 1983 pour que tout change ? » Après bien des suggestions,

»

les auditeurs ont trouvé la bonne réponse : un changement dans le comportement des consommateurs qui, après 1982, n'étaient plus en train de remplacer les vieilles couches lavables par les couches jetables. (Il vaut mieux que le public arrive par ses propres efforts à la même conclusion que le raconteur de l'histoire.)

» 5e étape : tout le monde a immédiatement reconnu la nécessité d'une nouvelle stratégie.

En général, les individus trouvent leurs propres idées plus intéressantes que les nôtres. Pour les convaincre de quelque chose, il faut les amener à croire que nos idées sont les leurs. Une histoire, qui raconte un voyage de découverte, est l'outil idéal pour réaliser une opération aussi délicate.

Les entreprises sont des viviers d'histoires, aussi bien individuelles que collectives. La personne qui arrive à combiner et à fusionner les éléments les plus importants de ces histoires en un récit collectif peut expliquer ce qui arrive au personnel, motiver ses collaborateurs et guider leur action. Un récit peut avoir cette triple action :

» **Rappeler les éléments dans le passé qui expliquent pourquoi nous sommes là où nous sommes aujourd'hui.**

» **Décrire le chemin que nous avons devant nous.**

» **Nous faire voir le résultat positif qui nous motive sur ce chemin.**

Attention

Il ne faut pas se complaire dans des récits triomphalistes. Une bonne histoire comporte des tensions, des dangers et des luttes avant de mener son public à bon port.

Relisez un des discours les plus célèbres et les plus puissants de l'histoire – et un des plus courts : le discours de Gettysburg fait par Abraham Lincoln pendant la guerre de Sécession américaine. Son allocation avait manifestement deux objectifs : motiver les nordistes en vue de la victoire militaire ; et préparer déjà la réconciliation avec les sudistes après la guerre. Il commence par évoquer le passé – la guerre d'Indépendance quatre-vingt-sept ans auparavant – pour expliquer la guerre actuelle, qui est une continuation de cette lutte pour l'égalité. Ensuite, il rappelle que lui et son public sont sur un champ de bataille où d'autres ont récemment sacrifié leurs vies pour cette cause, ce qui oblige les vivants à faire leur devoir comme les morts ont fait le leur. Finalement, il évoque l'idéal qui doit guider l'action future : « [...] à nous de décider que le gouvernement du peuple, par le peuple et pour le peuple, ne disparaîtra jamais de la surface de la terre. » Peu motivant, cet idéal ? On le retrouve cité comme principe fondamental dans l'article 2 de la Constitution de la Ve République française.

S'en sortir dans les conversations difficiles

Il arrive à tout le monde de se retrouver dans des conversations difficiles, où on n'a pas l'impression d'avancer, où l'autre semble refuser tout ce qu'on propose ou même y voir un prétexte pour se vexer. Cependant, dans la plupart des cas, nous avons créé ces problèmes nous-mêmes en engageant mal le dialogue dès le début. Considérons certaines des meilleures façons de surmonter ce type de difficultés.

Poser les questions de la bonne manière

Parfois notre intention est bonne, mais nous posons notre question de façon à orienter déjà nos interlocuteurs vers une vision négative des choses.

Avant de poser une question, pensez à ce que vous voulez vraiment savoir. Comment la formulation de votre question peut-elle amener les personnes interrogées à voir les choses sous l'angle le plus pertinent ?

Vision négative *versus* vision positive

Histoire vraie

Dans une grande école de commerce, le directeur d'un programme voulait moderniser et améliorer l'enseignement. Il a réuni tous les étudiants dans un grand amphithéâtre. Flanqué de ses professeurs, il a posé la question suivante à son public : « À vos yeux, qu'est-ce qui ne va pas dans l'enseignement actuel ? »

Une première plainte de la part d'un étudiant a donné lieu à un flot continu de réclamations qui s'est vite transformé en un déluge de remarques négatives. La séance a engendré un énorme cahier des doléances qui a démoralisé la plupart des enseignants et en a traumatisé certains.

Si le doyen avait demandé : « Que pourrions-nous faire mieux ? », il aurait amené les étudiants à envisager des améliorations à faire plutôt que des défaillances à critiquer. Chaque réponse aurait déjà contenu un début de solution.

Le pouvoir des pronoms personnels

Truc

Il suffit parfois d'un petit mot pour changer toute l'ambiance. Le pronom le plus dynamisant, le plus inclusif, c'est « nous ». Chaque fois que le manager dit « nous », il renforce l'esprit d'équipe et affaiblit l'esprit de division. Considérez ces exemples :

Ce qui est dit	Ce qui est compris
« J'ai un problème. »	« Aidez-moi ! »
« Vous avez un problème. »	« Vous êtes nuls. »
« Nous avons un problème »	« Cherchons une solution ensemble ! »

Comment dire « non »

Attention

Très souvent, sans que nous le réalisions, la réponse négative que nous donnons à une requête de la part d'un collègue ou d'un collaborateur lui fait l'effet d'une sorte de claque. C'est comme si nous disions « non » à la *personne*, plutôt qu'à la *proposition*. Dans nos réponses, prenons soin de refuser l'idée plutôt que l'individu qui en est l'origine :

La question : « Pourriez-vous me remplacer à la réunion avec les fournisseurs demain matin ? »

Refus de la personne : « Non, j'ai autre chose à faire. »

Refus de la proposition : « Je comprends. Cette réunion est très importante pour nous. Personnellement, je ne suis pas disponible demain matin. J'aurais aimé l'être. Qui d'autre est disponible ? »

Deux alliés puissants : l'écoute et le silence

Attention

Dans les conversations difficiles, nous devons combattre deux ennemis redoutables : une tendance à ne pas vraiment écouter l'autre et une tendance à l'autojustification. Tantôt c'est notre souci de nous défendre contre des reproches apparents qui nous empêche de bien écouter l'autre ; tantôt c'est notre négligence dans l'écoute qui nous fait imaginer des reproches dans ce que l'autre semble dire. Il y a une excellente technique pour remédier à ce problème :

Truc

La meilleure technique pour écouter

Se taire.

Tout manager, pour peu qu'il fasse preuve de leadership, est constamment tenté, au cours d'un dialogue ou d'une réunion, de prendre la parole. En plus, il est la proie d'un besoin irrésistible de juger immédiatement tout ce qu'il entend. Pour bien écouter les autres, il faut se taire. Il faut ensuite écarter momentanément la volonté de critiquer pour laisser plus de place à l'esprit d'ouverture. Il sera toujours temps de donner son avis par la suite. En écoutant, donnons à l'autre l'impression que nous l'écoutons : la position du corps et l'expression du visage sont autant de signes qui rassurent notre interlocuteur.

Un outil incontournable : « la pince »

Cette puissance du silence se combine avec l'art de manier les questions ouvertes (voir chapitre 1) dans un outil fondamental qui s'appelle « la pince ». Pourquoi ? Parce que cet outil nous permet de bien rattraper la plupart des situations, au lieu de les laisser déraper. La méthode d'utilisation est très simple. Elle comporte trois étapes qui s'insèrent dans un dialogue au moment où notre interlocuteur nous dit quelque chose d'important, de dramatique ou de très émotionnel :

❶ Une pause : avant de prendre la parole à notre tour, nous attendons que notre interlocuteur finisse de dire tout ce qu'il a à dire. Et ensuite, nous attendons encore un instant, pour être certain qu'il a fini et pour bien montrer que nous l'écoutons et que nous réfléchissons. Le silence est d'or.

❷ Un accusé de réception : la première chose que nous disons indique très clairement que nous sommes tout à fait conscients de l'émotion de l'autre et que nous respectons ses sentiments. N'en déplaise au général de Gaulle, un simple : « Je vous ai compris » ne suffit pas ici. Il faut un minimum de détails spécifiques dans la réponse pour qu'elle soit crédible.

❸ La contre-question : nous choisissons une question ouverte extrêmement pertinente qui a pour fonction de tourner l'attention de l'autre vers l'avenir, vers l'action et vers une solution possible.

Pratiquer la pince nous permet de nous libérer de cette fâcheuse tendance humaine à vouloir nous justifier. La plupart du temps, l'autre ne s'intéresse pas vraiment à notre justification, mais à la solution de son problème. En général, nous justifier concentre l'attention sur le passé plutôt que l'avenir, et sur notre personne plutôt que sur la difficulté de l'autre et les possibilités de la surmonter. Une autre tendance fâcheuse que nous avons presque tous, quand quelqu'un nous adresse ce que nous considérons comme des reproches, c'est vouloir l'interrompre avec des « Mais c'est pas ça... », « J'essayais simplement de... », « Ce n'est pas ce que je voulais dire... » L'effet en est d'agacer encore plus notre interlocuteur, qui n'arrive pas à terminer sa phrase et ne se sent pas écouté. Nous n'arrivons pas non plus à développer correctement nos raisonnements. Considérez ce bout de dialogue :

Dialogue sans pince

— Ce que vous me demandez de faire là est très, très différent de ce que je fais normalement...

— Oui mais...

— ... Je ne sais pas si je peux le faire...

— Bien sûr, mais attendez un instant...

— ... Je ne sais même pas si je veux le faire...

À la fin, le dialogue est en panne, et nous aurons un plus grand effort à faire pour le remettre sur la bonne voie. Reprenons, cette fois en utilisant la pince :

Attention

Les questions posées ici auront de l'effet seulement si elles sont vraiment pertinentes à la situation. Il s'agit de braquer la lumière sur des réalités importantes qui risquaient d'être oubliées si la conversation s'embourbait dans l'autojustification des participants. Il ne s'agit nullement d'entortiller votre interlocuteur avec des fausses promesses. Il faut essayer de comprendre l'autre, ses émotions, ses mobiles profonds. Bref, il faut utiliser notre intelligence émotionnelle (voir chapitre 3). Bien utiliser la pince ne constitue pas une technique, mais une attitude. Celle qui consiste à toujours s'intéresser à la personne qui est en face de nous et à toujours chercher les aspects positifs de la réalité que nous partageons avec elle. Au fond, ce qui compte le plus, c'est de créer et de maintenir une vraie relation avec notre interlocuteur.

La pince peut s'utiliser dans des conversations en tête à tête mais aussi dans les échanges qui ont lieu au cours d'une réunion.

Dialogue avec pince

— Ce que vous me demandez de faire là est très, très différent de ce que je fais normalement...

On regarde l'autre calmement, les yeux dans les yeux.

— ... Je ne sais pas si je peux le faire...

On freine le désir de l'interrompre par nos protestations. On le regarde avec une expression attentive sur le visage.

— ... Je ne sais même pas si je veux le faire...

Un moment de silence. L'autre a bien terminé. Nous montrons que nous l'avons écouté jusqu'au bout et que nous méditons une réponse appropriée. Maintenant : l'accusé-réception.

— Vous avez parfaitement raison. C'est très différent... Je comprends que vous hésitiez. Vous faites bien de faire preuve de prudence. Je ne m'attendrais à rien de moins de votre part.

Ensuite, la contre-question : « Qu'est-ce que vous avez à gagner en relevant ce nouveau défi ? »

Maintenant, nous mettons l'accent sur l'avenir, sur la motivation du collaborateur. En posant une question au lieu de faire une déclaration comme : « Vous avez beaucoup à gagner... », nous l'obligeons à réfléchir et à imaginer pour lui-même. Il pense, par exemple, à ses espoirs de promotion, ou à la satisfaction qu'il a toujours eue à être le premier dans le service à tester les idées nouvelles...

Un peu plus tard dans le dialogue, une autre question ouverte : « Qu'est-ce que notre service a à gagner si vous relevez ce défi ? »

»

»

Dialogue avec pince *(suite)*

Ici, l'accent est mis sur l'esprit d'équipe et l'honneur du service. Au besoin, on pourrait souligner aussi la mission de l'entreprise, sa vision inspirante, son devoir envers ses clients : « Qu'est-ce que notre entreprise a à gagner si vous relevez ce défi ? »

Au lieu de dire : « Je vous ai choisi parce que vous êtes le meilleur », ce qui peut sembler peu sincère, posez une autre question ouverte : « Pourquoi pensez-vous que je vous ai choisi pour cette mission ? »

Pour en savoir plus

Chip Heath, Dan Heath, *Ces idées qui collent. Pourquoi certaines idées survivent quand d'autres meurent* (Pearson).

Chip Heath, Dan Heath, *Switch. Osez le changement* (Leduc.s Éditions).

Paul Smith, *Lead with a Story. A Guide to Crafting Business Narratives that Captivate, Convince and Inspire* (American Management Association).

Nancy Duarte, *Vibrations. Transformez vos présentations en histoires visuelles pour captiver et conquérir votre auditoire* (Éditions Diateino).

Place à la pratique !

À retenir

L'aide-mémoire du communicant

- » Quel est le média le plus adapté à mon message ?
- » Ai-je bien préparé mon intervention ?
- » Quel est *le* message essentiel que je voudrais faire passer, même si mes autres messages ne passent pas ?
- » Quel est mon public ? Comment réagira-t-il ? Comment toucher ses émotions ?
- » Si j'ai le trac, quand ai-je réussi une intervention dans le passé (ou tout autre exercice) ? Je me raconte cette histoire.
- » Dans une intervention orale, comment utiliser le silence à bon escient ?
- » Comment transformer mon analyse, mes données et ma recommandation en un récit ?
- » Comment utiliser les questions, surtout ouvertes ?
- » Quelle est la première phrase de mon intervention ? Quelle en est la dernière ?
- » Comment impliquer davantage mon public dans mon intervention ? Comment le faire participer ?
- » Ai-je relu, vérifié et corrigé mon texte avant de l'envoyer ? (Si applicable).

L'aide-mémoire des conversations difficiles

- » Comment dire « non » à une suggestion sans avoir l'air de dire « non » à la personne ?
- » Dans quelles circonstances vais-je dire « nous » au lieu de « je » ou « vous » ?
- » Comment éviter de me justifier ?
- » Quelles sont les questions les plus positives à poser ?
- » Comment utiliser le silence à bon escient ?

»

Place à la pratique ! *(suite)*

- Combien de temps ai-je passé récemment à écouter les autres sans parler ?
- Comment avoir le réflexe d'utiliser la pince dans des situations qui la nécessitent ?
- Comment faire de mon utilisation de la pince une attitude plutôt qu'un mécanisme ?
- Comment être vraiment centré sur l'autre quand il faut l'être ?

DANS CE CHAPITRE

Évaluer la performance à la lumière de la stratégie

•

Choisir les systèmes de mesure adaptés

•

Éviter de confondre objectifs et moyens

•

Adapter l'approche selon la culture d'entreprise

Chapitre 5
Évaluer la performance

Évaluer la performance, c'est évaluer les progrès accomplis en vue de la réalisation – ou non – des objectifs de notre organisation. Comment donc mesurer la performance ? Comment choisir les éléments dont l'analyse nous donnera une idée suffisamment exacte de notre réussite ou de notre échec ? Comment interpréter les résultats ? Quels seront les effets de cet acte d'évaluation sur nos troupes ?

Ces questions s'appliquent de manière globale à votre entreprise ou à votre institution. Elles s'appliquent aussi à votre unité opérationnelle – service, département ou équipe – précisément dans la mesure où elle contribue à la performance de l'organisation entière. Il en va de même en ce qui concerne les contributions des individus qui font partie de ces équipes. Nous aborderons plus en détail les contributions individuelles dans le chapitre intitulé « Diriger et évaluer les collaborateurs ». Ici, nous nous occuperons de manière générale de cet acte qui consiste à définir des objectifs et à contrôler leur réalisation. Il s'agit d'un des actes fondamentaux du management, mais l'expérience montre que c'est aussi potentiellement l'acte le plus problématique.

La première difficulté consiste, d'abord, à transposer la stratégie de notre organisation en objectifs et, ensuite, à traduire ceux-ci en une série d'autres objectifs aux niveaux des unités opérationnelles, des équipes et des individus. La deuxième difficulté est de choisir le meilleur système de mesure. Le manager a à sa disposition une très large gamme d'indicateurs, appelés en anglais *key performance indicators* ou KPI. En français, on dit « indicateur clé de performance ». Ces indicateurs offrent de nombreuses approches différentes pour mesurer l'efficience de nos procédures, processus et collaborateurs, et pour évaluer nos résultats. La sélection des indicateurs soulève de nombreuses interrogations. Quelle approche est la plus adaptée à nos besoins ? Comment l'appliquer sans perdre de vue la justification initiale de cet acte de contrôle ? Dans un environnement de plus en plus dominé par des structures bureaucratiques, les opérations d'évaluation peuvent facilement acquérir leur propre logique, indépendamment du « pourquoi » qui a motivé leur création. Et dans un monde où l'exigence de la vitesse est de plus en plus dominante, comment résister au court-termisme qui risque si souvent de vicier la compréhension lucide de notre situation ?

De la stratégie à la performance : les critères d'évaluation

Toute évaluation de la performance est nécessairement liée, de près ou de loin, à notre stratégie globale. Celle-ci doit être clairement établie selon notre *cadre de référence* (voir chapitre 1) et communiquée de manière simple et efficace à tout notre personnel pour que chacun comprenne son rôle dans le projet. Afin de mieux définir les activités essentielles de notre organisation et de ses unités opérationnelles, il faut avoir une vision concrète de la manière dont nous créons de la valeur à travers notre *business model*. Le *business model* – on dit aussi en français, « modèle d'entreprise » ou « modèle d'affaires » – représente la manière dont une organisation « crée, délivre et capture la valeur », selon la fameuse définition d'Osterwalder et Pigneur[3]. Les entreprises les

3. Alexander Osterwalder, Yves Pigneur, Alan Smith, *Business model nouvelle génération. Un guide pour visionnaires, révolutionnaires et challengers*, Pearson.

plus performantes renouvellent leur modèle économique deux fois plus souvent que les moins performantes. Les plus grands obstacles à ce renouvellement sont :

» une incapacité à penser en dehors de la logique dominante de son secteur ;

» la difficulté que l'on peut avoir à penser en termes de modèle économique, c'est-à-dire en termes de *création de valeur*, plutôt qu'en termes de produits et de services.

Les neuf rubriques du « canevas » d'Osterwalder et Pigneur nous aideront à mieux identifier les facettes essentielles de notre création de valeur et donc les différents objectifs prioritaires de notre organisation :

» partenaires ;

» activités ;

» ressources ;

» offre ;

» relation client ;

» segments client ;

» canaux de distribution ;

» structure des coûts ;

» sources de revenus.

À retenir

Les objectifs que nous fixons pour notre organisation, pour notre unité opérationnelle et pour nos équipes doivent correspondre aux exigences de l'acronyme anglais, « SMART » :

Terme	Description	Exemple
Spécifique	On évite l'idéal et on privilégie le concret.	Réduire le nombre de nos fournisseurs.
Mesurable	Un chiffre obvie au caractère subjectif de nos jugements et permet des comparaisons.	De 40 %.

Terme	Description	Exemple
Atteignable	Réalisable. En anglais, *achievable*.	On aimerait réduire le nombre de 80 %, mais dans les circonstances actuelles, ce serait une chimère.
Relevant, en anglais. En français : « pertinent ».	Atteindre cet objectif doit servir notre stratégie.	Pour créer des gains de temps et réduire nos coûts.
Time-bound, en anglais. En français : « en respectant un délai fixé d'avance ».	Pour être utile, l'objectif doit être réalisé avant une certaine date.	D'ici à six mois.

Nos objectifs se divisent en deux grandes catégories :

» **Les objectifs de *performance*, par exemple réduire les coûts de 10 %. Il est sous-entendu ici que nous possédons déjà les connaissances et les compétences pour le faire.**

» **Les objectifs d'*apprentissage*, par exemple développer une méthode pour augmenter la production de 25 %. Ici, il faut acquérir de nouvelles connaissances et compétences afin de réaliser de nouveaux objectifs de performance.**

Munis de notre liste d'objectifs, que ce soit ceux de l'organisation ou ceux de notre équipe, nous pouvons procéder à l'évaluation de nos progrès vers leur réalisation. C'est ici que trois catégories d'obstacles potentiels nous attendent : la multiplicité des systèmes de mesure, la tendance à oublier le but original du contrôle et son utilité et la complexité qui guette toute action humaine qui se déploie dans le temps.

Problème 1 : le grand nombre des KPI

Il existe des centaines d'indicateurs clés de performance. La sélection et l'application des indicateurs doivent servir à autre chose qu'à rassurer le bureaucrate qui est en nous. Il s'agit de clarifier notre situation, plutôt que de créer ou d'augmenter la confusion. Les plus importants de tous ces KPI, dont certains sont plus techniques que les autres, peuvent être rangés sous cinq rubriques essentielles :

» *Efficience des processus et procédures* : par exemple, le délai de traitement moyen des tâches ; le temps de cycle entre commande et livraison ; le temps moyen jusqu'à la réparation ; le nombre d'erreurs dans le traitement des dossiers ; le nombre de pièces défectueuses ; le nombre de brevets déposés...

» *Clients* : les données commerciales ; le nombre d'achats par des clients récurrents ; le temps d'expédition d'une commande ; les questionnaires de satisfaction ; le nombre de plaintes ; le taux de fidélisation du client ; le taux de recommandation net...

» *Employés* : le roulement ; la rétention ; la satisfaction ; l'évaluation à 360° ; le taux d'absentéisme ; la marge brute par employé...

» *Financiers* : la marge bénéficiaire brute ; la marge bénéficiaire nette ; la marge opérationnelle ; les coûts d'exploitation ; la rentabilité des capitaux investis...

» *Benchmarking* : la comparaison avec le leader sur le marché ; la comparaison avec la moyenne des concurrents sur le marché...

Avec un aussi grand nombre d'indicateurs à notre disposition, les deux erreurs les plus fréquentes sont :

» d'avoir trop d'indicateurs, créant de la confusion, de sorte que l'arbre cache la forêt ;

» de choisir les mauvais indicateurs, par exemple ne mesurer que le taux d'absentéisme des employés sans enquêter sur leur satisfaction, ou mesurer le nombre de nouveaux clients sans s'intéresser à leur fidélisation.

Il y a trois questions pour guider et justifier notre choix des indicateurs :

» **Quels problèmes cet indicateur nous permettra-t-il de détecter ?**

» **Quelles améliorations cet indicateur nous permettra-t-il d'envisager ?**

» **Quelle action concrète résultera des informations fournies par cet indicateur ?**

Si vos réponses à ces trois questions ne sont pas claires, la raison en est, soit que vous n'êtes pas au clair sur votre stratégie, soit que vous n'avez pas choisi les bons indicateurs.

Problème 2 : les indicateurs font oublier la stratégie globale

Une opération d'évaluation prend du temps et requiert une attention particulière de notre part. Cet effort peut se transformer facilement en une distraction par rapport à notre but réel et à la raison d'être de notre organisation ou de notre équipe. Au fond, il s'agit d'une confusion qui s'installe fréquemment dans nos activités, confusion qui consiste à prendre les moyens pour des objectifs. Considérons le cas suivant :

Témoignage d'un consultant en management

Histoire vraie

« En 2007, nous avons aidé une agence de communication à clarifier sa stratégie globale. Cette agence n'avait pas de bons résultats. Son métier souffrait beaucoup face à l'arrivée de l'ère digitale. Le personnel était dans un état critique de démoralisation. Un jour, nous avons passé tout un après-midi à fabriquer leur *cadre de référence* dans un séminaire. À la sortie, un des managers m'a dit : "Monsieur, permettez-moi de vous remercier. Ma

»

»

vie vient de rebasculer vers le soleil. Depuis trois ans, j'ai l'impression de passer tout mon temps à créer de la valeur uniquement pour les dividendes de nos actionnaires. Grâce à ce travail, je réalise que le monstre qui semblait me torturer, c'est aussi celui qui me donne les moyens de travailler. Car le véritable sens de mon travail, sa finalité ultime, c'est rendre le consommateur autonome et responsable." Il s'est soudain rappelé que les actionnaires, en investissant leur argent, lui permettaient de poursuivre son but véritable : faire de sa maison l'agence de référence dans l'information client. »

Mesurer la satisfaction que nous donnons à nos actionnaires est une forme d'évaluation parfaitement légitime et utile. En revanche, ne mesurer que cette satisfaction, c'est nous détourner de notre but principal et prendre les moyens, quelle que soit leur nécessité, pour les objectifs. La solution, comme dans cet exemple, c'est de revenir à notre cadre de référence, à notre stratégie fondamentale, pour retrouver la bonne hiérarchie des objectifs et des moyens. Voici l'erreur d'optique en question et sa rectification :

	Objectifs	Moyens
Erreur d'optique	Créer de la valeur actionnariale.	Devenir une agence de référence.
Rectification	Devenir une agence de référence.	Créer de la valeur actionnariale.

Nous n'avons plus cette impression négative d'être les esclaves d'un système de mesure arbitraire. Nous pouvons désormais repérer notre position sur le chemin du progrès. Ici, comme c'est le cas très souvent dans la vie, l'argent n'est qu'un moyen, même si c'est un moyen essentiel.

Problème 3 : le temps

Quand nous fixons nos objectifs de performance, nous ne sommes jamais sûrs de l'avenir qui se prépare. Par exemple, un objectif de vente fixé en début d'année peut se révéler irréaliste après six mois de changements sur le marché. Comment remédier à la nature incertaine du futur ? Une première réponse, c'est de fixer des sous-objectifs, comme : « Trouver vingt-cinq prospects sérieux dans les trois premiers mois. » La réalisation de ces sous-objectifs sera plus facile, s'échelonnera sur une période plus courte, et nous renseignera à mi-parcours sur la possibilité d'atteindre l'objectif principal.

Le temps peut être la source d'autres formes de pression résultant de conflits d'intérêts au sein de notre organisation et d'horizons temporels divergents. Considérez le cas suivant :

Les leçons de ce cas peuvent être transformées en autant de questions pour nous guider dans notre évaluation des performances :

- **Quel est le bon horizon temporel pour juger la performance ? Comment définir une période représentative ? Comment conjuguer les objectifs à court, moyen et long terme ?**
- **Comment réconcilier la mesure des performances individuelles et leur contribution à la performance collective ? Dans la course de relais, ce qui compte, ce n'est pas la vitesse de telle ou telle sprinteuse, mais la vitesse du bâton qui est passé de main en main.**
- **Comment protéger nos collaborateurs de la pression néfaste issue d'une urgence non essentielle ?**
- **Comment entretenir la confiance des individus et le moral de l'équipe, tout en s'occupant à temps de tout ce qui a besoin d'être corrigé ?**
- **Comment rester fidèle à la finalité ultime définie par notre stratégie ?**
- **Comment ne pas perdre de vue l'objectif auquel l'évaluation est censée contribuer (réinvestir les sommes provenant de la réduction des coûts dans l'innovation ou dans l'amélioration de la qualité pour fidéliser les clients…) ?**

» Comment rester focalisé sur l'objectif global de l'entreprise, sans que notre vision des choses soit trop biaisée par notre corporatisme professionnel (finance, marketing, ventes, R & D…) ?

Étude de cas : récit d'un consultant

Histoire vraie

Nous avons aidé une équipe de football à clarifier sa stratégie, avant de l'accompagner dans ses premiers efforts pour la déployer. Le président, le délégué général, le manager général, l'entraîneur, le directeur sportif et éducatif, ainsi que le conseiller technique et le directeur du marketing ont réussi à définir, pour une centaine de salariés et des dizaines de joueurs, des objectifs à cinq ans sur les plans sportif, économique, commercial, sociétal et éducatif.

Promu récemment en Ligue 1, le club ambitionnait de participer au championnat d'Europe. Pour ce faire, il fallait finir la saison parmi les quatre premières équipes de la Ligue. Et pour cela, il fallait gagner des matchs… C'est ici que la notion de performance devient aussi évidente que pressante : dans le football, il y a des résultats toutes les semaines qui constituent autant de mesures du progrès de l'entreprise. Comment trouver un équilibre entre la pression hebdomadaire du résultat et la concentration requise par la réalisation des objectifs à moyen et à long terme ?

Le président, qui avait investi des sommes non négligeables dans l'achat de nouveaux joueurs, avait le plus grand mal à résister à la tentation de s'immiscer dans le travail de l'entraîneur, en essayant d'influencer le choix des footballeurs pour chaque match. Après une défaite ou un match nul, il renouvelait la pression, préconisant le remplacement de X, qui n'avait pas marqué cette fois, par Y qui avait coûté cher.

Aux yeux de l'entraîneur, la bonne période pour juger de l'efficacité de telle ou telle configuration de joueurs,

»

»

Étude de cas : récit d'un consultant *(suite)*

c'était entre six et huit matchs. De plus, la valeur de tel ou tel joueur dépendait, non seulement de sa performance individuelle, mais aussi de sa contribution au travail de l'équipe : un joueur qui accomplit peu d'actions spectaculaires peut très bien exercer une influence des plus positives sur la cohésion et de son équipe et sur la bonne coordination des actions. Et des changements trop fréquents dans la sélection des joueurs déstabilisent l'équipe et sapent la confiance des sportifs.

Finalement, pour résister à la pression, l'entraîneur, sur nos conseils, a dû tenir le discours suivant face à l'insistance de son supérieur hiérarchique : "M. le Président, je comprends votre désir de faire jouer X ou Y. J'ai moi-même longuement hésité. Cependant, qu'avons-nous appris au cours de ces huit derniers matchs qui fait contre-argument ?" Remarquez son utilisation d'une question ouverte pour faire réfléchir son interlocuteur. Le président a enfin compris et a laissé l'entraîneur faire son travail correctement. »

Ce qui est mesuré est ce qui est fait

Le choix que nous faisons des systèmes de mesure peut avoir des conséquences imprévues. Trop souvent dans la vie, les conséquences imprévues ont tendance à être négatives. Considérons le cas suivant :

Le contrôleur contrôlé

Histoire vraie

Un nouveau manager est nommé à la tête d'une équipe de consultants. Il affiche des ambitions dans deux domaines : la vente et la qualité. Afin de faire des économies, il exige que tous les membres de son équipe tiennent le registre

»

»

exact de leurs frais selon des critères très stricts. Il convoque les collaborateurs pour qu'ils justifient la moindre dépense et remboursent tout ce qui n'est pas conforme à ses nouveaux critères. Les collaborateurs ne se sentent plus soutenus dans leurs efforts commerciaux : « Le chef est plus intéressé par nos dépenses que par notre réussite. » La créativité et la prise d'initiative en souffrent. Les résultats commerciaux et la qualité en pâtissent. L'évaluation des ambitions du nouveau patron dans ces deux domaines indiquant un échec patent, il est remplacé.

Le plus souvent, la sélection des indicateurs clés a pour effet de signaler aux collaborateurs ce qui compte aux yeux du manager. Par conséquent, ils se focalisent sur cet aspect de leurs activités aux dépens d'autres aspects pourtant non moins essentiels. Cela se voit très clairement dans le cas suivant :

Histoire vraie

Cela paraissait bien sur le papier !

Dans une usine de papier, le P.-D.G. trouvait que le travail était trop souvent bâclé : ses ouvriers étaient devenus très inattentifs et ses managers tout à fait laxistes parce qu'ils le toléraient. Et pourtant, le slogan de l'entreprise était : « L'amour du travail bien fait ! » Après une enquête, le P.-D.G. a découvert qu'il avait tout faux. La cause de ce laisser-aller était le nouveau système de mesure de la performance. Celui-ci ne prenait en compte que la rapidité de production. Pour les ouvriers, le seul critère était désormais la vitesse. Ils sacrifiaient la qualité dans leurs efforts pour être rapides.

Ce conflit entre la quantité et la qualité est fréquent. Les effets en sont accentués si le système d'évaluation est lié à un système de récompenses. Considérez le problème suivant :

On ne prête pas qu'aux riches !

Histoire vraie

Une banque accordait à ses employés des primes calculées selon le nombre de prêts que leurs clients contractaient. Pourtant, au bout d'un certain temps, la direction a constaté que la banque perdait de l'argent sur ces emprunts. La cause en était un grand nombre de défauts de paiement. Que faire ?

La réponse à ce problème consiste évidemment à évaluer et le nombre des prêts contractés et le nombre des défauts de paiement. De cette manière, les employés sont encouragés à veiller à la quantité des prêts mais aussi à la qualité, au sens de la cote de crédit des clients.

Au fond, tous ces problèmes relèvent des rapports parfois mystérieux entre les causes et les effets. Dans les cas les plus difficiles, seules l'expérience et l'expérimentation peuvent montrer la bonne voie.

Allô ? Non mais allô quoi !

Histoire vraie

Dans un centre d'appels avec trois mille employés, l'indicateur clé utilisé par la direction était le temps moyen de gestion des appels. Il fallait donc exploiter au maximum le temps pour rendre le travail le plus efficient possible. À cette fin, une mesure semblait s'imposer : interdire que les membres d'une même équipe prennent leur pause en même temps. Les bavardages inévitables avaient tendance à prolonger le temps de pause. Quand, à la suggestion d'un chercheur, cette mesure a été annulée, permettant aux membres de certaines équipes d'être en pause en même temps, on a constaté une réduction

»

»

appréciable dans le temps moyen de gestion des appels par rapport aux autres équipes. Pourquoi ? Parce que, pendant ces pauses collectives et au milieu des bavardages, les employés échangeaient des informations importantes sur le travail, sur la meilleure manière de gérer certains types d'appel*...

* Alex Pentland, « The New Science of Building Great Teams », *Harvard Business Review*, 90, avril 2012.

Ce n'est jamais une bonne idée que de choisir un indicateur clé par réflexe automatique. Il faut toujours considérer le contexte de son application et ses effets probables.

Il n'y a pas de solution universelle

Un aspect du contexte qui est souvent fondamental est représenté par la culture organisationnelle, au sens de l'ensemble des valeurs, croyances et surtout comportements professionnels communément partagés par les membres d'une organisation ou d'une unité opérationnelle. Un des systèmes les plus efficaces et les plus répandus pour décrire et analyser les cultures d'entreprise, c'est le *competing values framework*[4]. En mettant de côté les histoires spécifiques et les particularités individuelles des entreprises pour se focaliser uniquement sur les comportements professionnels, cette approche propose quatre types de culture qu'on pourrait appeler en français : « collaboratif », « compétitif », « structuré » et « innovant ». Leurs caractéristiques peuvent se résumer ainsi :

Type	Ce qui est valorisé en priorité	Exemple
Collaboratif	Les relations interpersonnelles, l'esprit d'équipe, les hiérarchies officieuses, la progression des employés, le mentoring.	Une entreprise familiale.

4. Kim S. Cameron, Robert E. Quinn, *Diagnosing and Changing Organizational Culture, Based on the Competing Values Framework*, Wiley.

Type	Ce qui est valorisé en priorité	Exemple
Compétitif	Les relations clients, les gains immédiats, la compétition avec les autres entreprises, l'émulation entre collaborateurs, un système de récompenses très clair.	Une salle de tradeurs.
Structuré	Des systèmes de contrôle très efficaces, le respect des procédures, la standardisation des meilleures pratiques, la partage des informations pertinentes.	Une compagnie d'assurances.
Innovant	La recherche constante de nouveaux produits, un flux continu d'idées nouvelles, la prise de risque, l'adaptabilité, des structures improvisées et changeantes.	Une start-up informatique. Une société de production de films.

Je ne comprends pas les *geeks* !

Histoire vraie

À l'époque où Atari était leader dans la création des jeux vidéo, l'entreprise a nommé un nouveau P.-D.G. avec un *background* dans le marketing. Il avait l'habitude de travailler dans des environnements où les efforts des employés étaient stimulés et récompensés par un système de mesure qui évaluait leur productivité mensuelle. Sa culture d'origine était donc « compétitive ». Il se trouvait désormais face à un groupe peu structuré d'ingénieurs et de concepteurs dont le travail lui paraissait complètement désorganisé. Leur culture était évidemment « innovante ». Ne comprenant pas cette façon de faire qui lui était très peu familière, il a introduit des systèmes de reporting très clairs et un système de récompenses compétitif et individualiste. Le résultat ? Ses collaborateurs se sont démoralisés et certains des meilleurs ingénieurs ont quitté l'entreprise.

Selon le type de culture, il faut mesurer et récompenser des aspects très variables des activités des employés. Considérons cet exemple, cité par le grand gourou de la culture organisationnelle, Edgar Schein.

Selon la culture d'entreprise, les priorités de l'organisation et, par conséquent, les systèmes d'évaluation, ne seront pas les mêmes. Il se peut bien que le manager ait envie de modifier les priorités et de transformer les méthodes de contrôle et d'évaluation, mais il ne peut pas le faire sans d'abord prendre en compte la culture existante partagée par ses collaborateurs.

> ***« Ce qui compte ne peut pas toujours être compté, et ce qui peut être compté ne compte pas forcément. »***
>
> (Albert Einstein)

En nous inspirant d'Einstein, que notre ambition constante soit de faire coïncider *ce que l'on compte* et *ce qui compte* !

Pour en savoir plus

Bernard Marr, *Key Performance Indicators. The 75 Measures Every Manager Needs to Know* (Financial Times Press).

Alexander Osterwalder, Yves Pigneur, Alan Smith, *Business model nouvelle génération. Un guide pour visionnaires, révolutionnaires et challengers* (Pearson).

Gary P. Latham, *Becoming the Evidence-Based Manager. Making the Science of Management Work for You* (Davies-Black).

Edgar Schein, *The Corporate Culture Survival Guide* (Jossey-Bass).

Test

Testons nos connaissances

1 Lequel des éléments suivants n'est pas un « indicateur clé de performance » ?

❑ Le temps moyen de gestion des appels.

❑ Le taux de recommandation net.

❑ La marge bénéficiaire brute.

❑ Le modèle d'entreprise.

2 Oublier la finalité de son organisation en pensant uniquement à la création de valeur pour les actionnaires, c'est confondre :

❑ l'évaluation et la récompense.

❑ les moyens et les objectifs.

❑ deux cultures d'entreprise différentes.

❑ l'organigramme et le cadre de référence.

3 Lequel de ces adjectifs ne décrit pas normalement un objectif « SMART » ?

❑ Atteignable.

❑ Spécifique.

❑ Rapide.

❑ Mesurable.

4 Lequel des adjectifs suivants ne décrit pas un des types de culture organisationnelle les plus répandus ?

❑ Innovant.

❑ Compétitif.

❑ Répétitif.

❑ Structuré.

1) Le modèle d'entreprise.
2) les moyens et les objectifs.
3) Rapide.
4) Répétitif.

Partie 2
Manager ses troupes

Dans cette partie...

La vie d'un manager est faite d'interactions constantes, dans des situations spécifiques, avec ceux qu'il manage. Dans cette partie, nous découvrons ces situations, leurs modalités particulières et les meilleures approches pour atteindre nos objectifs communs.

DANS CE CHAPITRE

Recruter en fonction de vos besoins

Sélectionner les recrues les plus prometteuses

Intégrer un nouveau membre à votre équipe et à votre organisation

Chapitre 6
Attirer les talents

Selon beaucoup de dirigeants d'entreprise, leur personnel représente l'atout le plus précieux de leur organisation. Par conséquent, l'acte de chercher et de sélectionner de nouveaux collaborateurs devrait revêtir une importance cruciale. Pourtant, les efforts investis dans le recrutement et la fidélisation des employés laissent souvent à désirer.

C'est d'autant plus étrange que nous sommes tous, par nature, des recruteurs. Nous recrutons nos relations, nos amis, nos époux mêmes. Nous décidons avec qui nous voulons faire équipe. L'esprit de ces opérations n'est pas si éloigné de celui qui nous inspirait quand, enfants, nous lancions le cri, avant une partie de football ou de tout autre jeu : « Qui veut être dans mon équipe ? » Les plus pressés de nous rejoindre n'étaient pas toujours ceux que nous voulions, tandis que ceux que nous désirions recruter se faisaient prier. Nous intégrions volontiers certains individus, non parce qu'ils étaient particulièrement doués, mais parce qu'ils avaient la bonne attitude, remontaient le moral des autres et inspiraient confiance sur le plan humain.

Dans le milieu professionnel, ce n'est pas très différent. Nous avons besoin de trouver des personnes avec qui nous voulons faire équipe. Chacune de ces personnes possédera une combinaison différente de compétences techniques et de qualités personnelles qui apporteront une contribution unique à l'effort collectif. Grâce à la complémentarité entre nos apports respectifs et entre les différents rôles que nous jouons, le résultat final du travail de l'équipe vaut plus que la somme des composantes. Selon la métaphore de Marcus Buckingham, le manager d'une équipe joue aux échecs et non aux dames : plutôt que de traiter ses collaborateurs comme s'ils étaient tous équivalents et interchangeables, il reconnaît que chaque membre de l'équipe possède ses propres atouts et ses talents spécifiques. Le manager lui confie des rôles qui lui permettent de contribuer au résultat collectif.

Dans ces conditions, recruter les personnes les plus adaptées à notre équipe professionnelle n'est pas du tout facile. Il faut qu'elles possèdent à la fois les aptitudes requises par leur poste et une attitude compatible avec la culture et les valeurs du groupe. Si cette alchimie subtile des équipes est difficile à trouver, le coût de l'échec est grand. Recruter une personne inadaptée représente une perte de temps, d'effort et d'argent, surtout si nous lui avons donné une formation. En général, il est plus facile de recruter que de licencier. Les licenciements doivent être clairement motivés et sont toujours délicats sur les plans judiciaire, financier et émotionnel. Le pire consiste à introduire involontairement dans son équipe une personnalité toxique, quelqu'un dont les agissements sapent le moral collectif ou portent atteinte aux valeurs éthiques du groupe. Une telle personne peut augmenter le niveau de stress des autres membres de l'équipe et même provoquer le départ de certains.

Pour ces raisons, il y a des entreprises qui confient le recrutement du personnel à des cabinets spécialisés. D'autres investissent dans des « centres d'évaluation » ou *assessment centers* (l'idée vient des États-Unis) qui proposent aux candidats une série de tests et de mises en situation. De cette manière, la décision du recruteur n'est pas tributaire uniquement de son propre jugement subjectif après l'entretien d'embauche et de l'auto-évaluation du candidat sous la forme de son CV. Pourtant, quelle que soit la méthode choisie, la question fondamentale reste la même.

La question essentielle

Dilemme

Comment définir et trouver la personne qui nous conviendra ?

Savoir de qui on a besoin

Le profil du poste à pourvoir doit être défini avec le plus de précision possible, afin de décourager les candidatures inadaptées et de motiver nos refus des candidats non retenus. Si le poste existe déjà, plutôt que d'utiliser le descriptif officiel, il vaut mieux s'informer de ce qui est fait réellement par la personne qui occupe le poste.

Les critères

Ceux-ci sont d'ordre à la fois objectif – diplômes, capacités techniques, années d'expérience – et subjectif : avec quelle personne aimerions-nous travailler ? Les deux catégories sont importantes. Assumons ouvertement notre choix de critères, objectifs et subjectifs, et exprimons-les clairement dans notre descriptif du profil idéal. Ce travail nous oblige à réfléchir, non seulement sur la personne à recruter, mais également sur notre organisation et sur nous-mêmes. Nous sommes amenés à poser les questions suivantes :

» Qu'est ce qui a vraiment de la valeur dans l'entreprise ? Qu'est-ce qui marche dans mon équipe ?

» Est-ce la même chose pour moi que pour le reste de l'équipe ? Pour la direction ? Pour mon $n + 1$?

Il vaut mieux que la nouvelle recrue, une fois intégrée à l'équipe, entende la même définition des valeurs chez toutes les personnes avec qui elle sera en contact.

Les sept grandes catégories du profil à définir sont les suivantes :

- » *Compétences*. Qu'est-ce que le candidat devrait savoir faire sur le plan technique ? Qu'est-ce qu'il pourra apprendre à faire très vite ?
- » *Expérience*. Qu'est-ce que le candidat devrait avoir déjà fait de pertinent dans sa carrière ?
- » *Responsabilité*. Quelles tâches techniques seront confiées à ce candidat ? Et la gestion de quelles relations humaines (clients, partenaires...) ?
- » *Comportement*. Quels sont les traits de caractère visibles qui permettront au candidat d'intégrer facilement notre équipe et d'épouser ses valeurs ?
- » *Motivation*. Quel est le niveau d'implication dans le travail dont le candidat devra faire preuve ?
- » *Engagement*. Sur quelle période le candidat s'engagera-il idéalement à travailler pour nous ?
- » Les *exigences du candidat*. Que sommes-nous prêts à faire pour attirer et garder ce candidat ? En termes de salaire et avantages en nature...

Considérons deux exemples de recrutement, le premier raté, le deuxième réussi :

À la fin, la note était salée

Histoire vraie

Mme G., P.-D.G. d'une fabrique de salaisons au cœur du Pays basque, recherchait un(e) contrôleur de gestion, poste en création, dans le cadre de la gestion de la croissance de l'entreprise. Utilisation de l'attractivité du pays basque pour lancer un recrutement national. Beaucoup de réponses... un élu, marié, 38 ans, 4 enfants, basé à

»

»

Cergy-Pontoise (95). Déménagement dans le Sud : le bonheur ! Oui, mais quand on est basé loin, le pays basque, c'est Biarritz, sa plage, son casino... alors que le poste se situait à 55 minutes de la côte. Le candidat retenu était face à un dilemme : installer sa famille sur la côte et faire la route tous les jours, ou faire venir femme et enfants sur place.

La première solution fut choisie, mais il dut faire face à la gestion de l'intégration familiale dans un nouveau lieu, en plus d'une route devenue de plus en plus longue au fil des semaines... Démission à la fin de la période d'essai, la pression familiale était trop lourde à gérer pour le contrôleur de gestion : attention au mythe de l'Eldorado, il faut intégrer l'environnement du poste et la capacité à gérer des périodes difficiles.

À la fin, c'était de tout repos

Une directrice de maison de retraite privée dans une petite ville du Lot-et-Garonne recherchait un(e) agent des services hospitaliers, après avoir « épuré » tous les profils locaux. Et comment faire venir de l'extérieur des compétences à niveau de rémunération faible ? En trouvant un travail pour le conjoint ! La directrice s'est rapprochée de la direction des ressources humaines de l'entreprise agroalimentaire voisine pour répertorier les postes vacants : « magasinier matières premières ». La recherche s'est donc portée sur un couple en région parisienne, désireux de (re)trouver une qualité de vie, avec un poste pour chacun, condition *sine qua non* de l'attractivité.

La diversité

Attention

La tendance à vouloir choisir quelqu'un qui nous ressemble par ses origines, son milieu social, son éducation ou sa formation est une erreur fréquente dans le recrutement. La loi interdit toute discrimination fondée sur l'âge, le sexe, l'ethnie ou la religion. Il faut se garder le plus possible de toute préférence inconsciente qui puisse rendre injuste notre processus de sélection. Mais si la diversité est une exigence du point de vue de la justice, elle relève aussi du bon sens. Quelqu'un qui nous ressemble à bien des égards n'est pas forcément le meilleur candidat, ni le plus sympathique. Quand une équipe est composée d'une large majorité de membres qui ont fait la même école, qui ont des compétences similaires, qui ont les mêmes réflexes professionnels, qui ont toujours fait des choix de carrière identiques, cela peut être très positif sur le plan de l'esprit de corps, mais très négatif pour l'intelligence collective. Pour répondre à la complexité croissante du paysage économique contemporain, les équipes doivent considérer une variété de perspectives avant de choisir la bonne solution à tel ou tel problème. Face aux dangers de la « pensée unique » qui nous guettent constamment, la réponse, c'est la diversité.

Truc

Conseil

De temps en temps, il faut prendre le risque de recruter un profil atypique.

Où chercher les candidats ?

Le premier endroit où chercher pour pourvoir un poste, c'est dans notre propre entreprise. Dans certains cas, la loi impose une telle approche. Sinon, les recruteurs supposent trop vite que la personne idéale se trouvera nécessairement ailleurs. Il y a un certain nombre d'avantages si quelqu'un de convenable est disponible en interne :

- » Le processus de recrutement coûte moins cher.
- » On a plus d'informations fiables sur la personne.
- » La personne connaît déjà les valeurs de l'entreprise et normalement a déjà donné la preuve de sa compatibilité avec la culture de l'organisation.
- » On montre aux collaborateurs que l'entreprise s'occupe activement de leur progression.

Pour trouver la bonne personne en interne, il faut faire savoir très clairement qu'on cherche quelqu'un. Cette exigence est plus évidente quand on cherche à l'extérieur. Les possibilités pour faire connaître nos besoins sont nombreuses :

- » les annonces ;
- » Pôle emploi ;
- » les cabinets de recrutement ;
- » des institutions ayant aujourd'hui une forte présence en ligne, telles que Cadremploi.fr et l'APEC (Association pour l'emploi des cadres) ;
- » les réseaux sociaux professionnels, tels que LinkedIn ou Viadeo ;
- » les sites spécialisés, comme Monster.fr. ;
- » les nombreux sites spécialisés par secteur, tels que http://www.autorecrute.com ; http://www.emploi-assurance.com ; http://www.carrieresbancaires.fr ; http://www.emploi-evenementiel.fr.

Le « marketing RH »

Truc

Les entreprises déploient des trésors d'inventivité et de ressources pour interpeller le client, l'interviewer afin de mesurer sa satisfaction, l'informer sur des opportunités, l'inviter à découvrir des services... Et s'il en était de même pour les candidats ? C'est ce qu'on appelle le « marketing RH » qui, surtout sur des marchés en pénurie de candidats de valeur, permet de maintenir le lien avec les profils potentiellement intéressants. En utilisant tous les outils pertinents – Internet, blog entreprise, articles de presse, newsletters – on publie régulièrement des témoignages de salariés et des expériences de recrutement racontées par les candidats. Il s'agit surtout de donner envie aux recrues potentielles de travailler pour nous.

Un processus de recrutement finit généralement par l'embauche d'un candidat. Un seul élu pour combien de « perdants » ? Que faire de ces autres qui présentaient eux aussi du potentiel ? Comment tirer le meilleur bénéfice du temps et des ressources investis à connaître des dizaines de personnes ? La réponse est de créer un vivier. On reste en contact avec les candidats prometteurs dans le cadre de notre politique de marketing RH. Plus qu'un simple fichier, un vivier représente la communauté de l'« entreprise élargie ». L'antichambre de l'embauche, il entretient un sentiment d'appartenance et nous permet, quand nous en avons un nouveau besoin bien identifié, de proposer un poste à quelqu'un que nous connaissons déjà. Pour le candidat, faire partie du vivier, c'est bénéficier par avance d'informations sur les postes et connaître déjà la culture de l'entreprise en question. Évidemment, il faut faire des efforts pour entretenir un tel réseau, mais les gains par rapport à des recherches qui doivent toujours repartir de zéro sont appréciables. Voici les étapes essentielles dans la création d'un vivier :

» **Identifier les acteurs RH en interne pour s'en occuper tous les jours : être réactif.**

» **Classer les CV dans un logiciel « Recrutement » (sites spécialisés hébergés, au rapport qualité prix performant, comme Jobaffinity).**

» **Mettre à jour... tous les jours.**

- Mener des opérations RH sur le terrain (salons, *job-datings*) pour se rendre visible auprès des candidats.
- Créer et entretenir une communauté d'experts sur les réseaux sociaux autour d'une thématique forte (agilité, commerce 2.0...) pour identifier les experts les plus influents de leur écosystème.
- Garder un œil sur ses stagiaires, savoir les évaluer dès leur stage : ce sont les futurs profils de demain.

Rédiger une annonce

L'annonce reste un outil puissant, à condition de bien la rédiger, en intégrant à la fois les dimensions objective et subjective. Un texte un peu plus long et détaillé ne pose pas de problème, car les informations supplémentaires constituent une marque d'attention pour le candidat. Si celui-ci s'essouffle à la lecture de l'annonce, tant mieux ! Il n'était pas fait pour vous. Voici les règles de base :

- S'adresser au candidat avec des mots qui nous sont propres, mais en évitant les termes trop prévisibles du style : « dynamisme », « motivé », « équipe qui gagne » « leader »...
- Parler de notre entreprise ou équipe, en valorisant – sans survalorisation – ce que nous faisons de bien.
- Expliquer nos valeurs et nos critères de performance ; décrire les profils de ceux qui réussissent bien chez nous.
- Donner les éléments objectifs : missions, activités, compétences, formation, lieu, rémunération.
- Donner tous les détails pour candidater : la manière, le délai, un nom de contact.
- Éliminer toutes les fautes d'orthographe, pour montrer implicitement le soin avec lequel nous avons rédigé une annonce aussi importante.

Considérons deux exemples authentiques d'annonce : le premier est vague et ne fait pas envie ; le deuxième beaucoup plus précis et apte à attirer des personnes avec un profil plus précis :

Figure 6-1

Exemple d'une mauvaise annonce.

RECHERCHE VENDEUR H/ AUTOMOBILE EN VO URGENT

PROFIL:avoir le sens des responsabilete
avoir une experience dans la vente,(serait un plus
dans l'automobile),avoir une bonne presentation,et
savoir utiliser internet.
cdi ou cdd
sur nimes
Possibilité de gagner un fort gain si motivé.
ce poste est a pourvoir immédiatement.

Appelez pour passer un entretiens

Figure 6-2

Exemple d'une meilleure annonce.

09/09/2022

CONSEILLER COMMERCIAL VO (H/F)

Réf. : ACTPAE0154424

AUDI

France (TOUTE FRANCE)

Contrat à Durée Indéterminée (CDI)

Commercial, Vendeur, Centre Auto, Distribution

Audi

Date de début : Dès que Possible

Durée : CDI

Salaire indicatif : Selon Expérience

Niveau d'expérience : 2 à 4 ans d'expérience

DESCRIPTION DU POSTE

Audi France développe le label Audi Occasion :plus, référence incontournable parmi les marques haut de gamme.

Nous poursuivons notre développement et nous renforçons nos moyens humains, facteur clé de notre succès.

Pour accompagner notre ambition, le réseau recherche en France des :
Conseillers commerciaux VO (H/F)

Les conseillers commerciaux spécialisés VO gèrent et alimentent le parc VO pour atteindre les objectifs de vente (financement) dans le respect de toutes les conditions favorisant la performance des résultats.

PROFIL REQUIS

Véritable professionnel de commerce automobile, idéalement VO, vous savez allier résultat et autonomie dans le respect constant de la satisfaction client

Merci de déposer votre candidature via le lien suivant, en cliquant sur le bouton : "Postuler"

Postuler

Rencontrer les candidats

Très souvent aujourd'hui, la difficulté que nous pouvons avoir à dénicher le candidat le plus adapté n'a d'égal que le nombre pléthorique de candidatures que nous recevons. Notre première tâche consiste à en réduire le volume en excluant les personnes qui ne conviennent manifestement pas.

Trier les candidats

Un test en ligne – composé de questions pointues portant sur les situations qui requièrent l'expérience et les compétences demandées par le poste – peut permettre d'écarter les candidats dont le CV surévalue les compétences. De plus, un décalage très marqué entre les capacités affichées et les capacités réelles caractérise les personnes toxiques qui ont tendance à travailler vite mais mal.

Truc

Exemple de question d'un test en ligne

Dans le supermarché où vous travaillez, un client a laissé tomber une bouteille. Des éclats de verre sont éparpillés par terre et du lait est en train se répandre. Un de vos collègues s'occupe du client. Vous avez beaucoup de rayons à stocker avant votre pause. Votre réaction consiste à :

- attendre pour voir si on a besoin de votre aide ;
- venir à l'aide du collègue en appelant le personnel de nettoyage ;
- rester concentré sur votre objectif de remplir les rayons.

En général, les tests – que ce soit d'intelligence ou de personnalité – ne sont pas utilisés à bon escient dans les processus de recrutement. Les tests des compétences sont utiles, mais la plupart du temps on les fait passer aux candidats après le tri des CV, tandis que c'est le contraire qui est utile[5]. Les tests de personnalité, loin de nous fournir le sésame de l'âme du candidat, servent surtout à alimenter positivement les discussions entre le postulant et le recruteur.

Préparer la rencontre

Un entretien d'embauche se prépare à l'avance. Il faut étudier le CV des personnes présélectionnées, en cherchant des lacunes dans la chronologie ou des changements de direction inexpliqués. Cet examen alimentera notre stock de questions qui doivent être :

» formulées d'avance ;

» écrites ;

» dans la mesure du possible, spécifiques à chaque candidat.

On ne « convoque » pas le candidat pour un entretien, on l'« invite ». Il s'agit de préparer un moment privilégié. Le soin apporté au premier contact – que ce soit par téléphone ou message électronique – est primordial.

Conduire un entretien d'embauche

Il faut d'abord créer un environnement qui permette à notre invité(e) de s'exprimer le plus authentiquement possible :

» Un bureau qui offre des conditions de confidentialité.

» Une table et deux chaises (à la même hauteur) ; ces dernières sont disposées, si possible, non en face-à-face mais sur les angles perpendiculaires, afin de favoriser la collaboration et non une opposition inquisitoriale.

» Un sens de proximité, mais une distance suffisante pour que nos notes ne soient pas lues par le candidat.

» Des feuilles de papier vierges à l'intention du recruteur et du postulant, pour que chacun puisse noter les choses intéressantes qui seront dites.

5. John Bateson, Jochen Wirtz, Eugene Burke, Carly Vaughan, « When Hiring, First Test, and then Interview, » *Harvard Business Review*, version en ligne : https://hbr.org/2013/11/when-hiring-first-test-and-then-interview.

» **Annoncer dès le début de l'entretien la durée estimée, les contraintes attendues (appel téléphonique...) ; pour le candidat, ce sera le signe d'éteindre son téléphone portable. Respecter l'heure donnée pour la fin.**

Accueillons bien le candidat, la main tendue, en l'invitant à s'asseoir assez rapidement, pour le mettre à son aise.

Les questions que nous poserons seront strictement en rapport avec le poste. Il faut exclure toute question portant sur l'âge, le genre, l'orientation sexuelle, la situation de famille (une maternité éventuelle), les origines ethniques, la religion ou le handicap du candidat, ainsi que toute question pouvant constituer une forme de harcèlement.

Attention

Exemples de questions à ne jamais poser

» « Êtes-vous enceinte ? »

» « Avez-vous un casier judiciaire ? »

» « Quelle est votre religion ? »

« Comment allez-vous ? » est la première question à poser au début de l'entretien. Tout commence par une expression d'intérêt pour la personne du candidat. Après, nous pouvons passer à des sujets plus pertinents pour le poste. Les grandes catégories de questions sont les suivantes :

» *Motivation.* **« Pourquoi voulez-vous un poste de ce type ? Pourquoi voulez-vous travailler chez nous ? »**

» *Compétences.* **« Quelles sont les aptitudes techniques que vous apportez ? Qu'est-ce que vous pourrez apprendre à faire très vite ? »**

- *Expérience.* « Quelles sont vos expériences professionnelles qui semblent vous préparer pour ce poste ? Quelles sont les autres expériences, moins pertinentes en apparence, qui pourraient constituer un atout ? Pourquoi ? »
- *Responsabilité.* « Pourquoi pensez-vous être capable d'assumer le niveau de responsabilités associé à ce poste ? »
- *Comportement.* « Qu'est-ce qui vous fait penser que vous pourrez facilement intégrer notre équipe et épouser nos valeurs ? »
- *Engagement.* « Sur quelle période êtes-vous prêt à vous engager à travailler pour nous ? »
- *Les exigences du candidat.* Ici, il faut sonder le candidat sur ses besoins et motivations en termes de rémunération, d'avantages...

En écoutant les réponses, il vaut mieux prendre des notes, puisque nous en aurons besoin par la suite en comparant nos impressions des différents candidats. Il faut essayer d'obtenir des réponses factuelles de la part de notre interlocuteur. Quand le candidat vante ses compétences dans un domaine, il faut lui demander quand et dans quelles circonstances il a fait preuve de ces capacités. Par exemple :

— Quel est un de vos points forts ?

— Je suis très bon avec les clients.

— Racontez-moi, s'il vous plaît, un épisode où vous avez fait la démonstration de cette capacité.

Truc

Il y a beaucoup de candidats qui ont bien préparé leur discours. Il faut dépasser le stade des réponses toutes faites pour rentrer dans des échanges plus authentiques. Demandez toujours plus de détails contextuels pour que votre interlocuteur concrétise son histoire. Par exemple : « Vous travailliez chez qui à cette époque ? » Les questions ouvertes (pourquoi, comment, quand...) constituent la meilleure façon de faire parler autrui. La réponse amène naturellement un développement. Et n'oublions pas que faire connaissance est un processus réciproque : le candidat peut et doit se voir offrir la possibilité de poser des questions à son tour, sans diriger l'entretien pour autant.

Nous pouvons toujours juger de l'attitude professionnelle ou non d'un candidat par ses comportements en entretien : arrivée en retard sans motivation, consultation de son smartphone pendant l'interview, oubli du nom de notre entreprise ou des détails du poste...

À la fin de l'entretien, il faut :

» **remercier le candidat d'être venu et d'avoir partagé ce moment de découverte réciproque ;**

» **donner des indications pour la suite (les prochaines étapes ; quand et comment le candidat en sera informé).**

Après la rencontre

D'abord, il faut débriefer, si besoin est avec nos collègues : comment avons-nous vécu cet entretien ? Qu'est-ce qui nous a plu ? Déplu ? Qu'est-ce qui a changé dans notre attitude envers le candidat par rapport à notre opinion avant l'entretien ? Faisons la synthèse si possible à la fin de la journée.

Il s'agit ensuite de décider rapidement. Qu'est ce qui pourrait empêcher la prise de décision ? Nous commencerons par dresser la liste des candidats acceptables par ordre de mérite. N'oublions pas que, si les compétences peuvent évoluer rapidement, les traits de caractère sont souvent moins susceptibles d'une amélioration instantanée. Il faut aussi vérifier les informations sur le CV : les diplômes et les expériences. Ici, le mieux, c'est de contacter directement les organisations en question, mais on peut beaucoup apprendre sur Internet.

Nous contacterons le premier sur notre liste pour trouver un accord. Si cela ne marche pas avec lui, on passera au deuxième, et ainsi de suite. Ce n'est pas parce qu'on a jeté son dévolu sur un candidat, que ce dernier va effectivement intégrer l'entreprise. Il faut recevoir le candidat, après avoir préparé les conditions du contrat, pour le faire signer, et donner l'échéancier : les documents à compléter, la date de réception de ces documents, la date officielle et les modalités d'arrivée de la nouvelle recrue, le planning de son intégration (période d'essai, réunion bilan...).

Accueillir le nouveau collaborateur

La venue dans l'entreprise d'une nouvelle recrue mérite d'être bien préparée. Tous les salariés doivent connaître son nom, la date de son arrivée dans l'entreprise et le service qu'il intégrera. Une présentation rapide de la personne et de sa mission peut circuler par *newsletter*, intranet, e-mail ou *via* les pages privées d'un réseau social. Assurons-nous qu'il y a quelqu'un pour l'accueillir et lui fournir tout ce dont il a besoin pour commencer son travail.

Ayant fait tellement d'efforts pour recruter la bonne personne, nous ne voudrions pas rater son intégration dans l'entreprise. Ce processus commence en fait dès les premiers contacts avec la recrue, mais ses premières impressions le premier jour comme salarié représentent une étape importante. Au lieu de l'ennuyer ferme avec des présentations remplies de données indigestes sur l'entreprise, il vaut mieux lui donner des raisons émotionnelles d'adopter notre culture et de rester fidèle à nos valeurs. Le *storytelling* (voir chapitre 4) constitue un allié puissant à cet égard. Plutôt que d'afficher des descriptifs abstraits de notre mission, pourquoi ne pas raconter notre mission sous forme d'histoires aussi intéressantes que véridiques ?

Si nous captons l'attention de nos employés dès le premier jour, nous aurons plus de chances de les retenir par la suite.

Pour en savoir plus

Marcus Buckingham, Curt Coffman, *Manager contre vents et marées. Développer les talents dans l'entreprise* (Pearson).

Georges Lemoine, *Recruter autrement. Le recrutement par simulation* (L'Harmattan).

Testons nos connaissances

Test

❶ Laquelle de ces questions ne serait pas totalement inappropriée au cours d'un entretien d'embauche ?

- ❑ Quelle est votre religion ?
- ❑ Ne vous trouvez pas trop âgé pour ce poste ?
- ❑ Quelle est votre plus grande ambition ?
- ❑ Comptez-vous bientôt fonder une famille ?

❷ Lequel des mots suivants désigne la réponse au besoin, dans l'entreprise, d'avoir des points de vue multiples ?

- ❑ La sécurité
- ❑ La diversité.
- ❑ Le multiculturalisme
- ❑ Le bilinguisme.

❸ Lequel de ces termes désigne la politique qui consiste à traiter les candidats avec autant d'attention que nos clients ?

- ❑ La diversité.
- ❑ Le marketing RH.
- ❑ Un vivier.
- ❑ L'esprit d'équipe.

❹ L'avantage principal d'un « vivier », c'est de :

- ❑ entretenir une liste de candidats potentiels.
- ❑ encourager la diversité.
- ❑ décourager les candidatures inutiles.
- ❑ éliminer les jugements subjectifs.

1) Quelle est votre plus grande ambition ?
2) La diversité.
3) Le marketing RH.
4) entretenir une liste de candidats potentiels.

DANS CE CHAPITRE

Comprendre la motivation et l'implication des salariés

•

Créer les conditions où les personnes se motivent elles-mêmes

•

Exploiter les trois grands leviers de la motivation

Chapitre 7

Motiver ses troupes

Tous les managers voudraient avoir des collaborateurs « motivés ». Les personnes motivées s'impliquent dans leurs tâches, travaillent mieux et plus vite. Dans le rêve idéal du manager, il suffirait de commander et des personnes empressées se feraient un vrai plaisir de réaliser les souhaits de leur leader. La réalité est différente, parfois trop différente. On peut se trouver face à des employés peu disposés à effectuer leurs missions, apparemment paresseux, manquant d'enthousiasme, démoralisés ou même rebelles. Bref, ils sont « démotivés ». À qui la faute ? Peut-être refusent-ils de se motiver ? Peut-être quelqu'un d'autre a-t-il négligé de les motiver ?

Il y a une ligne de démarcation apparente entre la responsabilité qu'a le manager de motiver ses collaborateurs et la responsabilité qu'ont ceux-ci de se motiver eux-mêmes. Certains managers fixent cette limite à leur avantage : « Ce n'est pas à moi de les motiver !... Ils n'ont qu'à faire ce que je leur dis !... Ils sont payés pour ça !... S'ils ne veulent pas être là, qu'ils partent ! » À part les coûts qu'un tel roulement du personnel impliquerait, le manager d'aujourd'hui a toutes les raisons de vouloir des collaborateurs qui aiment leur travail. De nombreuses études montrent que les entreprises les plus performantes et les plus profitables sont aussi celles qui se focalisent le plus, de manière officielle et pratique, sur le moral et le développement de leurs employés[6]. Avoir des salariés motivés représente un avantage concurrentiel. La productivité et la fidélisation des recrues les plus talentueuses s'en ressentent. De plus, dans un environnement commercial et professionnel qui se complexifie sans relâche et où la concurrence mondiale s'exacerbe sans répit, nous avons besoin de toutes les ressources d'intelligence, d'expérience et d'inventivité de nos équipes. Comment exploiter ces ressources ? Comment inciter nos collaborateurs à nous donner toute leur attention, à nous livrer toute leur créativité ?

Attention

Il y a, bien sûr, le vieux réflexe du bâton et de la carotte : les récompenses pour le bon travail et les punitions pour le mauvais. Pourtant, ces mécanismes ne produisent pas leur effet dans la durée s'ils ne sont pas accompagnés par d'autres formes de motivation. Plus efficaces pour la réalisation de tâches automatiques, ils marchent beaucoup moins bien quand il s'agit de stimuler la résolution de problèmes, la prise d'initiative et la mise en œuvre des facultés créatives. En général, les entreprises gaspillent beaucoup d'efforts et d'argent dans le domaine de la motivation des salariés. Soit parce qu'elles font trop peu et souffrent donc de niveaux de productivité trop bas. Soit parce qu'elles appliquent des mesures mal adaptées et investissent ainsi pour peu de bénéfices. Deux questions se posent : comment motiver autrui ? Pouvons-nous motiver autrui ?

Motiver *versus* se motiver

La motivation décrit une raison ou un désir qui déclenche une action et en détermine l'intensité dans la poursuite d'un objectif. J'arrête de fumer parce que je crains le cancer du poumon ou parce que je veux faire plus de sport, ou parce que mon ami(e) en a

6. Voir par exemple l'étude Gallup, « State of the American Workplace 2010-2012 », et l'étude « Global Workforce2020 » d'Oxford Economics et SuccessFactors.

horreur. Chez telle ou telle personne, une de ces raisons aura peut-être plus de force que les autres. Nos collaborateurs, tout comme nous-mêmes, ont des raisons et des désirs pour agir. Si nous avons la prétention de les motiver, nous devons faire appel à ces raisons et ces désirs.

De la « pyramide de Maslow » à l'« implication » des salariés

D'habitude, quand on parle aux managers de motivation, on leur montre la « pyramide de Maslow », ce schéma de la hiérarchie des besoins chez les êtres humains. Ici, nous nous garderons de la reproduire une énième fois. Tout en bas, la base de la pyramide représente les besoins physiologiques immédiats, comme la faim, la soif, le sexe... En remontant, on trouve ensuite le besoin de sécurité : un logement, un environnement stable... Plus haut, le besoin d'appartenance et d'amour. Plus haut encore, celui d'estime, de confiance et de reconnaissance. Au sommet, il y a l'accomplissement de soi. On nous gratifie habituellement de la révélation que, pour bien s'occuper des besoins en haut de la pyramide, il faut d'abord s'occuper de ceux en bas.

Certes, il est tout à fait normal qu'un employeur s'occupe des besoins matériels de ses salariés qui devraient au moins pouvoir se nourrir et se loger décemment. Ce n'est pas toujours évident dans certaines parties du monde. Mais cela représente une évidence. De plus, le schéma de Maslow date de 1943. Des décennies de recherche ont modifié ce que nous savons de la motivation. Maslow lui-même a stipulé que sa pyramide n'était pas à prendre dans un sens rigide. On ne satisfait pas ses besoins dans un ordre spécifique, strate après strate. Des besoins « supérieurs » peuvent perturber la satisfaction de besoins « inférieurs », comme chez un prisonnier politique qui fait une grève de la faim, ou un chez un manager ambitieux qui néglige l'affection familiale.

Si la pyramide de Maslow ne nous permet pas de mieux comprendre les sources de la motivation de nos salariés, elle ne nous renseigne pas non plus sur la manière dont la motivation se manifeste en entreprise. Ici, nous devons nous tourner vers ce que les Anglo-Saxons appellent *employee engagement* ou, en français, l'« implication » des employés dans leur travail. Il s'agit de savoir dans quelle mesure le salarié est prêt à investir son énergie et son intelligence dans la réalisation des tâches qui lui sont attribuées. L'implication du salarié connaît différentes phases et facettes. Il y a des périodes chaque jour, ou du moins on l'espère, quand un collaborateur connaît ce que le psychologue, Mihaly Csikszentmihalyi, appelle l'état de « flow » : un état d'absorption dans une activité, où les facultés de l'individu sont concentrées sur la réalisation d'une tâche stimulante sans avoir une sensation de difficulté excessive ni de facilité ennuyeuse. Parmi les autres aspects fondamentaux, on trouve l'empressement à prendre des initiatives et la capacité à s'adapter spontanément aux changements. L'*implication* et la *motivation* des salariés ne sont pas identiques à la *satisfaction* des salariés : on peut être très content au travail sans être très motivé ou très impliqué dans ses tâches. Être heureux *quand on est au travail* n'est pas la même chose que d'être heureux *dans son travail.*

Motivation « extrinsèque » et motivation « intrinsèque »

On catégorise les sources de motivation dans deux groupes, qui néanmoins s'influencent réciproquement :

» La motivation *extrinsèque* représente des influences qui viennent, non de l'individu, mais de sources extérieures à lui : un salaire, des récompenses, des pourboires ; des bons points, de bonnes notes, des médailles ; une autorité qui commande, conseille ou menace ; les encouragements ou l'adulation d'amis ou d'un public ; la désapprobation des autres, la honte devant le regard d'autrui ; l'émulation avec des rivaux...

» La motivation *intrinsèque* représente le désir d'exploiter ses talents, de relever de nouveaux défis, d'apprendre, de réussir.

Attention

Dans la majorité des cas en entreprise, on prend des mesures pour stimuler la motivation *extrinsèque*, en négligeant la motivation *intrinsèque*, tenue implicitement pour acquise.

L'exemple le plus évident de cette tendance, c'est l'argent. Certes, il faut que les salariés reçoivent un salaire. Il faut aussi qu'ils aient le sentiment d'être traités de manière juste. C'est ici que des questions de comparaison, de jalousie et de rivalité peuvent perturber les relations entre les employés et en démoraliser certains. Mais les rapports entre la rémunération, la motivation et la performance sont tout sauf simples. Toutes les études témoignent de la faiblesse du lien entre l'argent et la satisfaction au travail[7]. Augmenter le salaire d'un collaborateur n'entraîne pas une augmentation durable dans ses efforts, même si une hausse initiale peut en résulter. Le plus grave, c'est que, lorsque notre système de récompenses est trop focalisé sur les motivations extrinsèques, l'attention de nos collaborateurs est détournée de leurs motivations intrinsèques. Quand mes réussites sont récompensées uniquement par des primes et des bonus, j'oublie mes sources intérieures de motivation. De nos jours, on parle beaucoup dans le management de la *gamification* (on dit aussi en français, « ludification »), c'est-à-dire de l'application à l'activité des employés des principes présidant à la création des jeux vidéo, notamment les récompenses, les points et les titres. À part le fait que la gamification est sûrement plus complexe et plus riche qu'on ne croit, il faut beaucoup réfléchir avant de multiplier les sources de motivation extrinsèque, surtout à travers la rémunération et la compétition.

Truc

On n'achète pas la motivation et l'implication – ni avec de l'argent ni avec des médailles ! Ne négligeons plus les motivations intrinsèques. Plutôt que d'essayer de motiver les gens, créons les conditions où ils peuvent se motiver eux-mêmes.

7. Tomas Chamorro-Premuzic, « Does Money Really Affect Motivation ? A Review of the Research », *Harvard Business Review*, 10 avril 2013, en ligne : https://hbr.org/2013/04/does-money-really-affect-motiv.

Les trois grands leviers de la motivation intrinsèque

Lisez attentivement les phrases suivantes, en vous demandant si elles vous décrivent :

- » Je sais ce qu'on attend de moi au travail.
- » On m'écoute quand j'exprime des opinions sur des questions importantes.
- » Le travail me donne chaque jour l'opportunité de faire ce que je fais de mieux.
- » Mes collègues sont investis dans la réalisation d'un travail de qualité.
- » Au cours des sept derniers jours, la qualité de mon travail a été reconnue ou même louée.
- » Mon *n* + 1 semble s'intéresser à moi en tant qu'être humain.
- » Au cours des six derniers mois, un supérieur hiérarchique a discuté avec moi de ma progression dans l'entreprise.
- » Au travail, j'ai des opportunités chaque année pour apprendre et avancer.
- » La mission de notre entreprise m'inspire.

Les entreprises qui sont performantes et où l'implication des salariés est grande sont celles où les employés se reconnaissent volontiers dans ces descriptions. Celles-ci sont utilisées régulièrement dans des études sur l'implication des employés par les instituts de recherche et les cabinets spécialisés. Elles relèvent toutes d'un ou de plusieurs des leviers fondamentaux de la motivation intrinsèque.

Le trio gagnant

Résumant les fruits d'une grande quantité de recherches effectuées depuis trente ans, la spécialiste de la motivation, Susan Fowler, attire notre attention sur trois besoins fondamentaux qui stimulent et guident les activités humaines. Tous les managers doivent en tenir compte dans leurs efforts pour tirer le meilleur de leurs collaborateurs :

» *L'autonomie* : les gens préfèrent faire les choses de leur propre volonté, et non parce que quelqu'un leur a dit de les faire. Ce qu'ils font, ils choisissent de le faire.

» *La compétence* : les gens ont besoin de se sentir efficaces, d'exploiter leurs capacités, de pouvoir relever des défis quotidiens, de s'améliorer avec le temps, de trouver qu'ils évoluent, d'acquérir de nouvelles formes d'expertise.

» *La sociabilité* (*relatedness*, en anglais) : les gens ont besoin de s'intéresser aux autres, de s'occuper des autres, de sentir que les autres font la même chose en retour et d'avoir le sentiment de contribuer à quelque chose de collectif, de plus grand qu'eux.

Si nous pouvons mobiliser ces trois éléments, nous aurons plus de succès qu'en investissant dans un système de récompenses extrinsèques et, par-dessus le marché, l'approche intrinsèque nous coûtera moins cher et créera potentiellement moins de rivalités et de jalousies.

Truc

Au lieu de nous demander : « Que puis-je faire pour motiver mes collaborateurs ? », posons-nous la question suivante : « En leur fixant ce nouvel objectif, comment mettre en valeur leur sens de l'autonomie, de la compétence et de la sociabilité ? »

L'autonomie

Le manager peut-il prendre le risque d'avoir un peu moins l'air de commander aux autres ? Si oui, les gains en termes de motivation seront appréciables.

Une expérience d'économie comportementale

Histoire vraie

On demande à un groupe de volontaires d'écrire un numéro de loterie sur une feuille de papier et ainsi de créer un billet de loterie.

À un autre groupe, dans une autre pièce, on donne un billet de loterie avec déjà un numéro dessus.

Avant le tirage, on annonce aux participants qu'on va racheter leur billet. Des négociations serrées en résultent...

Les gens qui ont écrit leur propre numéro vendent leur billet au moins cinq fois plus cher que ceux qui ont reçu le leur. Les résultats sont systématiques, quel que soit le pays ou la culture.

Les gens préfèrent toujours ce qui vient d'eux-mêmes à ce qui vient d'autrui – au moins cinq fois plus !

* Scott Keller, « Increase your Team's Motivation Five-Fold », *Harvard Business Review*, 26 avril 2012, en ligne : **https://hbr.org/2012/04/increase-your-teams-motivation.**

Truc

Plutôt que de présenter la fixation des objectifs et la distribution des tâches comme étant des ordres ou des menaces, présentez-les comme des moyens de réussir dans l'entreprise :

> « Si vous voulez, comme nous tous, que ce projet réussisse, la meilleure contribution que vous puissiez apporter, c'est de... »

Parfois, après avoir expliqué le grand dessein avec suffisamment de clarté et d'enthousiasme, on peut confier aux autres le soin de décider pour eux-mêmes quelle sera la meilleure façon de réaliser la vision. On manage les autres en se taisant et en écoutant.

Quand c'est le silence du manager, le silence est d'or !

Histoire vraie

John Chambers, président et P.-D.G. de Cisco Systems, raconte comment, dans les premières réunions auxquelles il a assisté en tant que dirigeant, il s'impatientait devant les discussions des participants et finissait après dix minutes par les interrompre pour leur donner la « bonne » réponse au problème en question.

Pourtant, avec le temps, il a appris à laisser parler les autres jusqu'au bout. Il a découvert ainsi qu'ils arrivaient à des décisions aussi bonnes sinon meilleures que celles qu'il prévoyait lui-même.

En plus, ils se sentaient plus investis dans les tâches associées à ces décisions et les exécutaient plus rapidement*.

Les personnes sont généralement plus enclines à appliquer *leurs* décisions que *nos* décisions, même quand il s'agit des *mêmes* décisions.

* Bronwyn Fryer, « Cisco CEO John Chambers on Teamwork and Collaboration », *Harvard Business Review*, 24 octobre 2008, en ligne : **https://hbr.org/2008/10/cisco-ceo-john-chambers-on-tea.**

Quand les employés sont privés d'autonomie, l'acquisition de celle-ci devient une source puissante de motivation.

De la place en haut de l'échelle ?

Histoire vraie

Dans un grand cabinet d'audit, on a demandé aux managers de faire du commerce, de trouver de nouveaux clients. Ils ne comprenaient pas pourquoi : « Vendre, ce n'est pas notre métier ! »

Mais ils avaient l'ambition de progresser, d'être plus autonomes – en un mot, de devenir associés. Le problème est que le cabinet avait une structure pyramidale, et l'espace tout en haut, là où il y avait les associés, était très petit.

»

De la place en haut de l'échelle ? *(suite)*

Puis, un jour, ils ont compris que, pour qu'il y ait plus de place en haut pour plus d'associés, il fallait de la croissance. Tout de suite, ils se sont mis à faire du commerce avec joie et allégresse. Leurs propres intérêts étaient en jeu. Ces intérêts ne tournaient pas tellement autour de l'argent, mais autour du prix suprême : l'autonomie.

Truc

Une approche utilisée avec succès par certaines entreprises consiste à faire valoir les raisons pour lesquelles les individus se sont engagés dans un projet. On met ainsi l'accent sur le choix autonome des individus. Que ce soit sur le site de l'entreprise, sur les réseaux sociaux, lors d'un grand séminaire ou juste dans une conversation entre le manager et un de ses collaborateurs, inviter les gens à raconter leur engagement personnel souligne leur liberté et leur motivation propre. On peut leur poser des questions précises : « Pourquoi était-ce important pour vous de contribuer à ce projet ? Quels étaient les premiers signes de succès à vos yeux ? Que faire maintenant ? » Mettons toute la puissance du *storytelling* (voir chapitre 4) au service de l'autonomie !

La compétence

Pour faire appel au besoin de nos collaborateurs de se sentir *compétents* et d'exercer leurs *compétences*, il y a plusieurs approches à conjuguer :

- Lancer un défi réalisable.
- Leur faire voir les résultats de leur travail.
- Reconnaître et valoriser les efforts investis.
- S'occuper de leur développement et de leur progression.
- Exploiter le *storytelling*.

Truc

De la même façon que l'on ne présente pas les objectifs comme des ordres venant de l'extérieur, mais des conséquences de la volonté des collaborateurs de réussir pour eux-mêmes et pour le projet, on met l'accent sur leurs capacités uniques pour remplir les missions en question. En leur lançant un défi à la portée de leurs talents, on fait appel à leur besoin d'exercer leur créativité sur un problème stimulant et à leur amour du travail bien fait. Comme toujours, les questions ouvertes sont nos meilleurs alliés :

> « Pour atteindre cet objectif, comment vous y prendriez-vous, avec toute votre expérience de ce genre de problème ? »

> « Afin de tenir ce délai, je vois plusieurs options, mais quelle serait la meilleure approche selon vous ? »

> « J'étais franchement admiratif/ve devant le succès que vous avez eu avec le dernier projet. Je suis très curieux/se de savoir comment vous feriez dans le cas actuel ? »

Essayons ensuite de leur ménager des périodes d'activité en état de *flow*, sans trop les interrompre ou les déranger, afin qu'ils profitent de cette sensation très particulière d'exercer leurs talents. Pour que le sens du travail accompli, du défi relevé avec succès, soit bien ancré dans l'esprit des collaborateurs, il faut absolument qu'ils puissent voir les signes tangibles de leur succès, même s'il s'agit d'un domaine relativement abstrait comme, par exemple, l'informatique.

Voir c'est croire

Histoire vraie

Une série d'expériences conduites par le psychologue et spécialiste de l'économie comportementale, Dan Ariely et son équipe, a révélé combien les êtres humains sont motivés par le spectacle de leurs propres réalisations.

»

Voir c'est croire *(suite)*

Dans l'une d'entre elles, deux équipes sont payées au même tarif horaire pour monter des « Bionicles », ces figurines créées par Lego.

Dans le premier groupe, une fois que les figurines sont assemblées, les chercheurs les laissent devant les travailleurs, tout en les informant qu'elles seront démontées à la fin de la séance.

Dans l'autre groupe, dès qu'une figurine est terminée, les chercheurs la démontent immédiatement en donnant aux travailleurs un nouveau kit de montage. Les figurines démontées sont rendues par la suite aux travailleurs sous forme de nouveau kit.

Résultat : les équipes qui peuvent voir le spectacle de leur réussite fabriquent en moyenne 50 % de figurines de plus que les autres équipes – dans le même délai et pour le même salaire.

Truc

Ici, la grande question que le manager doit constamment se poser est : « Par quel (autre) moyen pourrai-je faire voir à mon équipe les signes tangibles de leur réussite ? »

Un projet est souvent divisé en étapes. Il faut donc montrer à notre équipe les résultats de chaque étape, pour qu'elle ait une idée claire des progrès qu'elle a accomplis.

Attention

Il ne faut pas trop fêter chaque jalon. L'esprit humain se convainc aisément, en imaginant la réalisation d'un projet, que celui-ci est déjà pratiquement terminé. « L'affaire est dans le sac ! » Par conséquent, le niveau de motivation baisse. Il faut donc éviter tout sentiment d'accomplissement prématuré. En montrant les preuves du progrès, il vaut mieux rappeler à nos collaborateurs le but, en réitérant notre confiance dans leur capacité à l'atteindre.

Une fois que le projet s'est concrétisé, ne ménageons plus nos louanges. La reconnaissance est indispensable pour valoriser les compétences. Le grand défi à relever pour le manager est de savoir qui féliciter, quand et de quelle manière. Dire « bravo ! » et « merci ! » constitue un bon début, mais cela ne peut pas suffire longtemps. Il faut chercher à rendre les félicitations crédibles par des explications : « Ce que vous avez fait m'a permis de.../a permis à l'entreprise de... » N'oublions pas de transmettre à nos collaborateurs les félicitations d'un client, d'un partenaire, d'un dirigeant ou d'un collègue dans un autre service. Et les grandes réussites méritent des récompenses et pas seulement pécuniaires : cherchons, par exemple, à obtenir de meilleurs outils pour notre équipe. Lui donner ce dont elle a besoin pour être productive et efficace est la meilleure façon de stimuler sa conscience de sa propre compétence.

Une autre façon de récompenser l'effort productif est de confier à nos collaborateurs de nouvelles responsabilités encore plus intéressantes. Nous activons cette force de motivation qui est galvanisée par l'idée de progression. Lésiner sur les ressources pour la formation et le développement personnel des employés a des effets négatifs sur la productivité. Ne manquons pas, à des intervalles réalistes mais réguliers, de leur donner des opportunités de se former et d'avancer dans leur carrière. Les interroger sur leurs ambitions et leurs intérêts professionnels représente un pas dans la bonne direction.

Discutons avec nos collaborateurs de leurs points forts et de la meilleure manière de les exploiter. Que personne ne marmonne, par exemple : « Je suis très bon (ne) avec les clients, on l'a reconnu, mais on me garde en *back office*... »

Truc

Donnons-leur non seulement des objectifs *de performance* – « Remplissez *n* rayons par plage de travail ! » – mais aussi des objectifs *d'apprentissage* : « Pourriez-vous trouver le moyen de traiter toujours autant de dossiers mais en respectant ce nouveau règlement plus compliqué ? » Et quelquefois, très simplement, au lieu de demander à un collaborateur : « Qu'avez-vous fait récemment ? », posons-lui la question suivante : « Qu'avez-vous appris ? » Encore une fois, nous pouvons exploiter le potentiel des histoires. Comme pour l'engagement personnel, invitons des équipes et des individus à raconter leurs triomphes sur l'adversité, leurs découvertes de nouveaux procédés ou leur transition réussie entre différents aspects de leur métier.

Ainsi, aux yeux de ses collaborateurs, le manager devient autant un coach à écouter qu'un chef à qui obéir. Certes, il y a des managers qui n'ont pas cette habitude ou qui n'ont pas été recrutés à l'origine pour faire preuve des capacités d'un coach. Pourtant, les gains en termes de motivation, d'implication et de fidélisation des employés sont appréciables.

La sociabilité

Pour tirer le meilleur parti de cette force motivante qu'est le besoin de chacun de se sentir proche des autres, de se soucier du bien-être des autres, et d'être payé en retour, il y a trois recours principaux :

» une noble cause qui inspire tout le monde ;

» un management de proximité ;

» la célébration des relations sociales.

La vision qui inspire notre entreprise, la grande idée qui justifie tous nos efforts, le « pourquoi » de tous nos projets (voir chapitre 1), représentent un engagement collectif qui nous réunit tous ensemble. En soulevant de nouveaux défis, le manager fait bien de les présenter d'un point de vue collectif. « Associez vos efforts à ceux de vos collègues, en vous engageant à... »

Truc

Quand il s'agit d'appels adressés aux sentiments de sociabilité et de solidarité, les managers ne comprennent pas d'emblée que leurs collaborateurs sont sensibles à différents groupes sociaux :

» la société et ses citoyens ;

» les clients ;

» L'entreprise ;

» l'équipe ;
» moi : l'individu.

Nos collaborateurs sont motivés, les uns par des questions de société, les autres par le souci du client, d'autres encore par l'esprit de corps de l'entreprise. Pour certains, c'est la loyauté envers l'équipe qui compte le plus, tandis qu'il nous arrive à tous, à un moment ou à un autre, de ne penser qu'à nos propres intérêts. Un message de motivation qui ne fait appel qu'à une seule forme de loyauté risque de ne toucher qu'une partie des troupes[8].

Expliquons les impacts de notre nouveau projet sur tous les groupes concernés ! Pour savoir quels sentiments animent le plus nos collaborateurs, interrogeons-les, non de manière trop directe, mais en papotant de temps en temps. Une bonne conversation nous permet de consolider des relations sociales et d'apprendre des informations importantes sur les motivations de nos collaborateurs, collègues et chefs.

Pour ce faire, il est nécessaire de pratiquer, dans une certaine mesure, un management de proximité. Nous ne pouvons pas passer tout notre temps en compagnie de nos collaborateurs, mais nous ne pouvons pas non plus garder une distance qui serait mal interprétée. Il faut connaître les gens qu'on prétend manager. Notre porte doit leur être ouverte, non en permanence, mais à des heures fixées par nous et que nous devons être les premiers à respecter. Au lieu d'exhiber notre portrait souriant sur le mur ou sur une page du site Web, montrons-nous en personne devant nos troupes et intéressons-nous à eux ! Les Anglo-Saxons parlent de *management by walking around* – on dit en français, « le management baladeur » – et une présence aux côtés de nos collaborateurs nous permet de voir comment les choses se passent chez eux et de construire des relations de confiance.

8. Carolyn Dewar, Scott Keller, « Four Motivation Mistakes that most leaders make », *Harvard Business Review*, 17 octobre 2011, en ligne : https://hbr.org/2011/10/four-motivation-mistakes-most/.

Quand l'hôpital ne se moque pas de la charité

Histoire vraie

Un nouvel administrateur en chef a été nommé à la tête d'un hôpital public en situation d'échec. Tous les indicateurs de qualité étaient au plus bas. Le personnel était démoralisé et très peu impliqué dans ses tâches. Le besoin d'améliorer la performance était urgent.

Au lieu de se concentrer ouvertement sur les chiffres et les systèmes de mesure, le nouvel administrateur s'est consacré à la construction de relations avec ses collaborateurs, avec les patients et avec les visiteurs. L'équipe de direction était très visible dans l'hôpital, tous les jours.

En moins d'un an, la situation avait été redressée et les indicateurs étaient au plus haut depuis des années. Le personnel avait retrouvé le moral.

Fêtons de temps en temps et de manière appropriée les relations sociales. Par exemple, un message reconnaissant le premier anniversaire dans l'entreprise d'une recrue récente peut avoir un impact positif sur l'esprit de corps et la fidélisation des employés.

N'oublions pas que les émotions sont collectives. Celles du manager en particulier, parce que, aux yeux de ses collaborateurs, il détient des informations privilégiées et son attitude donne le ton. Il ne faut donc pas montrer trop de pessimisme parce que cela pourrait déteindre sur les autres. Le manager, par déformation professionnelle, est un être optimiste.

Pour en savoir plus

Daniel Pink, *La Vérité sur ce qui nous motive* (Leduc.s).

Mihaly Csikszentmihalyi, *Vivre. La psychologie du bonheur* (Pocket).

Susan Fowler, *Why Motivating People Doesn't Work... and What Does. The New Science of Leading, Energizing, and Engaging* (Berrett-Koehler).

William H. Macey, Benjamin Schneider, Karen M. Barbera, Scott A. Young, *Employee Engagement. Tools for Analysis, Practice, and Competitive Advantage* (Wiley-Blackwell).

Testons nos connaissances

Test

❶ Lequel des besoins suivants n'est pas un des grands leviers de la motivation intrinsèque ?

- ❑ La sociabilité.
- ❑ La compétence.
- ❑ L'argent.
- ❑ L'autonomie.

❷ Lequel des éléments suivants est le plus important pour l'« implication » des employés :

- ❑ La satisfaction au travail.
- ❑ La rémunération.
- ❑ L'utilisation de leur créativité.
- ❑ Le respect des engagements auprès du client.

❸ En général, les gens exécutent plus volontiers les décisions quand celles-ci ont été prises par :

- ❑ une autorité puissante.
- ❑ leurs meilleurs amis.
- ❑ un comité d'experts impartiaux.
- ❑ les gens eux-mêmes.

❹ Le but principal du « management baladeur », c'est de :

- ❑ espionner les autres services.
- ❑ faire des économies.
- ❑ mieux connaître ses collaborateurs.
- ❑ éviter le travail.

1) L'argent.
2) L'utilisation de leur créativité.
3) les gens eux-mêmes.
4) mieux connaître ses collaborateurs.

DANS CE CHAPITRE

Savoir déléguer à nos collaborateurs

Contrôler leur travail

Donner du feedback utile dans la sérénité partagée

Évaluer les systèmes d'évaluation

Chapitre 8

Diriger et évaluer ses collaborateurs

Savoir déléguer des tâches aux collaborateurs offre deux avantages au manager :

» Quand nos collaborateurs ont plus de responsabilités et de pouvoir de décision, ils sont plus motivés, ils exploitent leurs compétences encore plus, et leur loyauté grandit.

» Le manager lui-même a plus de temps à consacrer aux objectifs à plus long terme et aux questions stratégiques.

En déléguant, le manager n'est plus perdu dans les détails de l'exécution, mais peut avoir cette vision globale des opérations qui lui permet de coordonner et de diriger son service ou son entreprise et d'anticiper l'avenir. Bien entendu, en confiant des missions à d'autres, il est quand même nécessaire de contrôler ce qui se passe, d'autant que nous ne pouvons pas être partout à la fois !

La délégation connaît des modalités différentes, et même opposées, selon les cultures organisationnelles. Dans les structures à l'organisation horizontale, où le management est plus « plat », comme on dit – le *flat management* des Anglo-Saxons – la délégation constitue la norme. Ici, la difficulté pour le manager consiste à ne pas savoir motiver et persuader les autres. La solution réside dans le questionnement, l'intelligence émotionnelle, la communication et la motivation (voir les chapitres 1, 3, 4 et 7).

En revanche, dans une organisation verticale, les collaborateurs s'attendent à moins d'autonomie et à plus de contrôle, mais pour que le manager arrive à déléguer, il faut qu'il sache lâcher prise, faire confiance aux autres et se concentrer sur son propre rôle. Comment donc déléguer en contrôlant les résultats ? Et ayant délégué et contrôlé, comment faire connaître à nos collaborateurs notre satisfaction ou notre insatisfaction ? Autrement dit, comment leur donner du *feedback* ?

Les managers investissent beaucoup de temps et d'énergie dans des systèmes d'évaluation des collaborateurs. Ces efforts se justifient-ils totalement par l'amélioration des performances ou, au moins en partie, par l'idée réconfortante que des contrôles en tant que tels sont en place ? En choisissant et en mettant en œuvre un système d'évaluation des performances, les managers ne doivent pas perdre de vue le but véritable de ce système. Comment trouver le juste équilibre entre la surveillance et la confiance, entre « fliquer » nos collaborateurs et se fier à eux ?

L'art de déléguer

Le premier devoir d'un manager, c'est de diriger le travail des autres. Mais il ne s'agit pas de se comporter comme un marionnettiste qui provoquerait chaque geste de ceux qu'il dirige. Il faut déléguer aux autres des tâches et des missions avec une certaine confiance. Pourtant, la tentation est grande de s'occuper de tout et d'imposer à ses collaborateurs son autorité et sa présence à chaque opportunité. Bref, de faire du *micro-management*.

Pathologie du micro-management

Attention

Le terme « micro-management » s'utilise pour décrire la façon dont certains managers – hélas trop nombreux ! – s'évertuent à contrôler de manière excessive les moindres détails de toutes ou de presque toutes les activités qui ont lieu dans leur unité opérationnelle ou leur entreprise. Les symptômes en sont les suivants :

» **Le manager s'immisce partout dans le travail qu'il est censé avoir confié à ses collaborateurs.**

» **Il est rarement satisfait de ce que font les autres.**

» **Il n'aime et n'accepte que ses propres façons de faire.**

» **Il a peur de donner de l'autonomie à ses collaborateurs.**

» **Il va jusqu'à faire les tâches de ses subordonnées à leur place.**

Le pire, c'est que, souvent, le micro-manager n'est même pas conscient de son fanatisme. Il trouve parfaitement normal ce qu'il fait et ne se considère pas comme un micro-manager. Certes, il y a des moments où il faut être très présent pour son équipe, mais cette volonté d'omniprésence a deux conséquences potentiellement très graves :

» **Les collaborateurs sont stressés, démotivés et finissent par ne pas apprécier le leadership de leur supérieur hiérarchique.**

» **Le manager, en entravant l'efficacité de ses subordonnées, néglige son propre rôle et la nécessaire hauteur de vues qui y est associée.**

Expliquer les dangers du micro-management a peu d'effet sur qui souffrent de cette affliction sans le réaliser. Il faut voir les dangers en question. Regardons le cas édifiant d'Alain en nous demandant si nous lui ressemblons ou si nous voulons finir comme lui :

Portrait d'un micro-manager

Histoire vraie

Dès sa nomination, Alain était considéré comme une étoile montante dans l'entreprise. Il avait les meilleurs diplômes et les meilleures recommandations. Il ne cachait pas son ambition, mais on trouvait ça tout à fait naturel chez quelqu'un d'aussi brillant.

Au jour le jour, Alain s'intéressait à tout ce qui se passait dans son service. Il voulait tout savoir, tout apprendre. Il était partout à la fois. Chacun de ses collaborateurs était honoré d'une visite personnelle, plusieurs visites même. Plutôt que de se cacher dans son bureau, comme son prédécesseur, Alain venait à la rencontre de tout le monde. Quelle boule d'énergie ! Quel investissement dans son travail ! Quel dévouement à ses équipes !

Après quelques mois, la présence d'Alain devenait… encombrante.

Il permettait rarement à ses collaborateurs de faire leurs tâches sans expliquer préalablement, avec un luxe de détails, comment il fallait procéder. Quelquefois même, il les regardait faire, ce qui était très gênant. Et quand il n'était pas là, il exigeait qu'on l'informe régulièrement de tous les progrès accomplis. Ses collaborateurs travaillaient toujours aussi bien, mais se sentaient stressés et avaient du ressentiment à l'égard de ce manager envahissant.

Les résultats d'Alain étaient très bons, meilleurs que ceux de son prédécesseur. Pourtant, il contribuait peu aux réunions avec ses collègues et chefs : il n'avait pas le temps de penser à des questions autres que celles portant sur son propre service.

Ses supérieurs hiérarchiques ont fini par conclure : « Nous nous sommes trompés sur Alain. Ce n'était pas une étoile montante. C'est un bon manager opérationnel. Mais il n'a pas ce qu'il faut pour s'occuper des grandes questions stratégiques de notre entreprise. Qu'il reste là où il est. Nous avons maintenant de nouvelles étoiles montantes… »

Les sources d'erreur les plus fréquentes du micro-manager et de toute personne qui répugne à déléguer sont les suivantes :

- Il pense qu'il faut *tout* déléguer aux collaborateurs ou *rien*. Il n'existe pas de moyen terme entre ces deux extrêmes. Naturellement, *tout* déléguer fait peur au manager.
- Il ne comprend pas du tout le rôle du sentiment d'autonomie dans la motivation des salariés. Si ceux-ci se démotivent, croit-il, c'est qu'il leur faut encore plus de surveillance. Par conséquent, les choses vont s'aggravant...
- Il sent obscurément que, si le collaborateur réussit la tâche tout seul, le manager ne sera plus indispensable à l'organisation. Ou, pire, que le collaborateur aura tout le crédit de l'action réussie et le manager rien.

Ce sont surtout des questions de confiance – en soi et dans les autres. Gardons nos interventions pour les moments où elles seront vraiment utiles. N'essayons pas de déléguer trop de tâches. Il ne faut pas surcharger nos collaborateurs. Mais ceux-ci s'attendent à ce que nous leur indiquions quelles sont les actions les plus importantes pour notre unité ou pour notre entreprise. À la différence d'Alain, focalisons-nous sur ce qui ne peut pas être délégué à un subordonné : le long terme, la stratégie, l'évaluation et la discipline, le rôle de coach par rapport à nos subordonnés. Décidons ensuite des tâches que nous pouvons déléguer, des personnes capables de les réaliser et du système de contrôle le plus adapté.

Pour guérir du micro-management ou pour réduire le risque de devenir un micro-manager, voici les mesures à prendre :

- Identifier les aspects du travail de nos équipes où nous pouvons ajouter le plus de valeur : la stratégie générale, la fidélisation des clients les plus importants, l'innovation...
- Catégoriser les collaborateurs selon le degré de responsabilité que nous croyons pourvoir leur confier.
- Favoriser l'autonomie des collaborateurs, même si c'est de façon graduelle, en leur expliquant surtout les *raisons* des objectifs qui sont fixés et en leur laissant le choix des *moyens* de les réaliser.
- Bien choisir et doser les moyens de contrôle.

» Distinguer entre la *qualité* des résultats du travail et la *manière* dont le collaborateur l'a réalisé. Si la manière n'est pas la nôtre, la qualité peut très bien satisfaire à nos exigences.

Les étapes essentielles de la délégation

Une fois que nous avons décidé de déléguer, comment s'y prendre ? Avant de discuter avec le ou les collaborateur(s) choisi(s), réfléchissons aux questions ci-dessous. Nos réponses fourniront le fil rouge de la conversation :

» À quoi sert la tâche qu'on délègue ?

» Quelle autorité confions-nous à notre collaborateur pour réaliser cette tâche ?

» Avec qui le collaborateur devra-t-il travailler ?

» Quelles sont les étapes clés dans la réalisation de cette tâche ?

» Pour quels aspects le collaborateur a-t-il besoin de notre feu vert avant d'agir ?

» À quels moments et par quels moyens le collaborateur doit-il nous informer de l'état d'avancement du travail ?

» Quels sont les critères de succès dans la réalisation de cette tâche ?

À certaines des réponses à ces questions, nous pouvons, dans une certaine mesure, associer les collaborateurs en question. C'est une façon de les impliquer dans le processus, de leur montrer de la confiance et de les motiver. Étant arrivé à un accord, il faut obtenir un engagement clair des collaborateurs, au besoin sous la forme d'un document écrit, sans ambiguïté, signé par les deux parties.

Fixer des objectifs de manière concrète

Attention

Un élément essentiel de la fixation des objectifs consiste à être le plus concret possible. Sinon, on s'expose aux méfaits d'une certaine tendance fondamentale dans les affaires humaines.

Figure 8-1

Schéma de la grande loi de la causalité humaine.

Il est absolument essentiel que les instructions soient claires. Il faut donc que le manager et son collaborateur ou son équipe partagent la même compréhension de ce qu'il y a à faire, des moyens pour y arriver et des délais en question.

Les objectifs SMART pour un collaborateur individuel

L'acronyme SMART, présenté au chapitre 5 dans le contexte des objectifs d'une entreprise ou d'une unité opérationnelle, est également pertinent pour concrétiser un objectif qu'on fixe pour un collaborateur ou une équipe. Commençons par un objectif plutôt vague :

» **Améliorer le système de communication digitale de notre cabinet de consultants.**

Cet objectif pose trop de questions : quelles sont la définition précise et la portée de ce « système de communication digitale » ? Quel est le sens exact d'« améliorer » dans ce contexte ? Pourquoi l'améliorer ? Quels sont les critères permettant de définir une amélioration suffisante ? Pour quelle date ?

Essayons de nouveau :

» **Puisque notre cabinet de consultants a besoin de mieux se faire connaître sur les réseaux sociaux, afin d'attirer l'attention de nouveaux clients et associés potentiels, il faut que nos pages et groupes sur LinkedIn et Facebook, ainsi que notre compte Twitter, soient alimentés régulièrement par des posts ayant la forme de récits intéressants (soit des textes, soit des vidéos) portant sur nos activités professionnelles, qui peuvent être commentées et partagées.**

Maintenant sous forme d'objectif SMART pour notre collaboratrice, Sarah :

Critère SMART	Action
Spécifique	Exploiter les réseaux sociaux afin de mieux faire connaître nos activités auprès de nos futurs clients et associés potentiels, pour que nous puissions développer nos activités commerciales et de recrutement.
Mesurable	Deux posts par semaine sur LinkedIn, un texte (de 400 mots) et une vidéo (de trois minutes), relayés sur Facebook et Twitter, partagés par tous les associés sur leurs propres réseaux personnels. Sarah doit solliciter deux associés chaque semaine pour produire une vidéo.
Atteignable	Nous avons 25 associés ayant chacun un réseau sur LinkedIn comportant entre 250 et 750 contacts. Après deux mois, nous visons 500 vues par post, 75 « likes » et 30 commentaires.
Relevant = pertinent	C'est un impératif stratégique que de développer notre présence sur les réseaux sociaux. Sarah a une formation adaptée et est équipée du matériel technique nécessaire. Elle devrait avoir accès chaque semaine à deux associés.
Time-bound = le délai fixé	À partir du 1er du mois prochain, deux posts par semaine, le lundi et le jeudi. Sarah établira avant le 25 de ce mois un calendrier de rendez-vous avec deux associés par semaine. Sarah m'informera chaque semaine du nombre de vues, « like » et commentaires de nos posts. Nous revisiterons cette politique après deux mois.

Il s'agit ici d'un objectif de performance, d'un certain nombre de tâches à réaliser. On peut fixer un objectif d'apprentissage – un processus à apprendre ou à inventer – pour Sarah : maîtriser l'utilisation d'une nouvelle caméra et d'un logiciel de montage dernier cri.

Fixation d'objectifs annuels

À part la fixation des objectifs qui arrivent tout naturellement dans le cours des événements, au jour le jour, l'entretien annuel entre le manager et le collaborateur peut être aussi l'occasion de parler de certaines missions à plus long terme qu'on confie à ses subordonnés. Ici, la fixation des objectifs prend la forme d'une sorte de contrat avec le collaborateur sur la nature de sa contribution au cours de l'année à venir. Les bienfaits de cette approche sont les suivants :

» **Permettre au collaborateur de renouer avec la vision de l'entreprise et son propre engagement au service de cette vision.**

» **Focaliser l'attention du collaborateur sur des activités précises.**

» **Créer un défi stimulant pour ses compétences.**

» **Valoriser son potentiel.**

» **Réduire l'ambiguïté quant aux véritables priorités du collaborateur, souvent une source de stress pour lui.**

» **Améliorer la performance.**

Quand un objectif a été fixé et que le résultat a été contrôlé selon les critères établis en commun par le manager et son interlocuteur, le moment arrive d'apprendre à notre collaborateur ce que nous en pensons : l'heure du *feedback* a sonné.

Donner du *feedback*

Qu'il s'agisse d'entretiens annuels ou de séances de *feedback* plus spontanées, l'exercice en question est presque toujours considéré comme :

» une épreuve à subir ;

» une corvée à supporter ;

» une combinaison des deux.

Ce point de vue est partagé autant par ceux qui donnent le *feedback* que par ceux qui le reçoivent. Pourquoi tant de préjugés négatifs ?

Les enjeux psychologiques et professionnels du *feedback*

Le fait d'être l'objet de jugements – surtout quand ces jugements peuvent avoir une influence sur notre carrière professionnelle – déclenche presque inévitablement chez l'être humain des réactions psychologiques automatiques. Souvent, les remarques négatives peuvent avoir plus impact que les remarques positives, même quand celles-ci sont qualifiées de « critiques constructives » ou de « points d'amélioration ». On se sent mal compris, pas apprécié à sa juste valeur, menacé. Le niveau de stress monte. La réaction la plus immédiate consiste à se défendre et en particulier à se justifier : quand les choses vont bien, c'est grâce à nos talents et compétences ; quand les choses vont mal, c'est à cause des actions des autres ou des circonstances défavorables. Nous rejetons donc la faute sur d'autres, nous devenons acerbes, agressifs même. Le manager ne peut pas se trouver en face de quelqu'un qui trahit des signes de stress sans que ces signes se communiquent dans une certaine mesure à son propre corps. Il ne peut pas être le témoin des réactions défensives de son interlocuteur sans recevoir au moins une partie de cette décharge émotionnelle.

Pour les deux parties donc, une séance de *feedback* est rarement anodine. Trop fréquemment, le manager essaie tellement de faire passer la pilule en entourant ses critiques apparentes de précautions oratoires et d'éloges forcés, que les choses les plus importantes ne sont pas vraiment dites. Quand il n'y a rien de dramatique à annoncer, l'entretien annuel, par exemple, devient une corvée dont il faut vite se débarrasser pour retourner au « vrai » travail. Pourtant, on ne peut pas déléguer, on ne peut pas manager, sans donner de *feedback*. Les systèmes d'évaluation, annuels ou autres, ont été institués pour une raison. Le manager finit dans une situation paradoxale : pour éviter l'impact apparemment désagréable d'un exercice, il est obligé de priver cet exercice de son utilité réelle.

Comment sortir de ce dilemme ?

Dilemme

La solution, c'est d'abord de redécouvrir tout le côté positif du *feedback*, son rôle essentiel dans le management, pour pouvoir mieux l'exploiter. À cette fin, changeons d'attitude face à l'idée d'« erreur ». Voici les bienfaits des erreurs et de notre capacité à reconnaître les nôtres :

» Chaque erreur représente une opportunité pour apprendre.

» Les erreurs préparent un meilleur avenir, en nous apprenant ce qui marche et ce qui ne marche pas.

» En acceptant nos erreurs, nous reconnaissons que nous sommes faillibles, comme tous les êtres humains : nous apprenons à faire face à notre peur de l'échec.

» Reconnaître l'erreur nous permet parfois de corriger quelque acte d'inattention dont nous ne voulons pas parler et qui pourtant nous ronge de l'intérieur, qui nous empêche peut-être de bien dormir.

» Reconnaître l'erreur nous permet de faire face à des responsabilités dont nous préférerions nous cacher le reste du temps.

» Une erreur constitue une occasion de regarder la vérité en face et d'être honnête.

» Reconnaître une erreur est une opportunité pour gagner le respect des autres et nous construire une réputation d'intégrité.

» Reconnaître une erreur nous permet d'inspirer les autres.

Afin d'exploiter tout le potentiel du *feedback*, que ce celui-ci soit positif ou négatif, le manager doit considérer d'abord comment son collaborateur va se sentir dans cette situation. Le manager doit préparer les choses pour réduire le stress et l'impact des émotions et permettre à *tous* les participants de tirer le bénéfice pédagogique de cet exercice. Voici quatre recommandations :

» Donner du *feedback* beaucoup plus régulièrement, pour qu'il devienne quelque chose de normal, de routine. Créer ainsi une culture de *feedback*, où les gens s'attendent à ces conversations et connaissent bien leurs modalités.

» Se rappeler et rappeler aux autres que le but du *feedback*, ainsi que des entretiens annuels, est d'encourager les bonnes performances.

» La question fondamentale de toute séance de *feedback* est : « Qu'avons-nous appris ? »

» Faire des séances de *feedback* et des entretiens annuels, non une occasion où un supérieur hiérarchique gratifie un subordonné de ses jugements sur lui, mais une discussion entre deux personnes.

Pour l'entretien, il y a des protocoles à suivre qui sont relativement simples mais stricts.

Reconnaître l'honnêteté

Anecdote du professeur qui ramasse les copies lundi matin.

Élève (*qui n'a pas de copie à rendre*) — J'ai pas fait mon devoir !

Professeur — Attention à ce que vous allez répondre. Vous aurez ou 10 ou zéro. Pourquoi n'avez-vous pas de copie ?

Élève — Je n'ai pas eu le temps.

Professeur — Vous aurez zéro, mais vous auriez pu avoir 10 si vous m'aviez dit : « Je n'ai pas pris le temps ! »

Les règles du *feedback*

En général, le *feedback* doit être donné en temps opportun et rester centré sur les comportements que le collaborateur peut modifier. La discussion met l'accent sur les analyses plutôt que sur les opinions. Les remarques du manager, même quand elles sont positives, doivent être mesurées. Le manager invite son interlocuteur à s'exprimer sur tous les faits soulevés et procède normalement par des questions ouvertes. Voici les règles d'or :

1. **L'entretien se prépare : le manager recueille tous les faits pertinents, rassemble les documents nécessaires.**

2. **La discussion a lieu à huis clos, jamais en public.**

3. **Le collaborateur est accueilli de manière positive ou neutre mais jamais négative.**

4. **Le manager commence en exposant des faits spécifiques et documentés, qu'ils soient négatifs ou positifs.**

5. **« Faire » plutôt qu'« être » : on ne parle pas de ce qu'*est* le collaborateur – « génial », « incompétent »… – mais de ce qu'il a *fait* : son devoir, une erreur, une innovation…**

6. **On évite les mots à la fois trop vagues et trop formels ou définitifs : « ce n'est pas professionnel ! », « toujours en retard ! », « jamais à votre poste ! »**

7. **Après avoir évoqué un fait ou un témoignage, le manager invite la réaction de l'autre – et l'écoute !**

8. **Le manager ne manque pas de valoriser ce qui est bien.**

9. **Quand une erreur est reconnue, le questionnement ouvert du manager vise l'amélioration des choses dans l'avenir, plutôt que l'auto-justification du collaborateur, tournée vers le passé.**

10. **On invite son interlocuteur à faire des propositions concrètes et réalistes pour améliorer la situation. On peut les situer dans le contexte des aspirations du collaborateur et de son engagement en faveur du grand projet de l'entreprise ou de votre unité opérationnelle.**

⓫ **Dans la mesure du possible, le manager peut proposer son aide dans la réalisation de la plus concrète des propositions de son collaborateur.**

⓬ **Le manager obtient un engagement de la part de l'autre, si nécessaire à travers un objectif SMART.**

⓭ **Si c'est nécessaire et approprié, les participants signent un compte rendu de la discussion et des objectifs.**

⓮ **Le manager suit les développements ultérieurs.**

Que faire quand le manager n'a que du *feedback* négatif à donner, peut-être après un incident particulier ?

Donner du *feedback* négatif

Quand nous avons à réprimander un collaborateur, nous sommes presque toujours impatients d'être débarrassés d'une tâche aussi désagréable. Le résultat en est souvent que les choses se passent moins bien que prévu, soit parce que la situation devient émotionnellement très pénible, soit parce que nous n'arrivons pas à faire passer notre vrai message. Notre impatience d'en finir est fondée la plupart du temps sur deux suppositions erronées :

» **On imagine que le collaborateur ne sait pas qu'il y a un problème. En réalité, il en est souvent conscient mais a du mal à en parler et à y remédier. L'objectif du *feedback*, c'est précisément de l'aider dans son dilemme.**

» **On imagine que le processus sera moins pénible pour le collaborateur (ou pour le manager ?) si c'est vite terminé. Pourtant, il ne s'agit pas d'annoncer à l'autre une mauvaise nouvelle, mais de l'amener à comprendre quelque chose, en lui donnant aussi l'impression qu'il est écouté. Les employés considèrent le *feedback* d'un manager qui les écoute comme plus fiable que celui d'un manager qui ne les écoute pas.**

Voici les conseils les plus importants pour une séance de *feedback* négatif :

- Le *feedback* négatif ne doit pas être la norme mais il doit être donné chaque fois que c'est nécessaire.
- Il faut agir vite et en temps opportun. Il n'y a que deux raisons valables pour attendre : on a besoin de temps pour documenter les faits ; l'incident a provoqué de vives émotions et tout le monde doit se calmer avant d'en discuter.
- N'accumulez pas des raisons de donner du *feedback* négatif en attendant, par exemple, l'entretien annuel ou un autre prétexte commode. Submerger le collaborateur sous un torrent de reproches risque d'empirer les choses.
- Le *feedback* négatif ne doit pas être un prétexte pour passer sa colère sur quelqu'un. Il doit être donné à tête reposée.
- La préparation par le manager et sa documentation sont irréprochables.
- Le *feedback* négatif est donné en tête à tête, jamais par e-mail.
- S'il y a quelque chose de positif, commencez par le dire, mais sans trop vous y attarder.
- Ne commencez pas en disant : « Il y a un problème ! » On cherche la cause, pas la faute.
- Attirez l'attention de votre interlocuteur sur des faits. Invitez-le à en considérer les conséquences.
- Dans les moments difficiles, utilisez la pince (voir chapitre 4).
- Demandez à votre interlocuteur de paraphraser les choses les plus importantes qui viennent d'être dites pour être sûr qu'il en ait la même compréhension que vous.

Considérons un exemple de début d'entretien.

Un dialogue apaisé au sujet d'une prise de bec

Histoire vraie

« Bonjour, Stéphane. Asseyez-vous.

— Merci, Madame Nguyen.

— Permettez-moi de dire d'abord que, en général, les rapports de votre superviseur sont toujours aussi élogieux à votre égard, Stéphane.

— Merci, Alice.

— J'étais donc étonnée de recevoir la plainte d'une cliente. Avez-vous pris connaissance du texte de cet e-mail ? »

Elle passe une feuille A4 à Stéphane, qui répond sur un ton soudain stressé : « Oui, Madame.

— Rassurez-vous, Stéphane, nous sommes là pour en parler et trouver une solution ensemble. Rappelez-vous l'incident en question qui a eu lieu mardi dernier ?

— Oui, mais ce n'était pas de ma faute. Il y avait une affluence de clients à ce moment-là et Monique avait pris sa pause... »

Stéphane ayant apparemment un fort besoin d'extérioriser des émotions longtemps contenues, Alice décide de ne pas l'interrompre. Puis, une fois qu'il a terminé : « Je comprends votre émotion. Un tel incident est stressant pour quelqu'un qui a votre conscience professionnelle. Y a-t-il des raisons pour croire que vous n'avez pas formulé cette réplique très vive que, selon la cliente, vous lui aviez adressée ?

— Non... Mais elle a été très mal polie avec moi...

— Oui, cela arrive dans notre métier Stéphane. Quelles seront les conséquences si nous réagissons à chaque fois de cette manière ?

— Il y aura plus de plaintes... encore plus de stress pour moi et les collègues... Les gens ne viendront plus dans notre magasin... Remarquez, des gens comme elle, bon débarras !

— Et si elle, comme vous à ce moment-là, avait des raisons d'être stressée ?

— Ah oui... C'est vrai... »

Ici, une véritable conversation a été engagée entre le manager et son collaborateur. Celui-ci commence à se sentir soulagé d'un poids qui pesait sur lui depuis plusieurs jours et qui le faisait douter de ses compétences professionnelles. Il est en train d'apprendre quelque chose d'important pour son métier. Il est prêt pour prendre un engagement positif et concret.

Les systèmes d'évaluation des salariés

Les managers ont à leur disposition toute une série de systèmes d'évaluation. Ils doivent choisir celui qui est le plus adapté à leurs besoins. En voici des exemples très répandus :

- **L'évaluation par le manager :** hiérarchique, pas très participatif ; peut provoquer des résistances chez les collaborateurs.
- **L'auto-évaluation par le collaborateur :** encourage les gens à se promouvoir et à expliciter leurs capacités ; peut présenter des différences intéressantes par rapport à l'évaluation par le manager.
- **L'évaluation du collaborateur par ses pairs,** c'est-à-dire par ceux qui font des tâches similaires dans d'autres services. Il faut se demander si les tâches sont vraiment similaires et si les autres connaissent le collaborateur en question.
- **L'évaluation du collaborateur par son équipe,** par ceux qui travaillent avec lui mais font des tâches différentes. Il faut se demander s'ils comprennent ce que fait ce collaborateur.
- **L'évaluation à 360° :** on interroge tous ceux qui interagissent avec le collaborateur. C'est un processus qui peut coûter cher et qui est normalement réservé à des personnes clés ou à des environnements qui dépendent des interactions entre les individus. Les personnes qui donnent le *feedback* ont souvent besoin d'une formation pour juger les compétences du collaborateur plutôt que sa personnalité.
- **L'évaluation par un *assessment center*,** c'est-à-dire par des spécialistes de l'évaluation professionnelle.

» **Le « management participatif par objectifs »** (voir chapitre 1) : on mesure la réalisation par le collaborateur des objectifs fixés préalablement avec le manager. Cette approche présente l'avantage d'encourager un feed-back régulier.

Simplifier le système : le cas de Deloitte

Selon le système d'évaluation traditionnel, les objectifs étaient fixés en début d'année et les individus évalués par leurs chefs de projet en fin d'année. Les scores étaient totalisés et alimentaient un grand processus final de délibération.

Le cabinet a calculé que chaque année ce processus coûtait 3 millions d'heures de travail, consacrées à des discussions entre les managers au sujet des modalités du processus et de ses résultats. À part les efforts immenses qu'il nécessitait, le système était tourné plutôt vers le passé que vers l'avenir, ne donnait que des jugements annuels et restait fondé néanmoins sur des appréciations subjectives.

La réponse était d'interroger moins de personnes – pour chaque collaborateur seulement son supérieur hiérarchique – et de poser moins de questions. Chaque manager est désormais invité à réagir à quatre phrases, en indiquant dans quelle mesure il est d'accord ou non avec elle par rapport à tel ou tel collaborateur :

1) « Je donnerais à cette personne la meilleure rémunération possible. »

2) « Je voudrais toujours avoir cette personne dans mon équipe. »

3) « Cette personne présente un risque de sous-performance. » Le problème est spécifié.

4) « Cette personne mérite une promotion aujourd'hui. »

Les données de ce questionnaire fournissent le point de départ d'une discussion avec le collaborateur*.

* Marcus Buckingham, « Reinventing Perforamnce Management », *Harvard Business Review*, avril 2015.

Parfois, on peut se demander si les entreprises et d'autres organisations n'ont pas créé une culture de contrôle excessive, une bureaucratie de la mesure des performances qui à la fin se révèle contre-productive ? Une réponse concrète à ces interrogations consiste à évaluer son système d'évaluation, comme cela a été fait par Deloitte, le grand cabinet d'audit et de conseil.

Devant les doutes que nous pouvons avoir, il ne s'agit pas d'abandonner toute forme d'évaluation, mais de poser la question suivante : « Quel est le système d'évaluation qui aura l'impact le plus positif sur notre *performance future* ? »

Pour en savoir plus

John Beeson, « Stop Micromanaging and Learn to Delegate », *Harvard Business Review*, 25 octobre 2012, en ligne : **https://hbr.org/2012/10/to-get-ahead-learn-to-delegate**.

Carol Tavris, Elliott Aronson, *Les Erreurs des autres. L'autojustification, ses ressorts et ses méfaits* (Markus Haller).

Ed Batista, « Make Getting Feed-back Less Stressful », *Harvard Business Review*, 8 août 2014, en ligne : **https://hbr.org/2014/08/make-getting-feed-back-less-stressful/**.

Jack Zenger, Joseph Folkman, « The Assumptions That Make Giving Tough Feed-back Even Tougher », *Harvard Business Review*, 30 avril 2015, en ligne : **https://hbr.org/2015/04/the-assumptions-that-make-giving-tough-feed-back-even-tougher**.

Test

Testons nos connaissances

1 Laquelle des phrases suivantes représente la meilleure façon de commencer une séance de *feedback* ?

❑ « Il y a un problème. »

❑ « Je pense que vous avez déjà pris connaissance de cet e-mail. »

❑ « Sur le plan professionnel, votre conduite laisse toujours à désirer. »

❑ « Je vais vous demander de justifier votre comportement. »

2 Lequel des objectifs suivants est le plus concret ?

❑ « Améliorer votre productivité. »

❑ « Améliorer votre productivité pour satisfaire aux nouvelles exigences des clients dans un contexte très concurrentiel. »

❑ « Être à même de traiter 10 % de dossiers en plus par jour avant le 1er février. »

❑ « Pour satisfaire aux nouvelles exigences des clients, et en profitant du nouveau système informatique simplifié, arriver à traiter 5 dossiers en plus par jour avant le 1er février. »

3 Lequel des éléments suivants ne constitue pas un des bénéfices de l'entretien annuel ?

❑ Améliorer la compréhension par le collaborateur de ses missions.

❑ Consolider ce qui a été appris par le collaborateur au cours de l'année passée.

❑ Relever toutes les fautes commises par le collaborateur au cours de l'année passée.

❑ Préparer l'année à venir.

1) « Je pense que vous avez déjà pris connaissance de cet e-mail. ».
2) « Pour satisfaire aux nouvelles exigences des clients, et en profitant du nouveau système informatique simplifié, arriver à traiter 5 dossiers en plus par jour avant le 1er février. ».
3) Relever toutes les fautes commises par le collaborateur au cours de l'année passée.

DANS CE CHAPITRE

Créer un climat de confiance

•

Intégrer tous les membres de l'équipe

•

Exploiter l'intelligence collective

•

Tenir des réunions productives

Chapitre 9
Travailler en équipe

Pourquoi travaillons-nous en équipe ? Pour additionner nos efforts et nos compétences spécifiques, mais aussi pour partager notre intelligence, nos informations et nos perspectives. Comment arrivons-nous à concrétiser ce panorama idyllique ? En nous faisant confiance les uns les autres, en communiquant entre nous d'une manière aussi claire que polie, et en exploitant notre sagesse collective pour prendre des décisions éclairées. Avec un programme aussi positif, qu'est-ce qui pourrait mal tourner ? Beaucoup de choses :

- Un climat de méfiance réciproque.
- Des individus qui ne semblent pas jouer le jeu, qui sont trop individualistes, trop critiques des autres, incapables d'écouter.
- Des formes d'interaction, notamment les réunions (en face-à-face ou à distance), qui ne permettent pas d'exploiter le potentiel de tous les participants.
- Des pièges psychologiques et sociaux qui entravent un raisonnement clair et juste.
- Des décisions erronées.

En dirigeant son équipe, le manager se doit de créer les conditions de nature à éviter ces dérives.

Se faire confiance

La confiance, c'est très précisément notre attente de comportements coopératifs de la part des autres. Le manager, pour que chaque membre de son équipe se sente en confiance avec son chef et avec ses collègues, fait appel à toutes les ressources de son leadership personnel (voir chapitre 2).

Le leader donne le ton

Dès qu'une équipe est constituée ou qu'une équipe existante reçoit un nouveau chef, le manager doit créer un climat de confiance aussitôt que possible, en valorisant les compétences de tous les membres et en fixant des objectifs qui sont clairs pour tout le monde.

» **Même le ton de la voix du manager, quand il s'adresse à ses troupes, exerce une influence directe sur l'ambiance. Inconsciemment, nous pouvons projeter facilement de la tension ou de l'arrogance par une tonalité mal maîtrisée. Travailler sa voix n'est pas du tout du temps perdu !**

Deux aspects opérationnels des activités de l'équipe méritent une attention particulière :

» **La communication entre les membres : les formes d'interaction (messagerie, face à face, « webinaire », plateforme collaborative, ou réseaux sociaux) et les modalités (horaires, disponibilités ou temps de réponse) doivent être clairement établies.**

» **Le « partage du pouvoir » : le manager permet à des individus ou à des sous-groupes de prendre le *lead* sur certaines questions et il fait tourner ce privilège apparent pour que tous les coéquipiers en aient l'expérience et le bénéfice.**

Les personnalités apparemment difficiles

Tous les membres de nos équipes ne sont pas des modèles de vertu ou des experts en intelligence émotionnelle – loin de là ! – mais cela ne veut pas dire qu'ils n'ont pas une contribution aussi vitale qu'unique à apporter à l'effort collectif. Puisque le manager est un joueur d'échecs et non de dames, il ne traite pas ses collaborateurs comme des clones. Il cherche pour chacun le rôle qui lui permettra de s'épanouir en exploitant ses dispositions particulières. Même avec des personnalités aux extérieurs rébarbatifs, il suffit très souvent de trouver la clé qui ouvre la porte sur leur valeur ajoutée.

Histoire vraie

L'« esprit qui toujours nie » : l'histoire de Jean-Pierre

Témoignage d'un consultant

J'accompagnais une banque dans la réorganisation de ses services en *back office*.

On avait constitué un comité de pilotage dont les membres se réunissaient tous les jeudis. Un des participants, Jean-Pierre, ne manquait pas, à chaque occasion, de torpiller toutes les productions des autres, sans rien proposer lui-même. Au bout de peu de temps, les coéquipiers de Jean-Pierre étaient découragés, osaient à peine produire de nouvelles propositions. Tout le processus de changement risquait de se gripper sérieusement à cause de l'attitude négative de Jean-Pierre.

En m'efforçant de comprendre sa mentalité, j'ai soudain réalisé qu'il était quelqu'un qui ne pouvait s'exprimer qu'à travers la négation et la controverse.

Désormais, la veille de chaque réunion, je passais voir Jean-Pierre dans son bureau pour lui présenter d'avance la dernière proposition dont on devait débattre jeudi. Je lui disais : « Vous savez, Jean-Pierre, je ne suis pas sûr que ça passe… » Et lui, tout fier, me répondait : « Montrez-moi ça. Je vais vous le faire passer, moi ! » Flatté par cet appel à l'aide, il déployait toutes les ressources de son esprit critique, non seulement pour relever tous les points

»

»

L'« esprit qui toujours nie » : l'histoire de Jean-Pierre *(suite)*

faibles de la proposition, mais pour suggérer des solutions. Le lendemain, eh bien ! on avait beau être à la banque, la proposition passait comme une lettre à la poste.

Dans le célèbre drame de Goethe, *Faust*, le démon Méphisto se présente comme étant « l'esprit qui toujours nie. » En dépit de leur image apparemment diabolique, les Jean-Pierre de ce monde nous apportent une contribution précieuse, pourvu que nous puissions aller au-delà de leur extérieur un peu rugueux : ils nous empêchent de commettre des erreurs monumentales.

Il y aura des rôles très importants pour les Jean-Pierre lors des prises de décision. Quant à ceux qui ne veulent vraiment pas jouer collectifs, ce sera au manager d'en discuter avec eux dans une séance de *feedback* selon les modalités décrites au chapitre 8.

Se réunir

Les réunions ont essentiellement deux buts :

- **Délibérer ensemble et prendre des décisions collectives.**
- **Être ensemble en tant qu'équipe (complète ou incomplète) pour souder l'esprit de corps et prendre plaisir à travailler ensemble.**

Ces deux buts sont parfaitement respectables, et peuvent être visés dans des réunions dans des proportions variables : 80 %/20%, 50%/50%... Si le second est à 100 %, ce n'est pas une réunion, mais une fête !

Malheureusement, les réunions représentent un des aspects les plus décevants, pour ne pas dire les plus assommants, de la vie en entreprise. Que ce soit par leur nombre apparemment excessif – la « réunionnite » – leur inutilité effective ou leur tendance à donner libre cours à toutes les rivalités mesquines, à toutes les querelles d'ego, les réunions sont trop souvent source d'incompréhension mutuelle, de frustration, d'ennui ou de conflit. Pourquoi un si grand nombre de réunions se solde-t-il par un échec relatif ou absolu ?

Les causes des réunions ratées

Les motifs de ces échecs multiples et répétés, pour variés qu'ils puissent paraître, peuvent être ramenés à un petit nombre de causes fondamentales :

» Les attentes de l'organisateur sont exorbitantes. L'organisateur pense que tel ou tel problème sera résolu simplement parce qu'il tient une réunion sur ce sujet – comme s'il allumait un cierge à l'église… La conséquence en est une absence d'équilibre flagrante entre le résultat attendu et les moyens mobilisés.

» Les contributions des uns et des autres ne sont pas bien préparées, qu'il s'agisse des managers ou des collaborateurs. Trop d'informations sont données au cours de la réunion, trop peu sont données préalablement. L'ordre du jour, souvent formulé de façon rébarbative et peu inspirante, est une liste de thématiques plutôt qu'une série de problèmes à résoudre. Les comptes rendus sont illisibles et inexploitables.

» Les enjeux d'ego sont supérieurs aux enjeux de la réunion, rendant impossible toute forme d'alchimie constructive entre les participants.

» La pression extérieure empêche le cerveau de trouver le calme nécessaire à l'intelligence collective.

» Tout ce qui n'est pas de l'ordre strictement intellectuel est ignoré – d'abord, la façon de convoquer, de démarrer, de poser le problème ; ensuite, les biorythmes, le temps (les pauses, les fins), l'espace, l'ambiance…

» Il y a un manque d'entraînement dans l'art de poser les bonnes questions et de motiver plutôt que de démotiver les participants.

Les bons plans

Le manager donne le ton par son attitude et ses émotions. Il faut donc qu'il fasse son maximum avant une réunion pour en avoir une vision positive, en considérant chacun des participants comme riche à sa manière et en capacité d'apporter une contribution unique au projet collectif. Voici les conseils essentiels pour l'organisation et la conduite des réunions :

À l'avance :

» Décider si une réunion est vraiment nécessaire ou s'il n'y a pas d'autre moyen pour atteindre les objectifs en question. Par exemple, si le manager parle beaucoup dans une réunion, elle devient une réunion d'information et pourrait être remplacée par un e-mail ou une vidéo sur les réseaux sociaux.

» N'inviter que les personnes strictement nécessaires. Quand il y a beaucoup de monde, les gens croient avoir besoin de faire moins d'efforts et la réalisation des tâches s'éternise. Pour une réunion très productive, essayer de ne pas dépasser sept personnes. Avec un nombre supérieur, appliquer des protocoles pour faire travailler tout le monde (cf. par exemple, la prise de décision ci-dessous).

» La réunion doit avoir un but : réaliser quelque chose ou prendre une décision ensemble. Ce but devrait être clair, annoncé avant la réunion et réitéré au début de celle-ci.

» La durée prévue doit être annoncée à l'avance et respectée. Il faut essayer de ne pas dépasser une heure ou, au moins, de découper le temps de la réunion en tranches supportables. Les contraintes de temps encouragent les participants à travailler plus efficacement.

» Le lieu doit être annoncé d'avance – et réservé, ainsi que tout le matériel technique nécessaire.

» Si la réunion doit durer plus d'une heure, programmer une pause pour que les participants puissent consulter leurs messageries et téléphoner. Recommencer à l'heure prévue. Sinon, ils seront tentés de consulter leurs smartphones pendant la réunion, en surestimant leur capacité à être multitâches.

- Préparer la réunion et dire aux autres comment ils peuvent faire de même.
- Tout document utile pour la réunion devrait être distribué bien à l'avance et jamais au début de la réunion. Les gens ne résisteront pas à la tentation de le parcourir distraitement pendant que le manager parle. Un tableau de chiffres se lit plus facilement dans son propre bureau sur une tablette ou une feuille de papier que sur une projection PowerPoint au milieu d'une réunion.

Pendant la réunion :

- Commencer exactement à l'heure, que tout le monde soit arrivé ou non. Créer ou consolider ainsi une culture du respect des horaires.
- La réunion peut très bien commencer par quelques minutes (prévues dans l'horaire) de conversation détendue pour cimenter les relations. La transition vers une discussion plus ciblée doit être claire.
- Une personne doit présider et être désignée d'avance pour le faire. Une autre personne pour en faire le compte rendu.
- La discussion de sujets autres que ceux prévus est à décourager ; si un thème de discussion imprévu se révèle important, annoncer : « Ça, c'est une autre question. Programmons une autre réunion courte là-dessus… »
- La réunion définit des actions à prendre et affecte des individus à leur exécution : résumer clairement ces décisions à la fin.
- S'il y a des personnes qui parlent trop, la personne qui préside doit les interrompre poliment ; s'il y a des personnes qui ne parlent pas ou peu, il faut leur demander régulièrement leur avis.
- Distribuer des rôles importants, par exemple quelqu'un pour veiller sur le temps, quelqu'un pour pousser à la prise de décision…

Pour le manager en particulier :

- Utiliser l'empathie, lire le langage corporel des participants, afin de déchiffrer les tensions latentes dans le groupe et réagir en conséquence – avec doigté !

» Faire attention à ne pas trop encourager la flatterie de ses propres opinions.

» Valoriser l'apport de chaque participant pour nourrir les ego.

Décider ensemble

La décision peut être définie de la manière suivante : « Décider, c'est penser à l'avance afin d'agir en temps opportun au service de nos intérêts. » Ne pas agir constitue aussi une décision, soit parce que nous décidons d'attendre délibérément, soit parce que nous abdiquons notre pouvoir de décision, ce qui peut avoir des conséquences très négatives. Notre pouvoir de décision n'est rien moins que notre capacité à créer notre avenir. Plus nous maîtrisons notre processus de décision, plus nous maîtrisons notre avenir.

De grandes décisions s'imposent à nous tout le temps : faut-il lancer ce nouveau produit, et si oui, quand ? Pouvons-nous nous installer sur le marché chinois ? Pour réussir un processus aussi vital mais délicat, nous avons besoin du plus grand nombre d'informations, de perspectives et d'expériences pertinentes dont notre groupe dispose. La tragédie, c'est que beaucoup d'équipes n'arrivent jamais à mobiliser toutes leurs ressources et prennent des décisions médiocres ou calamiteuses. Chaque membre d'un groupe a accès à des données différentes ou voit un aspect différent d'un problème. Comment exploiter toute cette intelligence collective ? Surtout quand nos tentatives risquent d'être exploités par les « six salopards ».

Les « six salopards »

Attention

Le terme est utilisé ici pour présenter un échantillon des nombreux « biais cognitifs » qui altèrent souvent nos prises de décision. Un biais cognitif est une déviation du jugement que présente quasi systématiquement le cerveau humain dans certaines situations. Le paradoxe, c'est qu'un « biais » est en même temps une « heuristique », à savoir une procédure simple qui nous aide à trouver des réponses adéquates, quoique souvent imparfaites, à des questions difficiles. Au cours de l'évolution, l'esprit humain a développé ces heuristiques – ces « raccourcis » dans ses jugements, ses réactions et ses décisions – afin de s'en sortir dans des situations difficiles mais fréquentes. Mais des raccourcis qui marchent très bien dans l'environnement des chasseurs-cueilleurs ne sont plus toujours adaptés à l'environnement complexe de nos sociétés modernes avec leurs entreprises, leurs tribunaux et leurs institutions politiques. Nos heuristiques, normalement si utiles, deviennent des biais qui déforment nos jugements et nos décisions.

Biais cognitif	Effet	Solution possible
Ancrage mental	Nous avons du mal à dépasser notre première impression.	Mettre en question notre première impression, la comparer avec des celles d'autres personnes.
Confirmation d'hypothèse	Nous ne relevons que les données qui confirment notre point de vue.	Faire tester notre idée par d'autres personnes ; demander aux autres de l'attaquer.
Planification	Nous sous-estimons de manière optimiste les délais et les coûts d'un projet.	Considérer nos prévisions comme des sous-estimations.
Disponibilité	Nous donnons trop de poids à ce qui vient en premier à notre esprit parce que c'est mémorable ou récent.	Comparer notre perspective avec celles de personnes qui n'ont pas eu les mêmes expériences ou pas récemment.
Égocentrique	On surestime combien nos préférences et préoccupations sont typiques.	S'ouvrir aux goûts et opinions des autres.

Biais cognitif	Effet	Solution possible
Sunk-cost fallacy ou « coût irrécupérable »	Se laisser trop influencer par des coûts déjà investis. Continuer avec un projet malgré les preuves de son inefficacité.	Faire faire une évaluation des progrès d'un projet par quelqu'un qui n'a rien investi dedans.

Il est évident que la meilleure façon de compenser et de corriger nos propres biais individuels, c'est de prendre des décisions collectivement. Voilà une bonne leçon pour le manager qui voudrait garder tout le pouvoir de décision pour lui-même. Mais il y a un hic, dans la mesure où les groupes peuvent accentuer les biais présents dans les individus. Par exemple, les groupes sont souvent influencés par les personnes qui ont parlé en premier parce que celles-ci imposent un cadrage qui limite la discussion. Il est parfois difficile de porter celle-ci sur un autre terrain, même si on essaie de le faire. Les participants peuvent taire leur avis ou le modifier par crainte de déplaire à ceux qu'ils ont identifiés comme exerçant un pouvoir sur leur carrière. Le besoin de se faire aimer des autres peut conduire au même résultat.

Les groupes ont tendance à se focaliser sur les informations que la plupart savent déjà et à marginaliser les informations détenues par une minorité. La polarisation nous amène à prendre des positions de plus en plus extrêmes au cours d'une discussion, soit par solidarité avec d'autres ayant des avis similaires, soit par opposition à d'autres ayant des avis différents.

Comment donc éviter ce qu'on a appelé en anglais le *groupthink*, ou en français « la pensée unique » ? La réponse consiste à viser le plus de diversité possible chez les membres du groupe et à choisir les bons protocoles pour la prise de décision.

Pour prendre une décision collective

Ce qui suit représente toute une panoplie pour prendre une décision très importante. On peut en sélectionner et en adapter des aspects pour des décisions moins significatives et pour des situations particulières. Il y a trois étapes essentielles : la préparation avant la réunion, la réunion elle-même (il peut y en avoir plus d'une) avec ses différentes phases, et le suivi.

Avant la réunion

Une première grande erreur consiste à croire qu'une décision significative se prend uniquement en face-à-face. De même que n'importe quelle réunion se prépare à l'avance, un processus de décision commence avant de réunir tous les acteurs pour la phase apparemment décisive. D'abord, il faut nommer deux arbitres. Pour que, dès le début, chaque participant à cette prise de décision puisse s'exprimer librement, sans être inhibé par les opinions des autres, les arbitres distribuent une fiche à remplir, accompagné d'un résumé de la situation. Des cases pour chaque réponse imposent une limite à la prolixité naturelle de certains. Un délai précis est donné aux participants pour le retour des fiches aux arbitres. Les questions à poser sont les suivantes :

- **Quelles sont les sources d'information essentielles dont nous devons absolument disposer pour prendre cette décision ?**
- **Quel est votre avis général ?**
- **Quels sont les risques principaux associés à cette prise de décision ?**
- **Si vous deviez faire une proposition à ce stade, ce serait laquelle ?**
- **Quelles sont les raisons que vous entrevoyez pour croire que votre première proposition n'est pas la bonne ?**

Les arbitres font un résumé anonyme des réponses à ces questions qui est distribué à, et lu par, tous les participants. Les arbitres identifient des personnes qui seront responsables de rassembler les informations pertinentes stipulées par les fiches.

Pendant la (ou les) réunion(s)

Il y a plusieurs phases distinctes :

- » Le *brainstorming* : on discute librement, on passe en revue les différentes propositions, on les modifie, on choisit celles qui semblent les plus pertinentes et réalistes.
- » Le classement : on classe les propositions sélectionnées par ordre d'éligibilité.
- » Le consensus : on tente d'arriver à un consensus sur la première proposition par la méthode décrite ci-dessous. Si aucun consensus ne peut être obtenu, on essaie avec la proposition suivante, et ainsi de suite.
- » Le challenge : une petite équipe est nommée pour jouer les avocats du diable, c'est-à-dire pour soulever tous les risques associés à la proposition retenue (ils peuvent consulter le résumé des fiches). Ensuite, tout le groupe prépare des solutions pour faire face à ces incertitudes.
- » La ratification : la décision finale est clairement formulée et tous les participants s'engagent à l'exécuter.
- » On identifie et on distribue les responsabilités selon un tableau « RACI » (Responsable, Acteur, Concerné, Informé) :

Action	Responsable	Acteur	Concerné	Informé
Actions relatives à l'exécution de la décision	*Personne(s) responsables de l'exécution de cette action*	*Personne(s) directement impliquées dans l'exécution*	*Personnes sur lesquelles cette action aura un impact direct*	*Personnes qui ont besoin d'être tenues au courant*
Action 1	Sandrine	John, Paul	George, Ringo	Notre P.-D.G.
Action 2, etc.	Anne	Mick, Keith	Bill, Charlie	Notre directeur marketing

Arriver à un consensus

Un consensus peut être défini comme « un processus pour trouver le plus haut degré de concordance de vues au sein du groupe. »

- **À la fin, chacun doit pouvoir dire : « Que la décision retenue soit ou non celle que je préfère à toutes les autres décisions proposées, je l'accepte parce que le groupe y est arrivé par un processus ouvert et juste. »**
- **Au cours du processus, chaque participant a le droit de recevoir un résumé des points sur lesquels on est d'accord ou en désaccord. Chacun a le droit de revisiter des points déjà débattus en prétextant l'arrivée de nouvelles informations pertinentes.**
- **Chacun a le devoir, en exprimant un accord ou un désaccord, de motiver son choix. En exprimant un désaccord, chacun doit proposer une alternative.**

Afin d'évaluer le niveau de consensus sur une proposition dans le groupe à tout moment, chaque participant exprime à tour de rôle sa position selon un des cinq niveaux suivants :

- **Niveau 1 : « À mon sens, il n'y a pas du tout de concordance de vues claire et nette ; nous devons encore discuter avant d'envisager une prise de décision. »**
- **Niveau 2 : « Je suis en désaccord avec la proposition actuelle du groupe. Je proposerai donc une alternative. »**
- **Niveau 3 : « Je ne suis pas enthousiaste, mais je peux accepter la proposition. »**
- **Niveau 4 : « Je considère que cette proposition représente la meilleure des options qui nous ont été proposées. »**
- **Niveau 5 : « Je suis enthousiaste par rapport à cette proposition et je considère qu'elle représente le meilleur de l'intelligence collective du groupe. »**

Le consensus est atteint quand, pour une proposition donnée, tous les participants sont aux niveaux 3, 4 ou 5. À chaque fois qu'un membre du groupe se dit au niveau 1, il doit soulever une objection qui est discutée. Si après discussion des objections de toutes personnes au niveau 1, il y a des personnes au niveau 2, on discute d'une contre-proposition de la même manière. Le consensus n'est pas automatique, mais tout le monde est obligé de contribuer à chaque étape de la discussion et après chaque *round* de discussion, on sait quelles sont les positions des uns et des autres. À la fin, personne ne peut prétendre être lésé.

Après la réunion

On suit l'exécution de la décision en utilisant le tableau « RACI ». Il faut être un peu philosophe : même les décisions prises dans les meilleures conditions possibles ne sont pas à l'abri de cette incertitude qui guette toutes les affaires humaines. Le processus de prise de décision comporte une dernière étape. Si tous les signes indiquent que la décision prise va conduire à un vrai désastre, n'hésitons pas à la remettre en cause avant qu'il ne soit trop tard. À notre époque, le management est plus que jamais une question d'agilité.

Le télétravail

Le télétravail, ou travail à distance, est de plus en plus répandu. Il fait souvent partie d'une planification hybride, où un salarié passe un certain nombre de jours par semaine en télétravail – chez lui ou ailleurs – et un certain nombre au bureau. Il y a aussi des entreprises qui pratiquent le télétravail de manière quasi-permanente pour tous leurs employés (ou la plupart). Ce mode d'organisation s'appelle en anglais *Work from Anywhere*, car le salarié peut travailler n'importe où, même dans un pays autre que celui où se situe le siège social de son entreprise. Dans ce cas, l'avantage pour l'employeur est qu'il peut embaucher des talents sans que sa recherche soit limitée à une zone géographique spécifique, tandis que la personne recrutée n'a pas nécessairement besoin de déménager d'un pays à un autre.

Le travail à distance s'impose souvent quand plusieurs structures collaborent sur un projet interorganisationnel (voir chapitre 12). Que l'on ait recours au télétravail dans le contexte d'une planification hybride ou du mode *Work from Anywhere*, les avantages sont les suivants :

» l'entreprise ou autre organisation n'a pas besoin d'acquérir ou de louer des bureaux pour tous ses salariés ;

» les salariés sont libérés, totalement ou en partie, de l'aller-retour quotidien au bureau, souvent chronophage et fatigant ;

» les salariés jouissent de plus flexibilité dans leurs horaires de travail ;

» en général, la productivité des salariés s'améliore de manière sensible.

Les équipes qui ont besoin de collaborer à distance exploitent des outils de visioconférence tels que Zoom, Skype, ou Microsoft Teams pour leurs réunions, ainsi que des plateformes de communication ou de gestion collaboratives, comme Slack ou Trello, qui permettent des conversations textuelles en ligne sur des sujets précis et le partage de documents ou de listes. Ces deux groupes d'outils correspondent à deux manières de collaborer à distance :

» la collaboration synchrone : les membres d'une équipe échangent tous entre eux simultanément en temps réel, à la façon d'une réunion traditionnelle, mais en ligne ;

» la collaboration asynchrone : les équipiers échangent des messages et, surtout, travaillent les uns après les autres sur des documents partagés, en prenant en compte les modifications et les contributions apportées par les uns et les autres.

À retenir

Pour réussir la collaboration à distance, il faut trouver la combinaison de travail synchrone et asynchrone la plus adaptée à vos besoins et à vos circonstances.

Pourtant, l'expérience montre que travailler à distance présente des défis et des pièges pour les managers et pour les collaborateurs. Voici les problèmes les plus fréquemment rencontrés et des solutions possibles :

Problème	Solution
Le manager a moins confiance dans ses collaborateurs quand ils sont géographiquement dispersés et qu'il ne peut pas les surveiller directement comme au bureau.	Le manager doit résister à la tentation « Big Brother » en ayant recours à des outils de surveillance électronique : le résultat sera de miner la confiance réciproque et par conséquent l'implication des équipiers. Il devra plutôt montrer qu'il leur fait confiance en évitant de s'immiscer dans tout ce qu'ils font et définir un système et un calendrier de *reporting* raisonnables.
Le manager peut avoir du mal à évaluer la performance de ses collaborateurs à distance.	Établir et partager avec ses collaborateurs des critères d'évaluation clairs et cohérents adaptés au *reporting* et aux échanges à distance.
Quand les coéquipiers se trouvent dans des fuseaux horaires très différents, il est difficile d'organiser des réunions fréquentes pour tout le monde.	Intégrer plus de collaboration asynchrone à la routine de travail de l'équipe. Éviter de fixer des heures de réunion qui désavantagent toujours les mêmes équipiers dont les fuseaux horaires sont très différents de ceux de la majorité.
La communication est difficile, surtout lors des réunions à distance.	Un effort supplémentaire doit être fait par tous les membres de l'équipe : voir ci-après les règles pour des réunions à distance réussies.

Problème	Solution
Il y a le risque d'un nombre excessif d'e-mails et d'appels téléphoniques pour régler des questions spécifiques	Intégrer plus de collaboration asynchrone à la routine de travail en demandant aux collègues, par exemple, de modifier des documents partagés ou de communiquer par des forums spécialement dédiés à certaines matières.
Les interactions plus ou moins spontanées entre collègues que produit la vie de bureau (quand on tape sur l'épaule d'un collègue pour lui poser une question ou quand on se croise devant la machine à café) sont absentes, ce qui limite la circulation dans l'organisation des savoir-faire non-écrits.	Planifier des temps d'échange – mais non de manière chronophage – entre des petits groupes de collègues afin de parler de ce qu'ils sont en train de faire, de leurs difficultés, de leurs réussites... Ces temps peuvent être organisés spontanément par des collaborateurs, mais sans créer des clans et des cliques.
Le problème de visibilité : le travailleur à distance peut sentir – à tort ou à raison – que ses collègues ont oublié son existence ou que son n + 1 n'est pas au courant de tout ce qu'il fait.	Toujours contribuer aux réunions de manière pertinente ; tenir les autres informés de ce que l'on fait, de ses progrès sur certaines tâches (sans les embêter par des communications trop fréquentes) ; répondre aux questions envoyées par les collègues en temps opportun.
Il peut être encore plus difficile de fixer des limites entre sa vie professionnelle et sa vie personnelle.	Il faut éviter que la vie personnelle en vienne à prendre le pas sur la vie professionnelle et vice-versa : établir une routine qui permet de bien séparer le temps professionnel du temps personnel ; si possible, créer chez soi un espace de travail dédié et, dans la mesure du possible, à part ; quand on travaille à la maison, fixer des temps où on peut être disponible pour la famille et où on ne l'est pas.

Problème	Solution
Chacun peut se sentir isolé et souffrir du manque général de sociabilité.	Quand c'est possible, organiser des activités sociales « non-virtuelles » – par exemple, sportives – permettant de réunir les membres d'une équipe.
Le fait de travailler sans bouger ou de ne pas voir les collègues très souvent peut avoir une influence négative sur notre santé physique et mentale.	Planifier des pauses dans la journée de travail, faire de l'exercice régulièrement, organiser des activités sociales.

Les règles pour des réunions à distance réussies :

» Afin de créer du lien entre les membres d'une équipe, ne pas limiter la réunion strictement à l'ordre du jour, mais réserver un peu de temps, de préférence au début, pour des échanges plus personnels.

» Pour chaque réunion, tous les participants doivent adopter les mêmes protocoles : garder la caméra allumée pour rester pleinement présent ; choisir une tenue vestimentaire correcte ; rester attentif pendant toute la réunion ; ne pas succomber à la tentation de faire autre chose (comme vérifier ses e-mails) ; veiller à ce que la parole soit distribuée de manière égale.

» Pour celle ou celui qui préside une réunion : inclure tout le monde dans la discussion systématiquement et solliciter activement les contributions des uns et des autres.

» Regalvaniser périodiquement les participants en leur posant des questions et en recueillant la réponse de chacun.

» Si une question secondaire commence à monopoliser la discussion, suggérer éventuellement une réunion séparée pour la traiter.

» Avant une réunion, créer et distribuer des documents simples, pertinents et utiles ; pour le manager, attribuer aux participants des tâches à accomplir en amont ou des rôles à jouer pendant la réunion.

» Si une des personnes qui assiste à une réunion est à distance, tandis que les autres se trouvent réunies au bureau, il vaut mieux éviter de marginaliser cette personne : demander donc à tout le monde de se connecter à l'outil de visioconférence.

Dans le cas où un travailleur à distance a besoin d'avoir accès aux données confidentielles de son entreprise, cette dernière devra sécuriser l'accès en question.

Pour en savoir plus

Amy Gallo, « The Condensed Guide to Running Meetings », *Harvard Business Review*, 6 July 2015, en ligne : **https://hbr.org/2015/07/the-condensed-guide-to-running-meetings**.

Chip Heath, Dan Heath, *Comment faire les bons choix* (Leduc.s).

Daniel Kahneman, *Système 1/ Système 2. Les deux vitesses de la pensée* (Flammarion).

Phil Rosenzweig, *Left Brain, Right Stuff : How Leaders Make Winning Decisions* (Profile Books).

Alan Rowe et coll., *L'Essentiel pour bien décider* (ESF, « Harvard Business Essentials »).

Cass R. Sunstein, Reid Hastie, *Wiser. Getting Beyond Groupthink to Make Groups Smarter* (Harvard Business Review Press).

Mikael Krogerus, Roman Tschäppeler, *Le Livre des décisions* (Leduc.s).

Prithwiraj Choudhury, « Our Work-from-Anywhere Future », *Harvard Business Review*, novembre-décembre 2020.

Place à la pratique !

À retenir

Utilisez la liste de questions suivante pour vérifier la préparation et la conduite de votre prochaine réunion importante :

1. Une réunion est-elle nécessaire ? Une réunion constitue-t-elle le meilleur moyen d'atteindre mes/nos objectifs ?
2. Ai-je/avons-nous défini clairement les objectifs de la réunion ? Si ces objectifs sont atteints, y a-t-il une vraie volonté d'agir en conséquence ?
3. Cette réunion aura-t-elle un impact psychologique particulier dont il faudra tenir compte ?
4. Qui convoquer à cette réunion ? Qui omettre de la liste des invités ?
5. Comment inviter les participants ?
6. Ai-je bien préparé la réunion en vue de mes/nos objectifs ?
7. Qu'est-ce qui doit absolument être fait au cours de la réunion quand nous sommes tous ensemble et qu'est-ce qui peut être fait en amont par les participants (par exemple : distribution ou obtention de certaines informations) ?
8. Suis-je bien préparé mentalement pour conduire cette réunion, en tirant le meilleur de chaque participant et en valorisant de manière réaliste et juste la contribution de chacun ?
9. Ai-je fait le nécessaire pour développer une vision positive de cette réunion et des participants invités – même de ceux que j'ai convoqués à contrecœur ?
10. L'ordre du jour est-il clair, stimulant, de nature à susciter la participation, la créativité et/ou la prise de décision ? Ai-je posé les problèmes fondamentaux de la bonne façon ?

»

»

Place à la pratique ! *(suite)*

11. Quelles sont les questions de base que je vais poser aux participants au cours de la réunion ? Par quelles questions vais-je relancer la discussion si celle-ci s'enlise ?

12. Suis-je prêt à laisser parler les participants et à les écouter attentivement ?

13. Me suis-je débarrassé de mon envie toute naturelle de me mettre en avant, d'occuper la scène et d'écouter le son de ma propre voix ?

14. Ai-je préparé le meilleur dispositif pour recueillir la production de cette réunion et en garder la trace ?

DANS CE CHAPITRE

Comprendre le management interculturel

•

Combiner efficacité managériale et justice sociale

•

Pallier les effets néfastes des préjugés

Chapitre 10

Manager la diversité

Parler de la diversité réunit deux considérations apparemment très éloignées l'une de l'autre : la justice sociale et l'efficacité managériale. N'y allons pas par quatre chemins, la « diversité » ici implique l'inclusion, dans le milieu professionnel, de toutes les personnes qui, jusqu'à présent, ne correspondaient pas au profil traditionnel du manager dans les pays occidentaux : l'homme blanc, âgé de 40 ou 50 ans, essentiellement chrétien mais aussi juif, agnostique ou athée, ayant reçu une certaine forme d'éducation et restant profondément, sinon presque exclusivement, marqué par sa religion et par la culture nationale de son pays.

Aujourd'hui, le monde professionnel, en Europe et dans beaucoup d'autres pays (mais pas encore assez) est ouvert aux femmes. En France, en principe, le sexe, l'ethnie, l'âge ou le handicap ne sont pas des obstacles à l'embauche. Des personnes de différentes nationalités et cultures se déplacent partout dans le monde pour intégrer des équipes qui se moquent des frontières. L'homme blanc lui-même est parmi eux et n'est plus aussi marqué par son milieu d'origine.

Dans ces circonstances, et en dépit des inégalités économiques, il est normal et juste que tout le monde ait une opportunité égale d'exercer ses talents et de progresser dans sa carrière selon ses mérites. Le monde professionnel a besoin d'un certain niveau de justice pour maintenir un niveau crédible de confiance mutuelle. De plus, étant donné le contexte actuel de plus en plus concurrentiel, pourquoi nous priver de telle ou telle candidature prometteuse à cause de préjugés inconscients ou mal assumés ? Finalement, comme les meilleurs processus de prises de décision le montrent (voir chapitre 9), nous avons besoin d'équipes dont les membres ont des formations, des expériences et des vécus aussi diversifiés que possible, pour étendre la portée de notre intelligence collective.

Trois questions se posent immédiatement :

» Comment s'entendre aisément avec des personnes d'autres origines et cultures afin de les manager et d'être managé par elles ?

» Comment surmonter nos préjugés et nos biais, notamment dans le domaine des rapports femme/homme, pour pouvoir profiter de la diversité ?

» Comment saisir les modalités des rapports complexes entre le monde du travail et celui de la religion (chrétienne, juive et musulmane, pour ne parler que des plus répandues en France), rapports situés eux-mêmes à la croisée des différentes cultures ?

Le management interculturel

La « culture » est un phénomène social plutôt qu'individuel :

» C'est l'ensemble des valeurs, normes et habitudes propres à un groupe qui définissent les attitudes et comportements généralement acceptables dans le groupe.

» L'individu est souvent peu conscient de sa culture : elle est implicite dans la mesure où ses attitudes et ses comportements lui semblent aller de soi.

» La culture ne dicte pas toutes les actions et toutes les réactions des membres d'un groupe, mais représente des tendances générales.

» Les cultures nationales sont celles qui sont mises en avant le plus souvent, mais il y a aussi des cultures régionales, professionnelles (médecine, droit, finance...), linguistiques, et ainsi de suite.

Le « management interculturel » est l'ensemble des approches qui cherchent à comprendre et à gérer l'impact des différences culturelles sur le travail du manager. Plus précisément, il s'agit :

» d'acquérir des capacités conceptuelles et comportementales nécessaires à des interactions réussies avec des personnes de culture différente dans un contexte professionnel ;

» de prendre conscience de l'influence omniprésente et souvent invisible de la culture sur les comportements professionnels des individus et des équipes.

Les situations qui nécessitent des compétences interculturelles sont les suivantes :

» La collaboration avec des partenaires ou des clients de pays différents.

» Une expatriation : le manager est nommé à un poste à l'étranger ; parfois sa famille l'accompagne.

» Le travail dans une équipe multiculturelle regroupant des membres de pays différents.

À un niveau relativement visible, les différences culturelles ont un impact sur le management à travers les us et coutumes.

Attention

En rencontrant un partenaire chinois pour la première fois, faut-il s'incliner profondément ? Ce serait une faute grave : s'incliner est un usage japonais. Comment accepter la carte de visite d'une partenaire coréenne ? Il ne faut certainement pas la glisser dans sa poche, mais la prendre avec les deux mains, la lire attentivement et, si on est assis, la placer sur la table devant soi, ou, si on est debout, la garder dans un porte-cartes adapté. Pourtant, il y a un niveau de différences culturelles qui échappe au regard superficiel et provoque des quiproquos apparemment inexplicables.

Dans un contexte interculturel, il est facile de mal interpréter un geste, en croyant qu'il s'agit d'un manque de respect ou de sincérité, quand, en réalité, c'est que l'autre part de suppositions très différentes. Comment, donc, prendre conscience de ces différences et les surmonter ?

Histoire vraie

Non, ce n'est pas la guerre de Cent Ans qui reprend

Témoignage d'un consultant interculturel

Je coachais un cadre supérieur d'une grande banque française qui allait être muté sur un poste à Londres, à la City. Il m'a dit qu'il avait toujours eu un peu de mal à comprendre la mentalité anglaise. Pourquoi ?

« À une époque, je faisais des conférences téléphoniques avec une équipe à Londres. Chaque semaine, je proposais une action et leur demandais si elle leur convenait. Ils répondaient toujours : "Oui." Sans plus. Sans expression d'enthousiasme ni aucun commentaire. Et je me demandais ce qu'ils pensaient véritablement de mes suggestions. Je me demandais même s'ils n'avaient pas quelque chose contre moi, quelque chose qu'ils ne voulaient pas dire ouvertement.

— Ce "oui", est-ce que c'est ce que vous vouliez entendre de leur part ?

— Tout à fait.

— Eh bien, pourquoi vous plaindre ? L'Anglais a tendance à être très factuel dans sa communication professionnelle, sans toujours l'accompagner d'expressions de chaleur personnelle, souvent réservées pour le pub après le travail. Vos interlocuteurs ont dit exactement ce qu'ils pensaient et, en même temps, exactement ce qu'ils croyaient que vous vouliez entendre, ni plus, ni moins. »

Les « filtres de perception »

Quand nous regardons le monde, nous le voyons à travers des suppositions, des habitudes et un contexte qui nous sont propres. Prononcez le mot « évaluation » devant un étudiant, un manager et un antiquaire : le premier pensera en priorité aux examens, le deuxième aux entretiens annuels et le troisième à l'expertise d'un objet d'art. Ces éléments qui encadrent et influent sur notre compréhension des choses constituent des « filtres », à travers lesquelles passent nos perceptions des gens, des événements et des institutions. Chacun voit donc le monde à travers son filtre de perception. Même si la réalité devant deux ou plusieurs personnes est la même, chacune ne la verra pas de la même façon au même moment. Ces filtres de perception sont composés de :

- nos expériences passées ;
- notre éducation ;
- notre religion ;
- nos croyances du moment sur un grand nombre de sujets ;
- notre culture.

Le fait que nos filtres de perception sont différents, et ce, à des degrés variables, représente un premier niveau de difficulté. Un deuxième niveau de difficulté est constitué par le fait que nous sommes beaucoup trop souvent inconscients que de telles différences de perception et de compréhension puissent exister.

Remédier à cette situation passe par quatre étapes principales :

- **Une prise de conscience :** dans nos échanges avec les autres, nous commençons à remarquer les suppositions erronées, les quiproquos, les sources de malentendu ; nous devenons des observateurs curieux de ces phénomènes.
- **La comparaison :** on cherche à comparer les filtres de perception, en identifiant des points d'accord et de désaccord entre notre filtre et celui de l'autre.

» **Le dialogue** : on interroge les autres ouvertement ou indirectement sur leurs sentiments, leurs réflexes, leurs croyances, en explorant leur filtre de perception.

» **L'auto-analyse** : au lieu d'explorer les filtres des autres, nous devenons plus conscients et curieux de notre propre filtre de perception dont les présupposées, jusqu'ici, nous semblaient aller de soi.

Les orientations majeures dans la culture professionnelle

Les différences culturelles ont un impact très significatif sur certaines orientations importantes dans la vie professionnelle. Voici certains des sujets où l'on trouve beaucoup de variations entre les cultures :

» La communication : dans telle ou telle culture, quand est-il approprié ou même nécessaire, par exemple, d'exprimer une émotion ? Ou de challenger un interlocuteur directement ?

» L'autorité : quelle est la relation spontanée au pouvoir ? Si je suis le chef d'une équipe, comment dois-je me comporter devant mes troupes ?

» Le risque : quel est le degré de tolérance de l'incertitude dans cette culture ? Quelles actions sont considérées comme téméraires ou imprudentes ?

» Le temps : si on dit que c'est pour le 6 juin, faut-il que ce soit prêt bien avant, le jour même, ou autour de cette date ?

» L'individualisme : si j'affiche certains signes de ma réussite professionnelle, comment cela sera-t-il reçu par les autres ?

Considérons un aspect qui est fondamental dans le management et dans le commerce : la confiance.

Quand la négo, c'est *no go* !

Les représentants occidentaux d'une entreprise multinationale conduisaient depuis pas mal de temps des négociations avec un fournisseur chinois. Finalement, ils pensaient être sur le point de finaliser l'accord. Soudain, les négociateurs chinois ont commencé à poser des questions que les Occidentaux croyaient déjà résolues depuis longtemps. Ceux-ci ont compris que les Chinois les menaient en bateau...

Au fond, il s'agit ici de différentes manières de créer la confiance. En général, pour les Européens et les Nord-Américains, on commence en supposant que l'autre sera digne de confiance – jusqu'à la preuve du contraire. On lui accorde le bénéfice du doute. Les traditions commerciales et juridiques se combinent pour favoriser le développement rapide des relations économiques. Le *business* précède, en quelque sorte, la confiance et permet de la confirmer et de l'accroître.

En Chine, en revanche, la confiance précède en général le *business*. La culture est « relationnelle » plutôt qu'individualiste. Il faut établir des relations de confiance avant d'aller plus loin. Et il ne s'agit pas de les établir simplement à travers des contacts sociaux, même si ceux-ci ont leur importance. Il faut créer la confiance étape par étape, en donnant des preuves de ses compétences et de sa valeur ajoutée*.

* David De Kremer, « Understanding trust, in China and the West », *Harvard Business Review*, 11 février 2015, en ligne : **https://hbr.org/2015/02/understanding-trust-in-china-and-the-west**.

On pourrait objecter que toutes les personnes de telle ou telle culture ne se comportent pas de la même manière, ou qu'aborder quelqu'un en se fondant sur des suppositions au sujet de sa culture peut se révéler problématique. Pourtant, l'essentiel ici consiste à rester conscient des différences possibles et à être prêt, à tout moment, à les explorer à travers l'observation, la comparaison, le dialogue et l'interrogation de ses propres préconceptions. Cette approche s'avère utile, non seulement dans le contexte interculturel, mais aussi dans toute situation où des préjugés, conscients ou inconscients, peuvent altérer nos interactions avec quelqu'un d'autre. On trouve de telles situations notamment chaque fois qu'il est question des rapports femme/homme.

Les rapports femme/homme et entre les genres en général

À la fin du XIXe siècle, on parlait de la « question de la femme », comme si la femme représentait une question spéciale, à part, sans lien avec l'homme. En vérité, il n'y avait pas à l'époque, et il n'y a pas aujourd'hui, de question portant uniquement sur la femme. Il y a uniquement la question des rapports entre les femmes et les hommes. Catégoriser cette question-là, comme le fait ce chapitre, sous le titre de la « diversité », peut être problématique si nous oublions que la diversité, c'est aussi une question de justice sociale. La création par une entreprise d'un poste de « responsable de la diversité » peut être problématique aussi, si la majorité des salariés pensent que cette création suffit pour régler la question, qui reste ainsi séparée des autres activités de l'organisation.

L'important, c'est de modifier nos comportements. Comment ? Il est désormais évident qu'il ne suffit pas de légiférer sur un sujet comme l'égalité femme/homme (ou les rapports entre les genres en général) pour que cela devienne une réalité du jour au lendemain. Les structures de nos institutions et nos propres biais et habitudes de pensée ne se transforment pas si rapidement. Mais à une époque où nous découvrons comme jamais auparavant, non la géographie du monde, mais toute la richesse de ses cultures, une première action positive pour les hommes consiste à tourner le regard interculturel vers les femmes, en interrogeant nos différents filtres de perception. Et vice-versa !

L'empathie homme-femme

Commençons par une expérience destinée surtout, mais pas uniquement, aux hommes.

Appel de Marge ?

Imaginez que vous êtes une des seules tradeuses embauchées sur une grande salle de marché.

Le premier jour, votre entrée dans la salle, lieu traditionnellement masculine s'il en est, est accueillie par des huées et des chahuts sonores de la part de tous vos nouveaux collègues.

Comment vous sentez-vous ? Flattée ? Amusée ? Seule ? Un mélange des trois ?

Quel est le vécu de cette personne à qui on fait ressentir tout de suite sa différence ?

En général, les femmes doivent supporter plus d'incivilités sur le lieu de travail que les hommes. Il y a d'autres faits que nous pouvons ajouter à ce voyage, imaginaire pour les uns mais réel pour les autres, à travers le vécu des femmes en entreprise :

» Les structures de carrière qui datent toujours de l'époque où les hommes étaient de loin les plus nombreux parmi les managers.

» La difficulté d'accès pour les femmes aux promotions et aux viviers de hauts potentiels.

» Le cloisonnement différent, pour la femme et l'homme, entre les rôles familiaux et professionnels.

» Le besoin ressenti par beaucoup de femmes d'avoir à faire encore plus d'efforts que les hommes pour mériter leur salaire ou leur promotion.

» Les écarts de salaire appréciables entre les femmes et les hommes.

» La difficulté que l'on peut avoir à faire valoir ses idées en réunion de travail quand sa valeur ajoutée n'est pas estimée de la même manière que celle de ses collègues.

» La façon dont l'assertivité est souvent considérée comme une qualité négative chez les femmes mais une qualité positive chez les hommes.

Dans la mesure où les organisations finissent par devenir ce que suggère leur système de reconnaissance et de récompense, les entreprises continueront à être dominées par les hommes. Pourtant, en changeant la donne, les hommes ont tout à y gagner – ils valent mieux qu'une société masculine dont les limites étroites souffrent d'un besoin énorme de diversité.

Si la diversité est cruciale pour notre intelligence collective, il ne suffit pas pour l'entreprise d'y être ouverte grâce à sa politique d'embauche. Il faut adopter aussi une attitude inclusive qui satisfasse au réel besoin d'appartenance des différentes personnes qui l'intègrent. Il faut savoir comment accueillir les minorités sans les obliger à ressembler à la majorité. À cet égard, un cas concret et très parlant est offert par le rôle de la religion dans les entreprises en France, et en particulier celui de l'islam.

La religion en entreprise

En entreprise, notre regard sur les minorités – ethniques ou religieuses – est influencé la plupart du temps par des préjugés. Ces préjugés peuvent être largement inconscients. Ils ressemblent aux biais cognitifs dont il était question au chapitre 9. Notre cerveau a développé des réflexes pour décider vite : la familiarité de quelqu'un et la ressemblance avec nous-même constituent un signe immédiat de fiabilité. Les préjugés nous rassurent, nous donnent un sentiment de sécurité. Pour se libérer de ce besoin de sécurité aujourd'hui exagéré, il est nécessaire de dépasser nos réactions automatiques.

Dépasser les préjugés

Qu'est-ce qu'un préjugé ? C'est une représentation caricaturale figée, une opinion toute faite véhiculée sans réelle réflexion et qui concerne tel ou tel groupe humain, classe sociale ou religion. Le stéréotype est le plus souvent nourri par nos peurs, et plus rarement par nos désirs. Il reste toujours un raccourci qui ne représente pas la réalité en son entier. Par exemple : les trains suisses sont toujours à l'heure. Si nous voulons nous affranchir des jugements trop hâtifs que sont les stéréotypes, nous devons en prendre conscience et les confronter avec la réalité qu'ils prétendent décrire.

L'islam est aujourd'hui porteur de beaucoup de préjugés, comme le judaïsme d'ailleurs. Voici les stéréotypes et jugements les plus fréquents au sujet des musulmans, confrontés à la réalité :

» **Un musulman est un Arabe ou bien un Maghrébin. Or les Arabes ne sont pas tous musulmans et les musulmans ne sont pas tous Arabes. Il y a des musulmans en Asie ou en Inde et de grandes communautés en Afrique.**

» **L'islam représente l'extrémisme religieux, le terrorisme. Cette représentation est née après le 11 septembre avec la guerre au terrorisme menée par les Américains et leurs alliés. Les musulmans radicaux voulant mener le *jihad* sont devenus un stéréotype sur l'islam. Ils véhiculent une image du musulman comme quelqu'un de naturellement violent et potentiellement extrémiste, image qui est très loin d'être représentative.**

» **Les femmes musulmanes sont des victimes soumises au pouvoir total des hommes ; elles sont infériorisées, battues, en butte à toutes les inégalités. Cela peut être vrai pour certaines, mais bon nombre de musulmanes, en France et ailleurs, ont une vie guidée par les principes d'égalité des sexes.**

Pourquoi laisser un préjugé nous empêcher d'embaucher la meilleure personne pour un poste ou nous empêcher d'appliquer une réelle politique de la diversité dans notre entreprise ? Une fois que des personnes appartenant à des minorités religieuses sont dans l'entreprise, comment créer un espace qui les accueille ? Comment leur laisser suffisamment de place pour s'exprimer ?

Espace public / espace privé

En France, l'espace public est soumis à la loi sur la laïcité. Le service public et tous ses fonctionnaires sont donc soumis à cette loi. En revanche, l'espace des entreprises privées n'est pas considéré comme un espace public. Le port des signes religieux ostentatoires n'y est donc pas interdit, comme il l'est, par exemple, chez les employés des écoles, des ministères ou des mairies. Le principe de liberté religieuse s'applique partout. Ce qui est délicat, c'est la conjonction entre ce droit à la liberté religieuse et les nécessités de la vie en entreprise. Voici les questions les plus centrales à cet égard :

» **Les fêtes religieuses :** la demande d'autorisation pour celles-ci doit être compatible avec le travail et ses nécessités.

» **Les temps de prière :** ceux-ci doivent être compatibles avec les horaires de travail.

» **Les lieux de travail :** les salles dans l'entreprise ne peuvent être utilisées à des fins religieuses que si cela ne gêne pas le fonctionnement de l'entreprise.

» **Les tâches :** on ne peut pas refuser une tâche liée à son contrat de travail pour des raisons religieuses. Si on est serveur dans un restaurant, on ne peut refuser de servir des bouteilles fermées d'alcool aux clients pour motif religieux.

» **L'hygiène sanitaire :** on ne badine pas avec les contraintes qui pourraient nuire à la santé et l'hygiène en matière de conditionnement de produits, de fabrication dans l'alimentaire, la cosmétologie, le médical…

» **La santé :** on ne peut pas refuser une visite médicale sous le prétexte que c'est contraire à sa religion. Ni, pour un homme, refuser de voir une femme médecin.

» **La sécurité au travail :** il n'y a pas de dérogation possible. Par exemple, le port du casque en chantier est obligatoire, même s'il faut enlever son turban pour cela. Les équipements de protection sont obligatoires en cas de risques mécaniques ou chimiques…

» **La dissimulation du visage :** oui et non. Une réponse de Normand qui dépend des lieux et des circonstances. Il n'est pas possible de dissimuler son visage dans les lieux ouverts au public, comme le cinéma, les banques, les gares… C'est possible pour un(e) salarié(e) qui travaille dans une entreprise dont l'accès est réservé au personnel, sauf si cela met en cause la santé, l'hygiène et la sécurité.

» **Prosélytisme :** on peut parler de sa religion mais dans certaines limites. Sont considérées comme prosélytisme les pressions ou agressions sur d'autres salariés.

» **La discrimination femme/homme :** on n'a pas le droit de refuser de travailler avec une femme pour des motifs religieux. Cela peut être sanctionné par la loi et peut être aussi un motif de licenciement. Refuser d'être managé par une femme pour motif religieux est discriminatoire. Mais le fait de ne pas serrer la main d'une femme dans l'entreprise, si cela ne nuit pas aux intérêts par exemple commerciaux de l'entreprise, ne peut pas être considéré comme de la discrimination. En revanche, cela peut jouer sur la vie et la cohésion de l'équipe.

» **La tenue de travail :** d'une façon générale, on est libre de s'habiller selon les critères religieux que l'on veut, mais il y a toutefois des exceptions. S'il y a atteinte à l'image de l'entreprise, si la tenue est en décalage avec l'image de marque, ou si cela nuit visiblement aux intérêts commerciaux, l'entreprise peut aller jusqu'à licencier son salarié. Mais il faut vraiment justifier la nuisance ou l'atteinte causée à l'entreprise devant les tribunaux.

Le manager doit naviguer entre ces deux écueils que sont l'efficacité de son entreprise et la liberté religieuse de ses employés. S'il réussit à le faire, il pourra concilier, chez ces salariés, leur besoin d'appartenance à l'entreprise et leur identité propre. Il pourra ainsi bénéficier pleinement de la diversité de ses équipes.

Pour en savoir plus

Stephen M. Frost, *The Inclusion Imperative. How Real Inclusion Creates Better Business and Builds Better Societies* (Kogan Page).

Geert Hofstede, *Cultures et organisations* (Pearson).

Howard J. Ross, *Everyday Bias. Identifying and Overcoming Unconscious Judgements in our Daily Lives* (Rowman & Littlefield).

Fons Trompenaars, Charles Hampden-Turner, *L'Entreprise multiculturelle* (Du Mesnil).

Françoise Vouillot, *Les métiers ont-ils un sexe ?* (Belin).

Avivah Wittenberg-Cox, *Mixité dans l'entreprise. Le mode d'emploi* (Eyrolles).

Dounia Bouzar, *Laïcité, mode d'emploi. Cadre légal et solutions pratiques* (Eyrolles).

Testons nos connaissances

Test

❶ Lequel des éléments suivants ne constitue pas une justification pour la diversité au travail ?

❑ L'intelligence collective.

❑ La justice sociale.

❑ La négociation salariale.

❑ La parité femme/homme.

❷ Lequel des éléments suivants ne constitue pas un sujet important pour le management interculturel ?

❑ La confiance.

❑ L'autorité.

❑ La tolérance de l'incertitude.

❑ La philatélie.

❸ Laquelle des descriptions suivantes ne qualifie pas un style de communication culturel ?

❑ Émotionnel.

❑ Factuel.

❑ Directement confrontationnel.

❑ Hiérarchique.

❹ Quels sont les salariés qui, sur leur lieu de travail, ne sont pas soumis à la loi sur le port ostentatoire des signes religieux ?

❑ Les professeurs d'école.

❑ Les médecins d'hôpitaux.

❑ Les salariés d'une entreprise privée.

❑ Les fonctionnaires d'un ministère.

1) La négociation salariale.
2) La philatélie.
3) Hiérarchique.
4) Les salariés d'une entreprise privée.

Partie 3

Manager le changement

Dans cette partie…

La seule chose qui semble constante aujourd'hui dans la vie d'un manager, c'est le changement. Il y a des changements qui sont exaltants et d'autres qui sont franchement déprimants. Il y en a qui dépendent des innovations, technologiques et autres, et il y en a qui sont imposés par les marchés, par les grandes transformations sociales ou par le hasard. Dans cette partie, nous verrons comment accueillir les changements, les comprendre, en pallier les effets négatifs et, finalement, en faire des opportunités pour progresser.

DANS CE CHAPITRE

Comprendre le changement et ses raisons

Guider les salariés à travers les différentes phases du changement

Éviter les projets de changement trop fréquents

Chapitre 11

Conduire ou subir le changement ?

S'il y a bien une platitude de nos jours, c'est celle qui consiste à déclarer que l'entreprise et son environnement changent très vite. Certes, le changement représente désormais un état permanent. Certes, le rythme des mutations paraît s'accélérer de jour en jour. Mais essayons d'être plus précis. Ces bouleversements sont provoqués en majorité par deux sources principales :

» **_La mondialisation_, qui nous apporte de nouvelles opportunités en termes de marchés et de partenaires, de même qu'elle nous rend vulnérables à de nouveaux concurrents.**

» **_L'innovation_, qui – qu'elle soit dans le domaine technique ou un autre, comme celui des _business models_ – donne lieu à des disruptions aussi nombreuses que difficiles à prévoir.**

Qu'est-ce qui doit changer en conséquence ? Voici quelques exemples de changements typiques qui nous poussent à faire des modifications plus ou moins profondes dans notre organisation :

» Un nouveau système informatique qui nécessite un autre fonctionnement de la part de nos équipes.
» Le lancement dans toute l'organisation d'une série de politiques pour favoriser la diversité.
» La nomination d'un nouveau chef ou P.-D.G. qui veut tout de suite imprimer sa marque à l'entreprise en la réorganisant.
» La nécessaire réaction à l'obsolescence rapide et sans appel d'un de nos produits phares.
» La nécessaire réaction à l'arrivée sur notre marché d'un concurrent dangereux.
» L'ouverture possible d'un nouveau marché sur un continent qui, jusqu'ici, ne nous était pas familier du point de vue commercial.
» Une fusion avec, ou l'acquisition par, une autre entreprise.

La réaction à ces situations consiste normalement en un remaniement significatif de notre structure, notre personnel ou nos façons de faire, engendrant des projets plus ou moins vastes et minutieux, plus ou moins bien adaptés aux circonstances. Certains de ces projets portent sur des sphères d'activité très localisées et se déploient de manière limitée dans le temps. D'autres, nécessitant la coordination délicate d'un grand nombre d'actions différentes sur une période plus longue, visent à réformer notre organisation de fond en comble, souvent sous la pression d'un renouvellement du *business model*. Dans ces cas, il vaut mieux parler de « projets de transformation », plutôt que de « changement », puisque les enjeux et les investissements humains et financiers sont d'un ordre largement supérieur.

« Les espèces qui survivent ne sont pas les espèces les plus fortes, ni les plus intelligentes, mais celles qui s'adaptent le mieux aux changements. » Il s'agit d'une citation très souvent attribuée faussement à Charles Darwin. En fait, elle est de Leon C. Megginson, un professeur de management américain, qui a ainsi résumé la théorie darwinienne de la sélection naturelle. Elle n'en reste pas moins une bonne description de la réalité des entreprises.

Pourtant, de manière tragique, sinon parfois absurde, un grand nombre des initiatives n'arrivent pas à atteindre tous leurs objectifs – ou échouent complètement. Soit parce qu'elles sont mal inspirées, mal conçues et mal conduites ; soit parce qu'elles étaient parfaitement inutiles dès le départ et gaspillent des ressources en mettant à mal la patience de tous les acteurs. S'il y a un mot qui s'accouple fréquemment avec celui de « changement » dans les discours des cadres dirigeants, c'est bien « résistance ». Pour le manager pressé de mettre en œuvre ses réformes, tout obstacle, tout ralentissement, constitue une forme de résistance à condamner immédiatement et, si possible, à balayer de son chemin. A-t-il raison, le manager, de penser que toute opposition aux changements qu'il prône est répréhensible ? Que cette opposition est la faute de ses collaborateurs plutôt que la sienne ? Que toute résistance a une motivation mesquine ? Et finalement, qu'une grande campagne de conduite de changement est la meilleure solution aux problèmes auxquels il fait face ?

Résister au changement ?

Quand nos collaborateurs résistent au changement, il y a généralement deux conclusions possibles :

» **Ils ont raison : cette idée de changement est mauvaise, entièrement ou en partie.**

» **Ils ont tort : cette idée est bonne, au moins en partie. En revanche, cette opposition traduit un véritable malaise dont le manager doit s'occuper avec empathie et tact.**

Les managers considèrent peu souvent la première de ces possibilités. Quant à la seconde, ils préfèrent y voir la mauvaise volonté de leurs collaborateurs. Néanmoins, une mauvaise volonté apparente a toujours des causes réelles que, une fois découvertes, on peut traiter.

Attention

L'impatience du manager se fixe naturellement sur l'attitude apparemment rebelle de ses subordonnés. Et cette méfiance devient elle-même un nouvel obstacle au changement qui s'ajoute à la liste des autres.

Docteur Paresse et Monsieur Fatigue

Histoire vraie

Témoignage d'un consultant

Un jour, je parlais avec Charles-Édouard, un patron qui venait de lancer une nouvelle initiative pour modifier la structure de son entreprise. Il ne semblait pas très content des résultats obtenus jusqu'ici.

« Je ne comprends pas les gens. Ces trois dernières années, nous avons conduit avec succès autant de projets de changement. Mais là, mes employés traînent les pieds. Ils ne veulent rien commencer sérieusement. Pourtant, j'ai assez bien expliqué la menace représentée par ces nouveaux fournisseurs de services en ligne. Mes collaborateurs sont devenus terriblement paresseux… »

Je lui ai répondu : « Ne pensez-vous pas, étant donné le contexte, que vos collaborateurs sont, non pas "paresseux", mais tout simplement fatigués ? »

Un éclair de compréhension a passé dans ses yeux. « Mais oui ! Ça explique tout ! Il faut que je ménage cette fatigue… que je m'y prenne autrement…

Les raisons de la résistance au changement

Nos collaborateurs ont de nombreuses raisons de ne pas accueillir à bras ouverts nos projets de changement ou de transformation. Si le manager désire modifier leur point de vue, il doit commencer par comprendre ces raisons. Voici les plus fréquentes :

» **Les gens se sentent déjà débordés de travail et voient donc d'un mauvais œil un projet qui, en toute probabilité, alourdira la charge qui pèse sur eux.**

» **Ils sont attachés à l'ancienne façon de faire. Les gens ont besoin d'habitudes et de routines pour s'en sortir, mais celles-ci seront bouleversées par le changement.**

» Ils ont déjà vu passer pas mal de projets qui n'ont pas changé grand-chose et restent sceptiques. Comme l'avait dit au XIXe siècle le journaliste et romancier, Alphonse Karr : « Plus ça change, plus c'est la même chose. » Les changements ont l'air d'être des phénomènes de mode destinés à amuser les dirigeants.

» Dans le passé, les managers ont toujours souligné le besoin impératif de changer, sans que cette urgence semble se confirmer par la suite. Pour les collaborateurs, leurs chefs ont trop souvent crié au loup.

» La peur de l'inconnu et de l'épuisement.

» La peur d'être incompétents dans cette nouvelle terre promise, de perdre en termes de statut et de récompenses.

» Ils n'ont pas pu comprendre le message de leurs chefs, ou ils ne leur font pas confiance.

Si on veut changer le point de vue de l'autre, afin de changer ses habitudes, il faut commencer par comprendre son point de vue. Le manager, une fois encore, doit faire preuve d'empathie.

Les étapes psychologiques du changement

À retenir

Les raisons qui amènent nos collaborateurs à résister au changement peuvent donc être nombreuses et variées. Leur puissance est souvent telle que, quand les gens commencent à accepter le changement, c'est comme s'ils suivaient les différentes phases d'un deuil, depuis la perte de l'ancienne vision des choses jusqu'à l'intégration de la nouvelle vision :

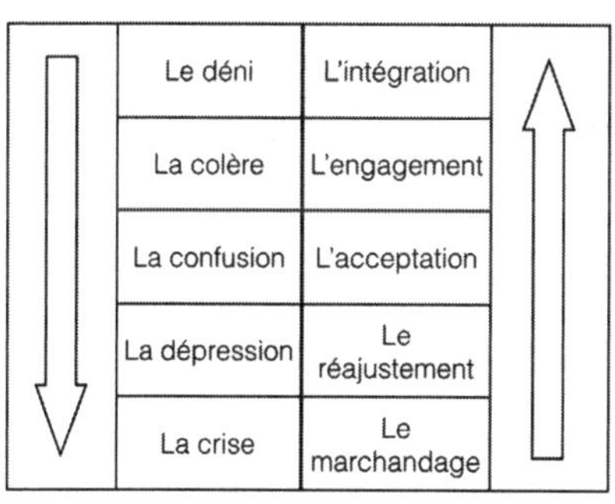

Le devoir du manager consiste à comprendre les sentiments de ses collaborateurs et à les accompagner au fil de ce processus.

Les phases du changement

S'il y a tellement d'échecs, entiers ou partiels, dans la conduite du changement, c'est parce que les managers manquent trop souvent des compétences nécessaires. Ces capacités sont largement celles du leadership : inspirer les autres avec une vision crédible ; comprendre les préoccupations des autres ; communiquer clairement avec eux ; leur inspirer confiance ; prendre ses propres responsabilités de manière visible (voir chapitre 2). Mais en plus de ces qualités humaines, il y a des facteurs essentiels à évaluer, avant et pendant un projet de transformation, afin de mesurer les chances de réussite de celui-ci.

Les conditions *sine qua non* du changement

À retenir

Le Boston Consulting Group a identifié quatre points clés qu'il faut mesurer pour déterminer si le projet de changement qu'on envisage est viable, ou si un projet de changement en cours avance suffisamment pour atteindre ses objectifs. Ici, nous pouvons traduire ces quatre éléments par des questions que le manager doit se poser :

Aspect	Questions clés	Points de vigilance
La durée	Quelle est la durée prévue de ce projet de changement ? Si le projet est long, quel est l'échelonnement des bilans des progrès accomplis ?	Un projet long nécessite des bilans provisoires réguliers. Jamais plus de huit semaines entre deux bilans. Chaque bilan devrait porter sur la réalisation d'un aspect important du projet. À chaque fois, il faut en tirer les leçons les plus utiles.

Aspect	Questions clés	Points de vigilance
Les compétences	Les membres de l'équipe du projet possèdent-ils les capacités et aptitudes adaptées à la réalisation de ce projet ? Sont-ils au courant de leurs responsabilités précises ?	Les personnes choisies doivent avoir les compétences requises. Il faut les recruter et parfois les libérer d'autres tâches. Les rôles des uns et des autres doivent être clarifiés, ainsi que les responsabilités personnelles.
L'engagement	Quel est le niveau d'engagement et d'implication dans le projet chez les cadres de direction et chez les collaborateurs touchés par le changement ? Existe-t-il une volonté réelle de réussir le changement ?	Le projet a besoin du soutien des cadres de direction les plus influents, ainsi que de l'enthousiasme des collaborateurs les plus concernés par ce changement. Ceux-là doivent communiquer exactement le même message et fréquemment ; ceux-ci ont besoin d'être convaincus par ce message pour que leurs inquiétudes potentielles soient dissipées.
L'effort supplémentaire	Quel est l'effort supplémentaire de la part des salariés, en plus de la charge de travail normal, qu'exige ce projet ?	Si l'effort supplémentaire est trop grand, les gens résisteront au changement. L'augmentation de travail ne devrait pas dépasser 10 %. Le moral des salariés est crucial.

Le besoin d'une communication claire, d'un message cohérent porté par tous les managers et d'un dialogue bilatéral avec le personnel est particulièrement important quand le changement peut faire encourir des mutations ou des licenciements. Il ne suffit jamais d'*annoncer* un changement, il faut initier et diriger une conversation avec toutes les parties prenantes.

Les huit étapes de la conduite de changement classique

À retenir

La méthode classique pour conduire un projet de changement a été définie par la grande autorité en la matière, John Kotter. Cette méthode comporte huit phases essentielles qui doivent être abordées avec toute l'attention possible. Tel ou tel projet correspondra rarement et précisément à ce qu'il y a sur le papier. Ce qui suit est un guide pratique qui met en lumière les aspects fondamentaux du processus de changement.

Phase	Actions
L'urgence	On crée un sentiment de l'urgence du changement par une analyse lucide du marché et de la concurrence qui identifie les crises et les opportunités.
La coalition	On rassemble une équipe pour piloter un projet, en recrutant des personnes influentes, susceptibles d'être des ambassadeurs pour le projet et en leur confiant les pouvoirs nécessaires.
La vision	On définit et on exprime une vision ambitieuse mais crédible pour inspirer ses troupes, en la traduisant en une série d'objectifs concrets.
La communication	On promeut et on explique cette vision autant que possible, par les efforts concertés de toute l'équipe de pilotage, en ciblant les personnes les plus aptes à porter cette vision, mais sans négliger celles qui y sont les plus opposées.

Phase	Actions
Le passage à l'action	Dans la limite du raisonnable, on enlève tous les obstacles possibles à la réalisation des objectifs et on encourage les gens à prendre des initiatives qui vont clairement dans le sens du projet.
Les premières victoires	On prépare et on célèbre les premières victoires qui récompensent les efforts initiaux et favorisent l'idée que le projet en entier est réalisable, sans donner l'impression que le changement est déjà accompli.
La poursuite de la finalité	On profite de cette crédibilité pour instaurer d'autres changements plus radicaux avec encore plus de pertinence pour la réalisation finale du projet.
La consolidation	On ancre le changement dans les habitudes et les comportements des salariés, autrement dit, dans la culture d'entreprise, et on en confie la gestion à des personnes investies dans le projet.

Si ce schéma a un défaut, c'est qu'il représente une approche très *descendante* (*top down*, en anglais) : la justification du changement, la vision, le choix des acteurs clés et les prétextes pour motiver les autres – tout vient d'en haut. Il y a peu de place pour des informations, des idées et des initiatives qui remonteraient d'en bas. Pourtant, tous ces collaborateurs à qui on s'évertue à expliquer le cours des choses possèdent des connaissances et des perspectives, eux aussi. Si on les mobilisait plus, en les consultant plus souvent et en leur confiant plus de pouvoir discrétionnaire pour s'adapter aux événements, cela ne rendrait peut-être pas caduques les grands projets de changement et de transformation, mais ceux-ci auraient beaucoup moins l'air de grandes machines qu'on imposerait périodiquement par la force en bouleversant les routines ordinaires.

Vers l'organisation apprenante

Selon des autorités aussi qualifiées que Gary Hamel et John Kotter lui-même, nos entreprises classiques ont été développées pour atteindre leurs objectifs avec efficacité et discipline, ces deux qualités étant favorisées par une structure hiérarchique et un train-train bureaucratique. De telles organisations ne se prêtent pas du tout facilement à des processus de changement importants et rapides. À ce manque de souplesse s'ajoute le fait que les transformations sont initiées et imposées depuis le haut. En général, l'intégration du changement par l'organisation en entier est presque toujours à la traîne par rapport à la réalité. D'où un certain nombre de tentatives récentes pour concevoir une organisation plus agile, plus adaptable, moins pyramidale, qui ne penserait pas uniquement avec sa tête, c'est-à-dire avec son comité de direction, mais avec tout son corps. C'est ce que l'Américain Peter Senge a appelé l'« organisation apprenante » (en anglais, *learning organisation*).

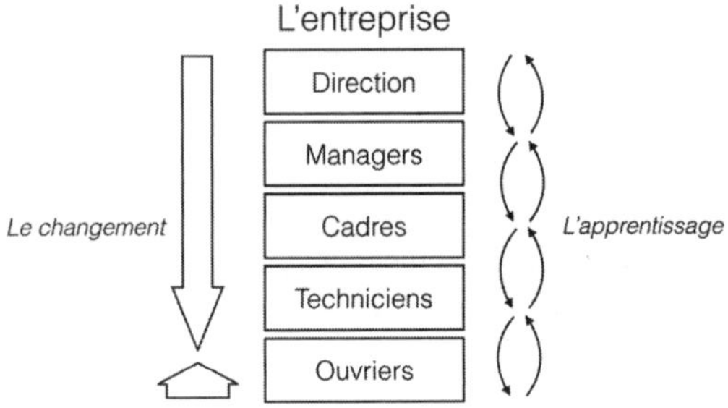

L'organisation qui partage ses informations plus librement et efficacement, et dont la « tête » prête plus d'attention aux signaux venant du « corps », n'est plus obligée d'écraser ses employés sous de lourds programmes de changement décidés exclusivement par le comité directeur :

Les nouvelles technologies de partage des informations et de collaboration facilitent cette innovation. Quand des tentatives d'adapter les entreprises de cette manière ne marchent pas, c'est souvent parce que la technologie est mal appliquée, et surtout parce qu'il n'y a pas de vraie volonté de changer les bonnes vieilles méthodes pyramidales. Pourtant, cette adaptation pourrait se révéler un avantage concurrentiel significatif dans le paysage actuel.

Le management par les valeurs

À retenir

Le « management par les valeurs » (*management by values*) est une tendance récente qui consiste à confier plus de pouvoir discrétionnaire aux salariés, afin que, dans la mesure du possible, ils s'adaptent eux-mêmes à leur environnement complexe. Certes, beaucoup d'entreprises ont suivi la mode des chartes de valeurs actuelles, listes indigestes d'abstractions insipides et de clichés bien intentionnés (« esprit d'innovation », « orientation client »…). Avec le management par les valeurs, il s'agit de définir des contraintes simples permettant aux collaborateurs de prendre leurs propres décisions en conformité avec la mission fondamentale de l'entreprise. L'« ADN » de celle-ci devrait être défini à travers le « cadre de référence » expliqué dans le chapitre 1. Il convient ici de représenter cet outil sous forme d'un schéma :

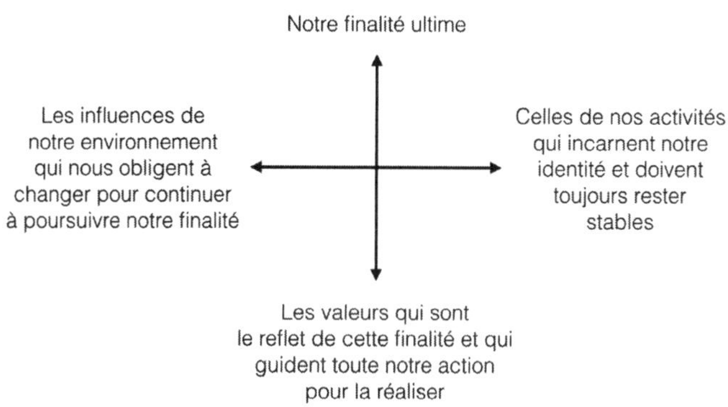

Plutôt que rester des principes abstraits, les valeurs devraient être formulées de la manière suivante, en ajoutant une contrainte appropriée pour limiter l'action autrement libre des collaborateurs : « Atteignez cet objectif de la manière qui vous semble la meilleure, pourvu que vous ne fassiez pas… »

Quand la valeur… n'a pas de valeur

Histoire vraie

Un cas d'école

Deux champions nationaux, l'un britannique, l'autre néerlandais, ont décidé de créer une co-entreprise afin de faire des économies d'échelle dans leurs achats de matériel. La nouvelle société avait trois populations différentes : deux venant des maisons mères et l'autre ayant été recrutée spécialement. Anticipant les difficultés qu'il y aurait à aligner les pratiques de tous ces acheteurs, la co-entreprise a défini quatre valeurs de base à l'intention de ses collaborateurs : « la simplicité », « le partenariat », « parler d'une seule voix », « l'ambition ». Ces valeurs ont été diffusées à travers l'entreprise avec un maximum de publicité. Pourtant, le comportement des acheteurs ne s'en ressentait pas. La promotion de trois substantifs abstraits et une injonction métaphorique n'ont pas le même effet que la définition des conditions régissant les actions fondamentales des équipes. Voici les objectifs clairs qui se cachaient derrière chaque « valeur » :

- » Simplicité = acheter au prix le plus bas (voir « partenariat »).
- » Partenariat = partager avec tous vos collègues les infos sur les prix les plus bas obtenus.
- » Parler d'une seule voix = ne pas donner au vendeur des signaux contradictoires.
- » Ambition = tâcher de faire toujours mieux (superflu, mais ça ne fait pas de mal).

Interrogés sur les valeurs, les collaborateurs répondaient : « Les soi-disant "valeurs", elles ne s'appliquent qu'à nous, pas à la direction. » La campagne sur les valeurs était déployée par les ressources humaines. Les dirigeants de l'entreprise gardaient leur distance et ne s'identifiaient pas avec les quatre principes.

Le management par les valeurs n'a aucune chance de fonctionner sans vrai leadership de la part de la direction et sans contraintes claires pour guider les actions des collaborateurs. Cependant, c'est dans ce domaine qu'il y aura beaucoup de développements dans les années à venir et certains sont déjà en cours.

Pour en savoir plus

John P. Kotter, Holger Rathgeber, *Alerte sur la banquise ! Réussir le changement dans n'importe quelles conditions* (Village mondial).

HBR's 10 Must Reads. On Change Management (Harvard Business Revew Press).

Harold Sirkin, James Hemerling, Arindam Bhattacharya, *Globality. En concurrence avec tous, pour tout et partout* (Lignes de Repères).

Peter Senge, *La Cinquième Discipline. L'art et la manière des organisations qui apprennent* (Eyrolles).

David A. Garvin, Amy C. Edmondson, Francesca Gino, « Is yours a learning organisation ? », *Harvard Business Review*, mars 2008.

John P. Kotter, « Accelerate ! How the most innovative companies capitalize on today's rapid-fire strategic challenges – and still make their numbers », *Harvard Business Review*, novembre 2012.

Gary Hamel, Michele Zanini, « Build a change platform, not a change program », *McKinsey Insights*, octobre 2014, en ligne : **http://www.mckinsey.com/insights/organization/build_a_change_platform_not_a_change_program**.

Place à la pratique !

À retenir

Avant de lancer votre prochain grand changement, vérifiez vos réponses aux dix questions suivantes :

1. Le changement en question va-t-il apporter à votre organisation des gains appréciables par rapport à l'état actuel des choses ? Selon quels critères en jugez-vous ?
2. Le changement et les gains qu'il apporte méritent-ils vraiment le temps passé, l'argent dépensé et la désorganisation occasionnée ?
3. Si vous ne réalisez pas ce changement, quelles en seront les conséquences pour votre organisation : pour vous personnellement, pour les salariés, pour la réputation de votre entreprise, pour ses clients et ses partenaires ?
4. Avez-vous considéré des alternatives possibles à ce projet de changement ?
5. Ce changement est-il bon pour vous, pour votre réputation, pour votre image de vous-même, mais mauvais pour l'entreprise ?
6. Avez-vous suffisamment de ressources, de soutien et d'alliés influents pour réaliser ce changement ?
7. Vos collaborateurs sont-ils déjà submergés par les changements ? Comment accueilleront-ils ce projet ?
8. Vos collaborateurs seront-ils capables de s'adapter à ce changement et d'acquérir les nouvelles compétences nécessaires ?
9. Avez-vous laissé à vos collaborateurs une marge de manœuvre suffisante pour qu'ils puissent contribuer activement à la réalisation de ce changement et se l'approprier ?
10. Serez-vous capable de stopper net le projet de changement, si les premiers résultats en indiquent la nécessité ?

DANS CE CHAPITRE

Comprendre le management en mode projet

Gérer les obstacles les plus fréquents

Choisir et appliquer les bons outils

Clôturer un projet

Chapitre 12
Manager en mode projet

L'entreprise aujourd'hui est constamment obligée de relever les défis proposés par les innovations technologiques, l'apparition de nouveaux produits, les menaces concurrentielles, les contraintes de rentabilité ou l'évolution des comportements des consommateurs. Les organisations classiques conçues pour délivrer un service récurrent ne sont pas forcément adaptées à ces fins. Elles doivent donc adopter le mode projet. Désormais, nous sommes tous, quel que soit l'emploi que nous occupons, un acteur projet potentiel ou même un chef de projet occasionnel.

Les exemples de projets sont aussi nombreux que variés :

» Dans une grande entreprise de gaz industriel : développer une nouvelle technologie sans avoir dans sa propre entreprise toutes les compétences nécessaires.

» Dans une grande compagnie d'assurances : faire évoluer la relation avec ses clients à travers un projet pluriannuel impliquant le marketing, la vente, la gestion des sinistres...

» Dans un cabinet d'expertise comptable : lancer un programme de refonte des processus métiers avec une dématérialisation des flux papier afin de réaliser des gains de productivité.

- Dans une collectivité locale : adopter une approche multicanal (accueil physique, accueil téléphonique, services Internet) pour améliorer l'organisation et le mode de fonctionnement afin de répondre aux besoins des usagers.
- Pour un distributeur d'équipement industriel : simplifier le processus de commande, apporter de la valeur aux clients, en simplifiant la conception et la mise en œuvre d'un outil d'e-commerce.

Dans la plupart des exemples cités, les projets peuvent être qualifiés de transverses, car ils impliquent simultanément plusieurs métiers, plusieurs directions et plusieurs services de l'entreprise, voire des partenaires sous-traitants de certaines activités.

Dans ce type de situation, le chef de projet ne peut maîtriser l'ensemble des domaines. Son rôle n'est surtout pas de se poser en expert. Un tel comportement serait source de conflit. Il doit coordonner une équipe hétérogène, tout en restant exigeant sur le résultat à atteindre et suffisamment souple pour assurer une réelle coopération. Il cherche à conserver sa légitimité qui s'appuie principalement sur la confiance qu'il inspire et sur sa compétence d'animateur et de facilitateur. Pour un programme complexe, on choisira de préférence un chef de projet neutre, qui n'a pas d'implication directe avec les sujets traités, pour éviter toute connotation qui fragiliserait le chef de projet face à ses interlocuteurs.

Et pourtant, la plupart des études sur les projets en entreprise suggèrent un niveau de satisfaction plutôt bas chez les acteurs concernés quant aux résultats. Les causes d'échec les plus couramment citées sont les suivantes :

- Un problème de gouvernance : l'impossibilité de décider et d'arbitrer à un moment du projet.
- Un sponsoring insuffisant au plus haut niveau de l'entreprise ; une absence de vision capable de mobiliser les énergies.
- Un manque de ressources, que ce soit en termes de quantité ou de qualité.
- La perte de l'alignement du projet sur ses objectifs mais aussi sur la stratégie d'entreprise.

» Le déséquilibre entre délai, budget et contenu.

» La non-anticipation des risques.

Quels sont les bons outils pour réduire le risque d'échec dans la gestion des projets ?

Quels sont les attitudes et les comportements à adopter pour mener un projet à son terme en respectant les exigences de départ ?

Qu'est-ce qu'un projet ?

L'Organisation internationale de normalisation donne la définition suivante, reprise par l'Association française de normalisation : « Un projet est un ensemble unique de processus, constitués d'activités coordonnées et maîtrisées, ayant des dates de début et de fin et entreprises pour atteindre les objectifs du projet. La réalisation des objectifs du projet requiert la fourniture de livrables conforme à des exigences spécifiques. » Un projet est donc temporaire, avec un début et une fin. C'est une démarche focalisée sur un objectif, un résultat à atteindre, avec des contraintes en termes de temps, de ressources et de budget. Quand un projet est transverse à l'organisation, l'équipe projet sera composée de collaborateurs de différentes directions, ce qui peut faire naître une situation de concurrence avec le fonctionnement de l'organisation habituelle. Sans compter qu'un projet a pour objectif de faire évoluer les choses et qu'il sera créateur d'attentes, voire d'illusions et de résistances.

Le cycle de vie d'un projet

À retenir

Un projet est habituellement découpé en quatre phases composées chacune d'activités et de livrables spécifiques :

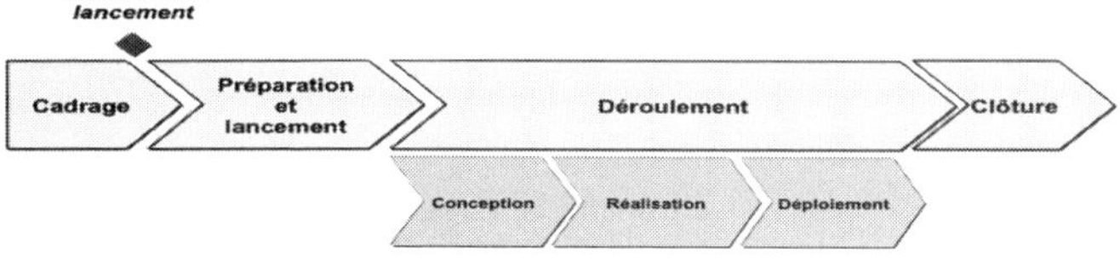

Attention

Dans un projet classique, les activités de conception et de réalisation sont par nature séquentielles. Les marges de manœuvre, importantes initialement, se réduisent rapidement, alors que les choix engagés ont des conséquences dans la durée.

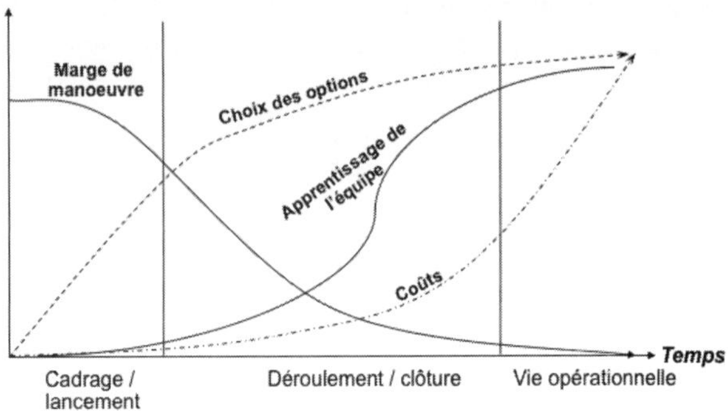

Ce paradoxe a conduit à faire évoluer les méthodes de management des projets. Le développement des méthodes « Agile » pour le projet informatique en témoigne. Ici, les activités de conception et de réalisation sont parallélisées. Plusieurs itérations – ou répétitions – sont effectuées pour couvrir l'ensemble du périmètre fonctionnel.

L'objectif principal est de montrer – plus rapidement que dans un mode de projet classique, séquentiel – des résultats concrets aux futurs utilisateurs, en évitant « l'effet tunnel ». On conserve des marges de manœuvre et on colle au plus près des besoins des utilisateurs. « Rational Unified Process » et « SCRUM » constituent deux exemples de méthodologies « Agile ».

La gouvernance et la structuration du projet

La gouvernance du projet et sa structuration dépendent de sa complexité. Contrairement à une opinion reçue, tous les projets ne sont pas complexes. Beaucoup sont seulement « compliqués », dans la mesure où, en termes de résultats prévus et d'accord entre les acteurs, il y a plus de connus que d'inconnus. Un projet est complexe quand :

» **Les acteurs en jeu sont nombreux et ont souvent des attentes divergentes et des niveaux d'intervention différents. C'est le cas des projets transverses nécessitant la mobilisation de plusieurs directions de l'entreprise.**

» **Un environnement changeant peut déstabiliser tous les acteurs. S'adapter à cet environnement impose de raccourcir le cycle conception-réalisation-déploiement en parallélisant les travaux, ce qui ajoute de l'incertitude. C'est le cas des projets mettant en mouvement plusieurs métiers de l'entreprise.**

Dans le cadre de ces projets complexes, qui peuvent être pluriannuels, la notion de programme sera employée. L'idée consiste à définir plusieurs projets plus simples à piloter qui concourent à un objectif commun.

Pour réussir un projet, il est capital de prendre en compte l'ensemble de l'environnement interne et externe. Le rôle de chaque acteur impliqué doit être clairement défini dès le début et dépend de la structuration du projet – par métier, par périmètre fonctionnel, par chantier... – et de son pilotage. Comme il n'y a pas de modèle unique, le choix de la structure dépend des sujets à traiter (refonte d'une organisation, déploiement d'un nouveau système d'information, lancement de produit...). Une organisation hiérarchique pourrait ressembler au schéma ci-après.

La gouvernance du projet s'appuie sur deux piliers : le comité de pilotage et l'équipe projet. Le comité de pilotage est le garant des objectifs du projet. Il décide des options majeures ; il valide les orientations proposées par les équipes de travail et il prend du recul sur les sujets stratégiques. Il suit l'avancement des travaux, ainsi que les résultats obtenus, et veille à la bonne allocation et aux suivis des ressources humaines et budgétaires. Un comité de pilotage devrait être organisé en trois temps :

1. **Une revue systématique de la « météo » du projet qui précise en toute transparence l'avancement et l'état d'esprit ambiant.**

2. **Un travail sur les questions clés à trancher.**

3. **Une mise en perspective des prochaines étapes.**

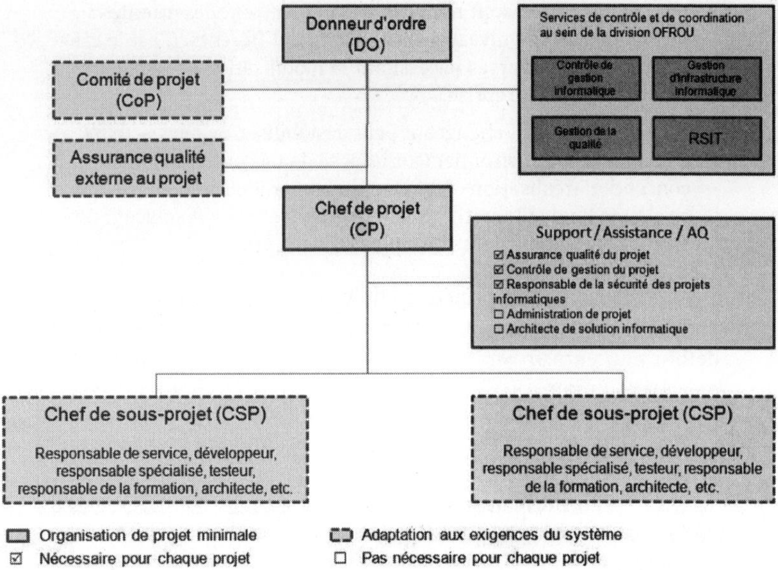

L'équipe projet est en charge de la mise en œuvre de l'ensemble des chantiers. Piloté par le chef de projet, le rôle de cette équipe consiste à « faire et faire faire » et surtout à rendre compte au comité de pilotage des avancées, des difficultés ou des points de blocage rencontrés.

Un projet s'inscrit dans un cadre dont les axes sont le périmètre fonctionnel, le délai, les coûts et la qualité. Pour respecter un de ses axes, la solution consiste à jouer sur les trois autres. L'équipe projet et le chef de projet seront garants du triptyque qualité-délai-coût. Le périmètre fonctionnel, qui impacte directement les objectifs du projet, relève de l'autorité du comité de pilotage.

Le rôle clé du chef de projet

Quel que soit le projet, le chef de projet ne doit jamais perdre de vue ses objectifs. Celui-ci est au cœur d'un système de contraintes créées par les attentes des autres acteurs :

» Le directeur de projet ou sponsor souhaitera être informé sur l'avancement, éviter les problèmes et garantir la satisfaction du client.

» Le client sera désireux de voir le résultat final, de connaître l'impact sur son équipe, les besoins de formation et les échéances, surtout si le projet impacte directement son activité.

» Afin de garder la motivation dans la durée, l'équipe projet, préoccupée par les sujets à traiter et les délais de production à respecter, aura besoin d'être soutenue, valorisée et mise en situation de progresser.

La disponibilité et l'exemplarité du chef de projet sont des points clés pour gagner et maintenir sa légitimité. Il lui faut déléguer ou externaliser une partie de ses activités afin de consacrer au moins 20 % de son temps à une prise de recul nécessaire, en conservant ainsi sa capacité à piloter et à anticiper. Il a la responsabilité de répartir au mieux les travaux en fonction des compétences, des expériences et des souhaits de développement de l'équipe. Il facilite la communication et le partage des informations, protège son équipe et sait dire « non » à toute exigence contre-productive du comité de pilotage ou du client.

De l'opportunité au lancement effectif du projet

La première phase a pour objectif d'explorer une opportunité, afin de décider si l'on doit en faire un projet ou tout simplement l'abandonner. Il s'agit d'instruire un dossier et de recueillir l'ensemble des données permettant aux décideurs de prononcer un *go* ou *no go*. Les activités principales de cette phase de cadrage comprennent :

» l'étude de l'environnement à travers la collecte d'informations (étude de marché, retour d'expérience, avis d'expert…) ;

» une première approche des options de transformation à engager, surtout s'il s'agit d'un projet complexe avec une forte composante organisationnelle ou métier et un premier macroplanning ;

» une évaluation des risques qui devra préciser au regard de l'évolution de l'environnement « qu'est ce qui se passe si on ne le fait pas ? » ;

» une évaluation des bénéfices attendus et un budget ;

» une formalisation claire des objectifs du projet.

Truc

Normalement, la meilleure approche consiste à confier cette phase à une équipe dédiée ; ensuite, une autre équipe prendra en charge la phase de déroulement du projet.

Les outils préparatoires

Un certain nombre d'outils sont essentiels pour atteindre les objectifs de cette première phase. Pour l'étude d'opportunité, voici les plus utiles :

» *Le business case* : un outil d'aide à la décision qui fournit une évaluation des gains. Il ne s'agit pas que d'une évaluation financière. Les gains intangibles à court terme, tels que la satisfaction client ou le confort des collaborateurs, sont pris en compte. Il faut quantifier les opportunités identifiées par chaque chantier du projet, documenter la logique permettant d'atteindre les bénéfices et, enfin, valider l'écart entre l'état actuel et les enjeux potentiels.

» *La carte de transformation* : elle sert à décliner le macroplanning du projet et à mettre en perspective les jalons et les changements nécessaires pour atteindre la cible. L'intérêt de la carte de transformation est triple : identifier les principaux événements du projet, vérifier le bon enchaînement des événements et leurs interdépendances, et surtout construire une vision commune de la transformation.

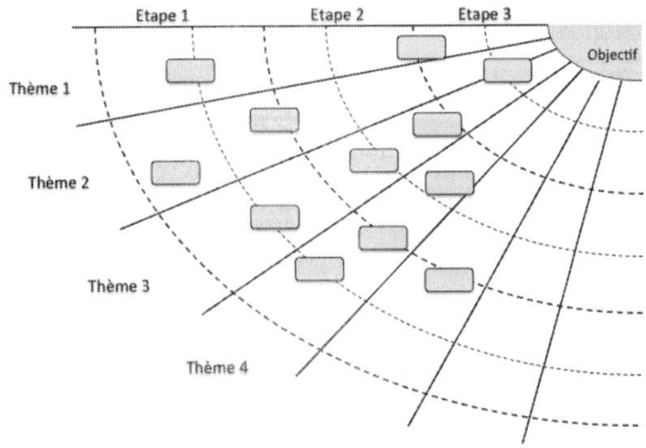

» *La matrice des risques* : outil le plus couramment utilisé, il consiste à analyser les risques selon deux axes, leur gravité et la probabilité de leur survenance. La matrice sera utilisée à chaque jalon clé du projet et lors des réunions du comité de pilotage, qui se focalisera sur les risques qui remettent en cause les objectifs du projet.

Les outils de lancement

Maintenant que les objectifs sont connus, et afin de caler le projet juste avant son lancement effectif, le chef de projet désigné s'entoure d'une équipe restreinte qui constituera ensuite l'équipe de pilotage du projet. Il s'agit à ce stade de :

» planifier le projet, en définissant non seulement les modalités de coordination mais aussi les interactions et les interdépendances avec les autres projets en cours dans l'entreprise ;

» définir la composition de la gouvernance et des instances, en particulier celle du comité de pilotage ;

» valider l'objectif final du projet et décliner les objectifs affectés à chaque chantier, avant de sélectionner, former et mobiliser l'équipe et les contributeurs ;

» finaliser le fonctionnement du projet et mettre en place les moyens logistiques.

Ici, les outils les plus pertinents sont les suivants :

» *Le planning projet* : le planning présentera *a minima* les principales phases, les objectifs qui y sont associés, ainsi que les livrables clés. Il devra être revalidé lors de la préparation de l'étape de réalisation. Les outils couramment utilisés sont le PERT, qui présente une vision du chemin critique, et le GANT, qui permet d'identifier simplement le passage d'un jalon à l'autre.

» *La charte de chantier* : un projet étant souvent découpé en chantiers, cet outil clarifie le contrat entre un chef de projet et un responsable de tâches. Outre les aspects relatifs aux principales tâches et charges associées, on veillera à y intégrer des objectifs non financiers visant à améliorer la coopération entre les différents chantiers et, surtout, à repérer les interdépendances qui peuvent être source de conflit durant le déroulement du projet.

» *Le séminaire de lancement* : il a lieu à la suite d'une réunion ou d'une revue de lancement qui aura validé, avec l'équipe de pilotage et le client, le dispositif projet, le planning et les chartes de chantier. Pour certains projets de taille significative (plus de 30 acteurs), un séminaire de lancement est essentiel pour créer la dynamique projet. Il permet de développer l'esprit d'équipe, de partager les objectifs et la trajectoire du projet, et surtout de définir le plan de travail à court terme pour lancer les travaux.

Du déroulement à la clôture du projet

Piloter un projet est aussi bien une question humaine que technique. Le chef de projet, en s'appuyant sur le comité de pilotage et l'équipe projet, doit concilier la gestion technique – l'équation périmètre fonctionnel-coûts-délais-qualité – et la gestion humaine, pour maîtriser et anticiper le cycle émotionnel qui accompagne tout projet. Après les certitudes créées par un lancement réussi, les questions non résolues sont génératrices de doute et impactent le moral de l'équipe. Le chef de projet fera en sorte que cette période, souvent peu productive, dure le moins longtemps possible.

Les outils de reporting et d'évaluation des impacts sur les individus

Les outils mis en place lors de la préparation – charte de chantier, matrice des risques, planning, budget – seront complétés par des outils de reporting simple. Ceux-ci sont à utiliser à fréquences régulières (hebdomadaire ou mensuelle) en fonction du rythme du projet. Ce dispositif permet d'avoir une vision synthétique, afin d'anticiper toute dérive et d'apprécier la performance du projet. Pour être efficace, le reporting doit fonctionner dans les deux sens :

ceux qui fournissent les informations sont informés à leur tour des décisions et des arbitrages du comité de pilotage. À ce stade, deux outils sont particulièrement adaptés :

» *Le flash report* : véritable outil de communication entre un responsable de tâche ou de chantier et le chef de projet, ce document, qui tient en une page, synthétise l'état d'avancement des travaux, les difficultés rencontrées et les demandes d'arbitrage à remonter au comité de pilotage, une vision des étapes suivantes, et une appréciation du moral des acteurs – un point crucial à ne jamais négliger !

» *Le tableau de bord du projet* : une consolidation des *flash reports*, complétée par les données budgétaires et le suivi des risques, il sera utilisé en comité de pilotage pour donner une vision globale de l'avancement du projet.

Au moment de déployer le projet, deux questions spécifiques s'imposent :

» Quelle stratégie de déploiement adopter ? Une approche « big bang », qui porte sur tous les fronts à la fois, ou un déploiement par métiers, pays, services ou processus ?

» Comment accompagner les changements induits par le projet pour les pérenniser ?

Alors que la stratégie de déploiement préoccupe en priorité les équipes techniques, surtout quand il s'agit de systèmes d'information, la question du niveau de changement et des risques associés est prédominante pour la réussite du projet et, du coup, pour le choix de la stratégie de déploiement. Évaluer les impacts du projet sur les collaborateurs est indispensable. Qui sera réellement impacté et comment ? Comment impliquer les acteurs dans le changement ? À ces fins, nous disposons des outils suivants :

» *L'analyse d'impact OMOC pour qualifier les changements* : une façon d'analyser les impacts du projet sur les individus selon quatre axes : la méthode, les métiers, les rôles et les cultures. Pour être efficace, cette analyse doit être une co-construction.

» *La carte des partenaires* : cette approche permet de positionner les acteurs par rapport au projet selon leur degré de synergie ou d'antagonisme. Elle définit sept catégories : les engagés, les constructifs, les hésitants, les déchirés, les passifs, les opposants, les irréductibles. Le positionnement des acteurs n'est pas figé et nécessite d'être actualisé. L'écoute et la prise en compte de propositions émanant des acteurs permettent d'augmenter la synergie. Donner de l'information en apportant des réponses aux préoccupations exprimées réduit l'antagonisme.

La clôture d'un projet

Si par définition un projet a un début et une fin, celle-ci représente le moment de faire un bilan interne, de gérer le transfert au client et d'assurer le devenir de l'équipe projet. Il y a cinq actions majeures à réaliser :

❶ Identifier les leçons apprises.

❷ Revoir et documenter ce qui a été accompli.

❸ Rassembler et archiver les données du projet.

❹ Reconnaître les contributions exceptionnelles.

❺ Débriefer les acteurs avant qu'ils ne passent à d'autres activités.

L'achèvement du projet passe forcément par une phase de deuil : bien clore le projet nécessite de marquer cette rupture. Une réunion de bilan, permettant aux acteurs d'exprimer ce qui a été bien réussi et ce qui aurait pu l'être mieux, facilite la nécessaire rupture, pour que tout le monde soit prêt à démarrer un nouveau projet. Un projet est une aventure collective. Participer à un projet nous apporte non seulement la satisfaction d'avoir atteint un objectif important, mais aussi une vision élargie de l'entreprise.

Pour en savoir plus

Frédéric Touvard, *Le Manageur explorateur* (Presses internationales Polytechnique).

Ralph D. Stacey, *Strategic Management and Organisational Dynamics* (Financial Times/Prentice Hall).

Jean-Jacques Néré, *Le Management de projet* (PUF, coll. « Que sais-je ? »).

Gilles Garel, *Le Management de projet* (La Découverte).

Michael L. Young, « Un guide complet à la clôture des projets » : **http://leblogdumanagementdeprojet.com/**

Test

Testons nos connaissances

❶ Lequel des éléments suivants ne représente pas un facteur d'échec dans la gestion d'un projet ?

❑ Un problème de gouvernance.

❑ Un manque de ressources.

❑ Une charte de chantier.

❑ Une perte d'alignement par rapport à la stratégie.

❷ La « carte des partenaires » permet de :

❑ mesurer le degré de synergie ou d'antagonisme des acteurs.

❑ impliquer le client.

❑ trouver des partenariats.

❑ débriefer des acteurs à la fin d'un projet.

❸ Lequel de ces outils est le plus adapté à la phase préparatoire d'un projet ?

❑ Une carte de partenaires.

❑ Une carte de transformation.

❑ Un séminaire de lancement.

❑ Un *flash report*.

❹ Lequel de ces outils est le plus adapté à la phase de lancement d'un projet ?

❑ Une charte de chantier.

❑ Un *business case.*

❑ Un Flash Report.

❑ Une analyse d'impact OMOC.

1) Une charte de chantier.
2) mesurer le degré de synergie ou d'antagonisme des acteurs.
3) Une carte de transformation.
4) Une charte de chantier.

DANS CE CHAPITRE

Identifier et se servir des outils de communication et de collaboration les plus pertinents

•

Réussir la transformation digitale de ses équipes

•

Saisir l'opportunité qu'offrent les réseaux sociaux

Chapitre 13

Exploiter les mutations technologiques

La révolution digitale, représentée par tous les outils, réseaux et sources d'information rendus possibles par Internet et le World Wide Web (ou la Toile), a eu un impact énorme, autant sur nos vies personnelles que dans le monde de l'entreprise. Une des conséquences les plus évidentes, mais les plus difficiles à maîtriser, c'est la rapidité de l'information. Alors qu'il a fallu six semaines pour apprendre la mort du président Abraham Lincoln à travers les États-Unis, le décès brutal de Michael Jackson était mondialement connu en moins de vingt minutes !

Une autre conséquence majeure de la révolution digitale, c'est qu'elle a tendance à déstabiliser les hiérarchies. Les événements récents en ont fourni un exemple flagrant. Lors du « Printemps arabe », les canaux d'informations les plus influents ont été les réseaux sociaux, interfaces qui ont largement contribué à la chute des gouvernements en place. Nous sommes loin de la photo du reporter, figure de proue mais témoin impuissant, de la place

Tiananmen en 1989. Le monde de l'entreprise est également ébranlé par l'irruption du digital au quotidien. Voici trois exemples de disruptions qui mettent en doute les *statu quo* traditionnels :

» **L'arrivée dans notre secteur de nouveaux entrants plus agiles parce que plus forts dans l'exploitation des possibilités offertes par Internet.**

» **Les opportunités et les menaces représentées par une nouvelle autonomisation des clients, dont les opinions impactent plus que jamais notre réputation et qui deviennent des « consommacteurs » prêts à dialoguer avec nous sur les produits et services qu'ils désirent.**

» **La manière dont les réseaux sociaux et les outils de collaboration en ligne contournent et rendent caducs même les voies de communication et les chaînes de commandement des entreprises pyramidales.**

Face à cet impératif de s'adapter au nouvel environnement digital et de l'exploiter mieux que ses concurrents, comment le manager peut-il se repérer au milieu de la profusion des nouveaux outils et des nouvelles plateformes ? Comment les intégrer au travail régulier de ses équipes ? Comment gérer de manière optimale sa propre présence en ligne et celle de son entreprise ?

La transformation digitale de son équipe

Une étude conduite par le MIT Center for Digital Business et Capgemini Business montre que les entreprises les plus en avance digitalement parlant sont, en moyenne, 26 % plus performantes en termes de profitabilité que leurs concurrents dans le même secteur. Le digital permet de passer d'une somme d'intelligences individuelles à une somme d'intelligences collectives. L'exemple le plus marquant en est Wikipédia qui arrive à faire deux choses dont les encyclopédies traditionnelles étaient incapables :

» Exploiter l'intelligence collective d'un très grand nombre de personnes autour du monde (on pense par exemple au nombre de langues disponibles sur Wikipédia) dans la production de ses contenus.

» Rendre ces contenus accessibles pour un vaste public à travers le globe.

Les enjeux pour l'entreprise et ses managers sont de taille :

» La concurrence est omniprésente et exacerbée par le digital. Internet a été un effet de levier quant à la mondialisation et aucune entreprise ne peut se permettre d'agir sans être présente sur le Web.

» Grâce à ce médium, le travail collaboratif est favorisé à plus d'un titre. Le monde virtuel fait partie de notre quotidien et nous incite à échanger, partager et commenter les moindres faits et gestes de nos contemporains.

» Internet casse donc les silos. Plus nos collaborateurs parlent entre eux, plus c'est une chance pour notre entreprise. Cette parole libre permet de faire évoluer les mentalités et de repérer les points faibles. On voit apparaître de nouvelles pratiques collectives : l'« entreprise libérée », beaucoup moins pyramidale, en est une, fondée principalement sur la confiance.

Devant le flux incessant et immense de données et de nouvelles – l'« infobésité », comme on dit – il y a une seule règle d'or.

La règle d'or du monde digital

Truc

L'avenir appartient, non à celui qui possède l'information, mais à celui qui sait la trouver, la trier et la mettre en valeur.

La révolution digitale implique de profonds changements dans la pratique de nos métiers. Ainsi, le talent de demain disposera d'un savant mix d'intelligence sociale, de pensée informatique, de créativité, d'adaptation et de culture de l'auto-formation pour pouvoir travailler efficacement de manière collaborative et participative, que ce soit en présentiel ou en virtuel.

Splendeurs et misères de la révolution digitale

De nombreuses entreprises voient leur transformation digitale échouer. La cause est à chercher dans des freins managériaux au déploiement, tels que la crainte de la perte de contrôle, l'inquiétude sur le phénomène de « caisse de résonance » des problèmes internes, ou le doute quant au retour sur investissement réel de ce type de projet.

L'idée centrale pourtant consiste à s'adapter aux nouveaux modes d'organisation tout en maîtrisant les modalités techniques. En cela, le réseau social d'entreprise est un outil puissant et incontournable. Et ce, pour plusieurs raisons :

- **L'augmentation de l'efficacité opérationnelle (réduction des e-mails, partage des connaissances, promotion de l'innovation, gain de temps).**
- **La mise en valeur de la motivation des collaborateurs (responsabilisation accrue, réduction des lignes managériales, proximité et échanges plus ouverts).**
- **La constitution de forums ou réseaux externes qui, si vous ne prenez pas l'initiative, se fera sans vous ; ces forums constituent de vrais cas d'école pour de nouvelles pratiques collaboratives.**

Le réseau social d'entreprise offre une grande souplesse d'utilisation et de gain de temps, à condition de :

- **choisir la plateforme et le modèle en fonction de son organisation ;**
- **former ses collaborateurs à l'utilisation de ce dernier ;**
- **avoir un modérateur et/ou un animateur pour une utilisation optimale.**

Optimiser les systèmes de facilitation du travail

Les nouvelles technologies vont en effet nous aider dans notre rôle de manager au quotidien. Que ce soit pour la prise de notes, le partage d'informations, la transmission d'éléments, la création de documents et bien d'autres, voici une sélection d'outils qui nous permettent de rationaliser notre temps de travail.

Le travail collectif asynchrone

Le travail « asynchrone » désigne la collaboration, sur un projet, de plusieurs personnes qui ne sont pas disponibles en même temps. Certains outils indispensables nous permettent de partager rapidement les informations, de mieux gérer notre temps, de communiquer efficacement, tout en diminuant le nombre d'e-mails et de casser les silos.

Pour le partage des fichiers :

» **Google Drive.** C'est une solution de stockage en ligne, mais on peut aussi travailler sur un fichier sur Internet ou hors connexion. On peut également partager les projets en invitant ses collaborateurs à écrire simultanément sur le même document.

» **OneDrive.** Concurrent direct de Google Drive, ce logiciel réalisé par Microsoft offre la possibilité de synchroniser les documents avec la fameuse suite de l'éditeur. On n'a qu'à glisser son fichier dans OneDrive pour qu'il se synchronise dans l'application. Les changements se font automatiquement lors de sa connexion.

» **Dropbox.** C'est un service de stockage et de partage de copies de fichiers en ligne.

» **Meeting Words.** Moins connu, ce logiciel apporte une nouveauté dans le monde de la co-création, puisqu'il permet de voir l'apport de chaque créateur de contenu dans une couleur spécifique.

» **WeTransfer.** Un service de transfert de fichiers volumineux (jusqu'à 2 gigas avec la version gratuite) basé sur le Cloud.

Pour organiser des conférences à distance, il existe des outils de visioconférence tels que Zoom, Skype ou Microsoft Teams. Pour le meilleur usage de ces logiciels, voir chapitre 9.

Traiter l'information

Pour recueillir des informations au travers d'un questionnaire, parmi les nombreux outils, deux méritent d'être cités :

» **Google Forms**, le plus connu ;

» **SurveyMonkey**, le plus professionnel.

Pour organiser un événement :

» **Doodle**, pour faire un sondage quant à la disponibilité, sur certaines dates, de différents participants.

» **Eventbrite**, qui simplifie l'organisation et la gestion d'événements en offrant des services d'une qualité professionnelle pour un coût réduit.

Si la règle d'or du digital consiste à savoir trier et présenter l'information, la « curation » en est l'expression, puisque c'est la sélection, l'édition et le partage les contenus trouvés sur Internet qui sont les plus pertinents pour tel ou tel public qui s'intéresse à une question donnée. Devant le foisonnement de sites Web et de contenus dans tous les genres, certains outils facilitent énormément notre tâche :

» **Scoop.it** permet d'accéder à une multitude d'articles relatifs à des mots-clés préalablement enregistrés.

» **Pearltrees** permet de catégoriser les informations.

» **SlideShare** permet de trouver des présentations par mots-clés.

» Les sites Web de **Harvard Business Review** et **TedX** constituent des sources d'articles et de vidéos à connaître pour s'inspirer et inspirer les autres dans son travail au quotidien.

Réaliser des présentations et des documents créatifs

Dans le domaine des présentations, les sempiternels PowerPoint ou Keynote (pour les utilisateurs Mac) sont des outils performants lorsqu'ils sont maîtrisés. Mais comment faire lorsque notre formation ne nous permet pas de créer des présentations percutantes ? Certains sites Web pallient notre manque de savoir-faire en proposant des outils simples à appréhender, tels que Prezi, MindMapping ou SlidesCarnival.

Ayant subi pendant des années des présentations de diapos assommantes, le public d'aujourd'hui préfère largement la vidéo comme le support optimum pour des messages captivants et mémorables. Des sites, tels que Moovly, Animoto ou Explee, aident le novice à s'en sortir dans l'exploitation de ce média.

Fini la bonne vieille lettre d'information imprimée. Nous sommes passés en quelques années du support papier au digital. Bien que n'étant pas traduit en français, l'outil le plus complet et simple demeure Mailchimp.

Se former en ligne

Internet bouleverse aussi le secteur de la formation. Xavier Niel, instigateur de l'École 42 à Paris, l'a bien compris ! Car à l'heure où l'intelligence collective est un des leviers de la performance, l'e-learning devient un nouveau mode d'éducation. Les MOOC ou « cours en ligne ouverts à tous », développés par des institutions prestigieuses tels que Stanford, Harvard ou HEC, vous permettent de vous former gratuitement en rejoignant des classes de milliers de personnes à travers le monde. Parmi les plus intéressants : Coursera, Edx, mooc-francophone, openclassrooms et la plateforme FUN du ministère de l'Enseignement supérieur.

Les réseaux sociaux

Non seulement la population du monde n'a jamais été aussi importante, mais elle n'a jamais été aussi connectée, grâce au nombre toujours grandissant des smartphones. Les plateformes qui rassemblent le plus d'utilisateurs sont les réseaux sociaux. L'entreprise doit y être présente, comme autrefois elle devait être présente dans les rues et les centres commerciaux, ainsi que sur les médias traditionnels. Avoir un site Web ne suffit plus. Mais cette présence de l'entreprise sur les réseaux sociaux a besoin d'être gérée à bon escient, ainsi que son image et sa réputation. Et ce qui vaut pour une entreprise, vaut de la même manière pour les managers individuels.

Pour ce qui concerne les réseaux sociaux de masse, chacun a sa propre identité et sa propre utilité :

» **Facebook** demeure aujourd'hui le numéro 1 avec un milliard d'utilisateurs. Il touche les couches de population les plus diverses. C'est le réseau grand public par excellence. Autant vous dire qu'il est vital d'y avoir sa page ou son groupe « entreprise ».

» **Twitter** est un outil fondé sur l'actualité. Avec un public qui suit les leaders d'opinion, il sert surtout pour communiquer en temps réel.

» **YouTube** est un service de partage de vidéos tous azimuts. La référence en la matière, devant DailyMotion.

» **Instagram** permet de partager des photos et des vidéos en ajoutant des filtres.

» **Pinterest** permet le partage des centres d'intérêt.

De nouveaux réseaux, tels que Vine, Snapchat, Jelly ou Foursquare, émergent chaque année selon des thématiques et des fonctionnalités différentes. Qui peut prédire quel sera leur succès dans l'avenir – ou leur disparition ?

Les organisations, mais aussi les managers individuels, se doivent d'être présents sur les réseaux sociaux professionnels, comme LinkedIn et Viadeo. À l'origine, ces réseaux étaient destinés principalement au recrutement et à la recherche d'emploi. En plus de ces fonctions, ils permettent aujourd'hui au manager de créer du lien avec ses équipes, ses clients et ses fournisseurs, ainsi qu'avec tous les autres professionnels et institutions susceptibles de l'intéresser. Plus on a de contacts, plus on a de visibilité. On peut aussi faire de la curation sur LinkedIn et poster textes, vidéos et présentations (LinkedIn est le propriétaire de SlideShare) pour soigner son profil et étendre son influence. Il existe aussi des réseaux sociaux d'entreprise, tels que Yammer, Chatter ou TalkSpirit, grâce auxquels on peut limiter le nombre d'e-mails échangés à l'intérieur de l'entreprise et stocker des informations essentielles.

Réseauter, c'est aussi passer du virtuel au réel. Pour ce faire, différents sites et différentes applications, comme Meetup et UP Campus, permettent de rejoindre des groupes de réflexion et autres conférences pour s'informer et innover.

Créer de l'influence sur les réseaux sociaux

Sur les réseaux sociaux, il est essentiel de créer, de poster et de partager du contenu, ainsi que de gérer les risques liés à la réputation. À cette fin, il faut avoir des personnes compétentes et des outils adéquats. L'attente des internautes est différente pour chaque réseau. En fonction des internautes que l'on souhaite toucher, on cherche à apporter différents types de valeur ajoutée :

» **Le contenu expert :** il s'agit de mettre en avant les compétences de l'entreprise afin que les internautes leur fassent confiance.

» **Le contenu émotionnel :** ici, c'est le principe du *storytelling* qu'il faut mettre en avant, pour raconter une histoire afin d'attirer le consommateur.

» **Le contenu exclusif, promotionnel :** plus terre à terre, l'internaute accorde son « like » seulement s'il a compris l'intérêt de suivre la marque.

Les pièges à éviter

Chaque internaute est susceptible d'être l'étincelle qui crée le *bad buzz* (on dit « ramdam » au Canada) s'il répand une nouvelle négative pour l'entreprise. Le *bad buzz* peut également provenir de l'entreprise elle-même, si elle dit ou fait quelque chose qui ne plaît pas. Il faut éviter à tout prix la politique de l'autruche : le risque pour l'entreprise en serait une dégradation de sa réputation, avec toutes les autres conséquences que cela pourrait entraîner. La pression et l'accélération du temps n'arrangent rien à l'affaire. Pour remédier à cela, quelques réflexes sont à prévoir :

» En amont, toujours être en veille pour prévenir la crise.

» Analyser à froid la situation : qui est le responsable ? L'affaire est-elle médiatisée ? Quelles sont les victimes ? Qui est concerné ?

» Prévoir un plan média (communiquer dans les faits, en détail).

Cependant, deux observations s'imposent :

» Attention à « l'effet Streisand » : essayer de cacher un contenu négatif par la censure augmente les chances d'attirer l'attention du public.

» Il vaut mieux bien détecter la fin de crise et ne pas lever le dispositif aux premiers signes positifs. L'effet boomerang peut être désastreux en cas de prolongement de crise.

Quand une mauvaise nouvelle se propage de manière virale, le désastre nous guette. Mais quand une bonne nouvelle fait de même, c'est le bonheur.

Le buzz qui fait peur et le buzz qui rend riche

Histoire vraie

Le mardi 7 septembre 2010, dans une interview sur Presse Océan, Éric Cantona demande à tous les clients des banques à vider leur compte, afin de créer une panique financière et faire comprendre aux banques que ce sont les clients qui ont le pouvoir. Cette interview sur une station locale inconnue sera massivement relayée sur Facebook et YouTube entre autres. On voit à quel point un simple message apparemment insignifiant peut par un effet boule de neige créer une crise possible.

Le 30 mars 2015, Elon Musk, le flamboyant P.-D.G. de Tesla, a publié un tweet annonçant le lancement imminent d'une nouvelle ligne de produits (en l'occurrence, ce sera une batterie électrique pour la maison). L'emballement boursier a été immédiat, faisant augmenter la capitalisation de l'entreprise de 900 millions de dollars à la fin de la journée. Ce message de 115 signes a été qualifié de « plus cher tweet du monde ».

Gérer ses réseaux sociaux

Maîtriser son image requiert temps, compétence et savoir-faire. L'animateur de communauté (*community manager*) est au cœur du système, car il a pour mission de développer la visibilité de l'entreprise sur les médias sociaux, d'assurer la gestion relation clients et de veiller à l'e-réputation de l'entreprise. Certains outils de gestion disponibles sur le Web peuvent être très utiles à cet égard.

Pour optimiser son temps de travail, deux outils d'agrégation ont été développés dans le but de rationaliser l'animation de communauté : Hootsuite, une sorte de tableau de bord qui gère et intègre les différents flux sociaux tels que Facebook, Twitter, LinkedIn, MySpace ou Foursquare ; et Tweetdeck, conçu pour la gestion spécifique de plusieurs comptes Twitter.

La veille constitue la pierre angulaire de la gestion des réseaux sociaux, car elle permet, d'une part, de rechercher intelligemment les informations exploitables par l'entreprise et, d'autre part, de surveiller la notoriété de l'entreprise sur la toile. Voici les outils les plus consultés qui scannent le Web, les réseaux sociaux et les blogs sur un ou plusieurs mots-clés :

» Google Alerts ;

» Mention ;

» Youseemii ;

» Hyper Alerts ;

» Boardreader, spécialisé dans la recherche sur les forums.

Comme dans tout travail, un reporting est nécessaire afin d'analyser la stratégie digitale de l'entreprise, de manière à l'infléchir en fonction des résultats obtenus. Parmi les outils les plus pertinents ici :

» **Skorr** est une application qui mesure l'influence sociale des utilisateurs des réseaux sociaux, qu'il s'agisse de particuliers ou de marques.

» **LikeAlyser** analyse et décrypte votre page fan sur Facebook pour établir un diagnostic complet de votre réseau social.

» **Socialbakers** est un tableau de bord permettant aux marques d'analyser l'évolution de leurs pages et de celles de leurs concurrents.

Les nouvelles règles organisationnelles et sociétales alimentées par la transformation technologique nous demandent une mutation en profondeur. Le prix à gagner, c'est une forme inédite d'intelligence collective.

L'intelligence artificielle

Il y a eu un grand battage médiatique autour de l'intelligence artificielle, ou IA, conduisant souvent à une surestimation de la rapidité avec laquelle les formes les plus avancées de l'IA allaient faire leur entrée dans l'entreprise et rendre obsolètes managers et salariés. Certes, l'intelligence artificielle fait partie de toute une série de technologies en constante évolution qui sont de nature à bouleverser à la fois le monde du travail et la vie quotidienne.

Parmi les autres, on peut citer la réalité virtuelle, la réalité augmentée, la domotique (les objets connectés), les nanotechnologies, l'impression 3D ou les systèmes informatiques quantiques. Mais l'intelligence artificielle représente elle-même un ensemble de technologies distinctes.

Si le grand public a tendance à se représenter l'IA comme un tout et le produit typique de l'IA comme un être aussi polyvalent dans ses capacités qu'un être humain, en réalité l'IA représente un champ de disciplines variées avec des applications assez diverses.

» Le moteur de beaucoup des avances récentes est l'apprentissage automatique (*machine learning*) qui est l'utilisation d'algorithmes et de modèles statistiques permettant aux systèmes informatiques de tirer des enseignements des vastes jeux de données qu'Internet a permis de rassembler, afin de prendre des décisions ou de prédire des résultats.

» Grâce à l'apprentissage automatique, soutenu par l'apprentissage profond (*deep learning*) ou l'exploitation de réseaux de neurones artificiels, les systèmes informatiques ont « appris », pour ainsi dire, à accomplir certaines opérations cognitives.

» Un des autres champs d'application de l'IA actuellement est le traitement automatique du langage naturel (*natural language processing*) qui permet aux machines d'extraire des informations de textes humains ou de discours parlés humains, de rédiger des textes, de traduire entre les langues, de convertir du texte en discours parlé et vice versa, et, dans une certaine mesure, d'interagir avec les humains à travers des agents conversationnels ou *chatbots*.

» Il y a aussi la vision par ordinateur (*computer vision*) qui permet aux machines de reconnaître et de classifier des images, comme des visages humains, ou de détecter l'environnement physique comme dans le cas des voitures autonomes guidées par ordinateur. Sans oublier la robotique : quand un robot physique est capable de se déplacer dans un environnement et d'interagir avec celui-ci à travers des capteurs, on parle d'intelligence artificielle embarquée.

Cet ensemble d'applications assez hétéroclite ne constitue pas encore un rival pour l'être humain compris dans la totalité de ses capacités. Les différentes applications de l'IA, à l'heure actuelle, ne peuvent réaliser que certaines fonctions discrètes, qu'elles aient été réalisées jusqu'ici par des êtres humains ou non. Les fonctions de l'IA sont encore difficiles à combiner en un seul système.

Les deux champs d'application de l'intelligence artificielle à l'heure actuelle sont :

» **les interactions cognitives, comme dans le cas des *chatbots* ;**

» **les enseignements cognitifs, tirés de l'analyse de jeux de données.**

L'IA est-elle destinée nécessairement à remplacer les êtres humains au travail ? Jusqu'à présent, l'IA a surtout servi à automatiser les tâches les plus routinières – souvent fastidieuses et chronophages – des salariés. Désormais, l'IA sera appelée de plus en plus à aider les managers dans leurs prises de décision, en leur apportant des enseignements et en permettant des simulations de résultats. Mais, jusqu'à nouvel ordre, ce sera au manager humain de prendre la décision finale. Il devra savoir poser les bonnes questions à l'intelligence artificielle et évaluer la pertinence et la crédibilité de ce qui en sort. À cette fin, il lui faudra apprendre non comment marche l'IA sur le plan technique mais comment il peut l'exploiter dans la vie pratique. Il collaborera avec les spécialistes techniques pour explorer le potentiel de cette technologie, en gardant à l'esprit que l'IA est au service du manager et non le contraire. Il y a des capacités humaines avec lesquels l'IA est loin de pouvoir rivaliser :

» **le jugement critique ;**

» **le sens éthique ;**

» **l'empathie ;**

» **la vision créative.**

La plupart des postes de salariés ne disparaîtront pas de sitôt mais évolueront. Car un poste peut être décomposé un une série de tâches, dont certaines sont susceptibles d'être automatisées et d'autres non. L'important sera de décomposer l'ensemble de tâches correspondant à un poste particulier afin d'en automatiser certaines et de créer un nouvel ensemble de tâches pour le salarié. Non seulement celui-ci pourra jouer un rôle à plus haute valeur ajoutée, mais l'automatisation lui apportera de nouvelles opportunités. Bref, le destin immédiat des machines n'est pas de nous remplacer, mais de nous augmenter.

Pour en savoir plus

Guy Kawasaki, Peg Fitzpatrick, *L'Art des médias sociaux* (DIATEINO).

Pascal Delorme et Jilani Djellalil, *La Transformation digitale. Saisir les opportunités du numérique pour l'entreprise* (Dunod).

Bernard Marr, Matt Ward, *Artificial Intelligence in Practice* (Wiley, 2019).

Klaus Schwab, *La Quatrième Révolution industrielle* (Dunod, 2017).

Pour en savoir plus

Partie 4

Manager son écosystème

Dans cette partie...

On ne manage pas que ses collaborateurs. On ne manage pas que « vers le bas. » Il faut aussi manager « vers le haut », autrement dit, s'occuper de ses supérieurs hiérarchiques. Et le périmètre du manager ne se limite pas à sa propre unité opérationnelle ou même à son entreprise. Il y a aussi les partenaires, les fournisseurs et les clients qui, comme les collaborateurs, ont besoin d'être managés. Les actions du manager se situent dans le contexte de la société civile qui exerce une pression constante sur lui, pression dont il vaut mieux prendre conscience. Et en dehors de la sphère professionnelle, il y a la vie personnelle du manager. Celui-ci doit gérer les interactions complexes entre les deux facettes de son existence.

Cette partie emmènera donc le lecteur dans une visite guidée de ce véritable écosystème au milieu duquel le manager moderne évolue.

DANS CE CHAPITRE

Comprendre les difficultés de ses collaborateurs

•

Savoir créer un dialogue dans les situations problématiques

•

Faire face aux risques psychosociaux

Chapitre 14
Gérer les situations problématiques

De même que la sphère économique est régulièrement en proie à des turbulences, le monde de l'entreprise connaît son lot de pressions, de mutations brutales et de bouleversements foudroyants. Cette tendance du capitalisme, que l'économiste Joseph Schumpeter a qualifiée de « destruction créatrice », décrète que les marchés se transforment, que les produits passent de mode, que de nouvelles sources de concurrence émergent et que des technologies nouvelles viennent chambarder l'organisation du travail. Tous ces événements peuvent avoir des conséquences très négatives sur notre moral, en tant que managers et collaborateurs, et jusque sur notre vie même.

Au cours de sa carrière, le manager doit, à un moment ou à un autre, faire face à des décisions difficiles à annoncer, décisions dont les effets ne sont pas moins difficiles à gérer :

» **l'arrêt d'un projet ;**

» **un plan social ;**

» une délocalisation ;
» la fermeture progressive d'une usine ;
» la fin d'un métier ;
» le refus d'une augmentation de salaire.

Il y a aussi des situations qui se créent, sans que quelqu'un en décide en toute connaissance de cause :

» des conflits personnels entre des membres d'une équipe, des conflits qui s'enveniment ;
» une accumulation de sources de stress qui impactent la santé et l'efficacité d'un ou de plusieurs collaborateurs ;
» des individus qui se sentent marginalisés, trouvant que leur travail n'est pas valorisé ou que leurs difficultés ne sont pas comprises par leurs collègues ou leur manager ;
» des cas de persécution ou de harcèlement au travail qu'il faut traiter au plus vite.

Toutes ces situations sont fréquentes et ont un impact profond sur les entreprises et leurs employés. Elles soulèvent des questions urgentes. Comment concilier les aspirations individuelles de chaque salarié avec les profondes transformations auxquelles sont confrontées les collectivités ? Quelles sont les marges de manœuvre du manager entre sa responsabilité en matière de santé au travail et la nécessité d'efficience des organisations ? La question la plus immédiate de toutes pour le manager, c'est peut-être celle-ci : comment transformer les situations problématiques en une opportunité pour faire mieux ?

Méthodologie des situations difficiles

Il y a deux principes essentiels pour guider notre conduite envers nos collaborateurs dans tous les contextes problématiques : le principe de transparence et celui du dialogue.

Appliquer le principe de transparence

Quelles que soient les décisions, elles sont toujours prises en fonction de « raisons supérieures » que souvent les dirigeants ne croient pas bon de partager par crainte des conséquences sociales et des réactions individuelles. Et, effectivement, l'intérêt global et collectif de l'entreprise ne va pas toujours dans le sens de l'intérêt individuel. Toute la difficulté repose sur la prise en compte *a priori* des conséquences individuelles par rapport à une décision qui relève de l'intérêt général et collectif. Pourquoi ne pas faire confiance à l'intelligence collective ? Si les « raisons supérieures » sont mises en perspective de l'intérêt général, pourquoi ne seraient-elles pas acceptables ?

Certaines questions ouvertes constituent les préambules essentiels à toute communication transparente :

» **Quels sont les enjeux collectifs ?**

» **Pourquoi la stratégie de l'entreprise a-t-elle pris telle direction ?**

» **Quelle est la raison d'être de cette décision ?**

» **Collectivement, qu'allons-nous gagner dans la mise en œuvre de cette décision ?**

Créer le cadre du dialogue

Pour amener nos interlocuteurs à se projeter positivement dans l'avenir, il ne faut pas se limiter à une communication centrée sur le contexte et l'environnement, les enjeux ou la stratégie et les objectifs qui en découlent. Une mise en perspective est nécessaire, permettant à chacun de se sentir impliqué dans la réflexion. Chaque collaborateur doit pouvoir exprimer son point de vue pour engager le processus d'acceptation de la décision. La question devient alors comment engager les collaborateurs dans l'action de l'acceptation de la décision ? Pour ouvrir un dialogue constructif sur les conséquences de la décision, celui-ci devra être initié sur la base d'élaborations ou de propositions de solutions. En procédant de la sorte, le dirigeant ou manager prend ses responsabilités de décideur, il valorise les rôles et apports de chacun et surtout il met en place un cadre de travail clair et stabilisé. Maintenir un dialogue ouvert, sans jamais couper les ponts, quelle qu'en soit notre envie, est indispensable dans ces situations.

Jeter la langue de bois au feu

Histoire vraie

Ses supérieurs hiérarchiques avaient annoncé à Julie que, pour motif de coupes budgétaires, plusieurs membres de son équipe allaient être licenciés. Elle avait une semaine pour leur transmettre la nouvelle.

Julie adorait son équipe. Entre ses collaborateurs et elle, il y avait une relation très forte. Leur annoncer une telle nouvelle lui brisait le cœur. Et pour eux, cela apparaîtrait sûrement comme une trahison. Pourquoi ses chefs ne pouvaient-ils pas leur annoncer cette nouvelle eux-mêmes ? Pourtant, ils avaient insisté là-dessus : c'était elle qui devait le leur dire.

Le premier jour, elle a passé toute la matinée en compagnie de son équipe, sans oser aborder ce sujet. Elle se demandait constamment si son désarroi intérieur n'allait pas se manifester à travers ses gestes et le ton de sa voix. Le soir, son anxiété était à son comble. Elle a passé 30 minutes à rédiger un brouillon d'e-mail qui expliquerait clairement toutes les raisons de cette décision, avant de l'abandonner. Ensuite, elle a réfléchi à la manière d'annoncer la nouvelle le plus succinctement possible, afin que cet épisode se termine au plus vite. À minuit, toujours pas couchée, elle songeait à la meilleure manière de faire ressortir le côté positif de la nouvelle et d'édulcorer le côté négatif. À une heure du matin, elle était convaincue que la meilleure façon de s'en sortir, c'était de faire passer toute la responsabilité sur ses propres chefs et, au moins pendant la réunion, de prendre le parti de ses collaborateurs, comme une vraie Louise Michel moderne !

À 6 heures du matin, après quelques heures de sommeil, elle s'est levée. Quelque astucieuse que soit la manière d'annoncer la décision, ses collaborateurs n'en seraient pas plus heureux qu'elle. Trêve de procrastination ! Elle s'est mise au travail pour préparer la réunion, se documenter sur les faits, trouver des phrases sincères et justes et se préparer psychologiquement.

»

»

En arrivant au bureau, elle a annoncé une réunion spéciale pour toute l'équipe dans l'après-midi. Et à l'heure indiquée, elle a parlé à ses collaborateurs avec simplicité et intégrité. Elle n'a pas fait de suppositions sur leur attitude. Elle leur a demandé de s'exprimer, en leur posant des questions supplémentaires pour engager le dialogue. Elle n'a pas cherché à mettre fin à la discussion, mais s'est montrée prête à la prolonger autant que le voulaient les autres. Elle a invité des questions et y a répondu le plus clairement possible. À la fin, personne n'était heureux. Mais tout le monde était satisfait de cette discussion.

Le premier jour, quand ses chefs lui avaient annoncé la nouvelle, Julie avait imaginé que, une fois sa réunion avec ses propres collaborateurs terminée, elle irait au bar pour boire un verre ou deux. En l'occurrence, elle n'a rien fêté, ni ce soir-là, ni les autres. De toute façon, l'épisode ne s'est pas terminé avec l'annonce de la nouvelle. Pourtant, Julie savait maintenant que, dans les situations difficiles, le meilleur ami du manager, c'est le franc-parler.

Le stress chez ses collaborateurs et les risques psychosociaux

Peut-on toujours faire plus avec moins, indéfiniment ? Partout aujourd'hui, il s'agit de gagner en efficience et de faire des économies, tout en continuant à proposer des services ou des produits de qualité supérieure. Comment faire ? Car, quels que soient l'intelligence et le bien-fondé des rationalisations de moyens, la logique des mutualisations ou des réorganisations, celles-ci s'appuient toujours sur les individus qui composent les structures. Et, depuis le début des années 2000, le paysage médiatique français s'est largement fait l'écho du phénomène dit de « souffrance au travail ». Qu'il s'agisse de stress, de harcèlement ou de « risques psychosociaux », cette souffrance est progressivement apparue comme un véritable phénomène de société, questionnant aussi les dirigeants et les managers sur leurs pratiques.

Définition et leçons des risques psychosociaux

S'il n'y a pas encore de définition juridique des risques psychosociaux, celle du Collège d'expertise sur le suivi statistique des risques psychosociaux au travail, créé à la demande du ministère du Travail en 2008, considère que les « RPS » (selon l'abréviation standard) sont « des risques pour la santé mentale, physique et sociale, engendrés par les conditions d'emploi et les facteurs organisationnels et relationnels susceptibles d'interagir avec le fonctionnement mental »[9].

Que nous enseignent quinze années de recul sur le sujet des risques psychosociaux ?

Invariablement, les constats, enquêtes et autres diagnostics pointent qu'au-delà du strict registre de la « santé au travail », les salariés expriment quatre besoins fondamentaux :

» **Se sentir reconnus dans leurs contributions.**

» **Se sentir entendus dans leurs propositions et leurs attentes**

» **Voir que leurs compétences sont valorisées.**

» **Se sentir respectés en tant qu'individus au travail.**

En aucun cas, il ne s'agit pas de vouloir travailler moins, mais bien de travailler mieux.

La thématique des risques psychosociaux a initialement émergé grâce aux témoignages des salariés auprès des psychologues et médecins du travail. Ces risques ont été définis comme les conséquences sur la santé des individus de l'environnement de travail constitué par les conditions matérielles, organisationnelles, relationnelles et managériales. Ainsi, ce sont les éléments caractéristiques de toute organisation de travail qui sont devenus les facteurs de risque à l'origine des troubles psychosociaux, ces derniers étant les symptômes.

9. Voir le site : **http://www.college-risquespsychosociaux-travail.fr/**.

Traiter les causes et non les effets

Comment constater des symptômes sans avoir une représentation précise de la « bonne santé » ? Comment déterminer ce qui est « anormal » sans définir ce qui est « normal » dans le cadre du travail, en matière d'organisation, de management et de relations... ? À cette question, l'encadrement de proximité a aujourd'hui trop souvent donné la réponse suivante : « On ne peut plus rien demander aux salariés sans que cela soit du harcèlement... » Plutôt que de multiplier les dispositifs de reconnaissance du mal-être, qu'il s'agisse d'assistance psychologique ou de cellules d'écoute, peut-être serait-il temps de rétablir un dialogue constructif, visant notamment à une réappropriation des contraintes du travail. Pour qu'un bureau soit propre, il faudra toujours passer par la contrainte du nettoyage ; pour qu'un mail soit envoyé, il faudra toujours appuyer sur la touche « envoi ». Bref, au lieu de se focaliser sur les symptômes du mal-être, cherchons-en les causes.

Chaque salarié a sa propre représentation du travail bien fait, de la manière dont le travail devrait être réalisé. Et quel manager a un jour pris le temps de se mettre d'accord avec chaque membre de son équipe sur une définition commune de la qualité des livrables, du bon usage des procédures, de ce qui est acceptable et inacceptable dans les comportements sociaux dans le cadre du travail ? C'est du « bon sens », c'est de la « bonne éducation », entendons-nous régulièrement, mais par rapport à quelle norme ? Celle que chacun dans sa culture, son éducation, son expérience s'est forgée.

Finalement, derrière l'ensemble de ces « causes » potentielles de risques psychosociaux se posent en réalité les questions du management et de l'accompagnement des changements vécus par les salariés.

Instaurer une culture de la confiance

L'idée selon laquelle les compétences du manager dépendent de sa personnalité est encore très répandue. Dans ce cas, comment répondre à toutes les questions soulevées par les risques psychosociaux et les attentes des salariés, si les gestes fondamentaux du management sont laissés au libre arbitre des intéressés, c'est-à-dire si le management n'est pas professionnalisé ? Que signifie concrètement impliquer les agents au quotidien ? Quels sont les gestes, paroles, postures et surtout relations qui restent à construire puis à entretenir au quotidien ?

Il ne s'agit pas de rendre les managers responsables des risques psychosociaux, mais bien de pointer leur rôle essentiel comme rouage incontournable de la prévention des risques psychosociaux par la qualité de leurs gestes managériaux. Ainsi, il s'agirait de passer d'une culture du contrôle à une culture de la confiance. D'une culture de la procédure à une culture de la relation. D'une culture de l'exigence sur les moyens à une culture de la valorisation des résultats. D'une culture de la protection à une culture de la responsabilisation. Au lieu de chercher à protéger les salariés devant les incertitudes du contexte et de l'époque, cherchons plutôt à les rendre capables d'y répondre...

Les réclamations de la part des collaborateurs

Comment voir une réclamation d'un collaborateur autrement que comme une formidable chance de construire un dialogue avec lui et ainsi d'identifier une source d'amélioration ? Pourquoi accepterions-nous le principe des fiches d'appréciation dans les hôtels, par exemple, si ce n'est pour que les clients expriment leurs sources de contentement et également ce qui reste à améliorer ? Ne pourrions-nous pas accepter dans le même esprit une réclamation de la part d'un collaborateur ?

Question pour un champion

Quelle est la situation la plus facile à gérer ?

» Un collaborateur qui ne nous dit rien et se plaint à un syndicat, voire dépose une plainte au prud'homme ?

» Un collaborateur qui exprime ses récriminations ?

Dans cette situation, qu'est-ce qui est le plus difficile à gérer ? Le fond de la demande ou l'état émotionnel dans lequel s'exprime cette réclamation ?

Dans un premier temps, le plus important, c'est de faire en sorte que l'aspect émotionnel s'estompe afin d'arriver à un niveau de dialogue constructif sur la solution à trouver. Cette première étape est essentielle pour poursuivre le traitement de la réclamation. Prenons un exemple classique de réclamation : l'augmentation de salaire. Si cette dernière n'est pas justifiée au regard des résultats et des comportements professionnels, elle peut être justifiée par la diminution du pouvoir d'achat des salariés. Ainsi, le premier temps de comportement empathique et de compréhension de la demande paraît réaliste et en cohérence avec la situation. Le refus de donner une réponse positive à la réclamation, s'il est justifié par des raisons objectives, bien évidemment ne contentera pas le salarié, mais si celui-ci s'est senti compris dans sa demande, il acceptera plus volontiers la décision objectivée. On pourra même lui demander : « Avec ces éléments, vous comprenez que je ne peux pas accéder à votre réclamation, mais peut-être puis-je faire quelque chose d'autre pour vous, pour que vous vous sentiez mieux au travail ? Et qu'est-ce que ce serait ? »

Comment traiter la réclamation quand la décision est de ne pas augmenter les salariés, même les plus méritants ? L'approche est la même, avec une recherche d'objectivation de la décision. Si cette décision a été prise, c'est au regard d'un contexte et d'une stratégie d'entreprise. La déception est à prendre en compte car elle est émotionnelle ; en revanche, la rationalité de la décision s'appuie sur des éléments factuels indiscutables.

Les conflits collectifs et unipersonnels

La logique de gestion du conflit individuel et/ou collectif est la même que celle du traitement de la réclamation. Il est essentiel de bien séparer les trois temps : celui de l'écoute de l'expression émotionnelle, celui de la rationalité de la décision et celui de l'ouverture vers une proposition réalisable qui ne répond peut-être pas directement au conflit mais va dans le sens d'une amélioration.

Que faire face à la mauvaise foi, face au collaborateur qui est « contre ce qui est pour et pour ce qui est contre » ? L'engager à se positionner, en lui demandant simplement son avis sur la façon de se sortir de la situation. Conduire à l'engagement ou à la verbalisation du paradoxe de la situation permet d'isoler les éléments toxiques, afin d'empêcher que ceux-ci ne contaminent toute son équipe par un effet de contagion.

Que nous reste-t-il comme marge de manœuvre quand il n'en reste plus ?

Comment imaginer qu'il n'y ait plus de marge de manœuvre avec l'être humain ? Si c'était le cas, la communication n'existerait pas. Concevoir l'impossibilité d'une telle marge de manœuvre, c'est imaginer qu'une idée opposée à la nôtre est plus résistante qu'on ne le souhaiterait. La communication doit nous permettre de convaincre notre opposant à aller à l'encontre de ses motivations profondes, soit en restreignant ses choix, soit en l'amenant à partager notre idée avec l'impression du libre choix.

Le premier axe de réflexion porte donc sur le sentiment de liberté, de libre arbitre, de chacun. Le second axe concerne l'engagement et celui-ci repose aussi bien sur le caractère public, difficilement révocable, de l'acte se s'engager, que sur la conviction de l'acteur que la décision a été prise en toute liberté.

Ainsi, dans un acte préparatoire, si je conduis mes opposants à un engagement peu coûteux dans une situation où il y a possibilité d'exercer son libre arbitre, il me sera plus aisé, dans un second temps, de faire une autre requête en cohérence avec la première pour obtenir un engagement plus coûteux en acte. En effet, le sujet étant engagé dans ses actes, puisqu'il a pris l'engagement en toute liberté, sera plus à même de construire avec vous que de s'opposer. C'est comme la technique du « pied dans la porte ». Dans une expérience très parlante, on a demandé à un premier groupe d'étudiants de cesser de fumer pendant une journée ; ensuite, de cesser pendant plusieurs jours. À un autre groupe, on a demandé tout simplement de cesser de fumer pendant plusieurs jours. Les membres du premier groupe se sont montrés plus ouverts à l'idée de cesser pendant plusieurs jours, que les membres de l'autre. Un premier engagement prépare le terrain pour un second, plus important[10].

À la fin, n'oublions jamais que, selon Laurent Combalbert, ancien négociateur du RAID, « la négociation, ce n'est pas de l'argumentaire ; la négociation, c'est de la relation, c'est du lien ».

Pour en savoir plus

Bruno Lefebvre, Mathieu Poirot, *Stress et risques psychosociaux au travail. Comprendre, prévenir, intervenir* (Elsevier Masson).

Stéphane Mousset, Samuel Hennquin, *Prévenir les risques psychosociaux. Vers la qualité de vie au travail* (Territorial éditions).

Marie Pezé, *Ils ne mouraient pas tous mais tous étaient frappés* (Flammarion).

Marie Pezé, *Je suis debout bien que blessée. Les racines de la souffrance au travail* (Josette Lyon).

Gérard Valléry, Sylvain Leduc, *Les Risques psychosociaux* (PUF, coll. « Que sais-je ? »).

Laurent Combalbert, Éric Delbecque, *La gestion de crise* (PUF, coll. « Que sais-je ? »).

Laurent Combalbert, *Négocier en situations complexes. Résoudre les situations difficiles par la négociation influente* (ESF Éditeur).

10. Robert-Vincent Joule, Jean-Léon Beauvois, *Petit Traité de manipulation à l'usage des honnêtes gens*, Presses Universitaires de Grenoble.

Test

Testons nos connaissances

❶ Les troubles psychosociaux en entreprise constituent surtout :

❑ les symptômes d'une certaine façon d'organiser le travail

❑ les conséquences inévitables d'un refus d'augmentation de salaire

❑ les causes les plus fréquentes des mauvaises relations sur le lieu du travail

❑ des problèmes relevant uniquement de la responsabilité du médecin du travail

❷ Une réclamation de la part d'un collaborateur devrait être considérée par le manager surtout comme :

❑ une source d'ennuis inévitables

❑ une chance de construire un dialogue avec le collaborateur

❑ une question à différer le plus longtemps possible

❑ la fin de toute possibilité d'un dialogue constructif

❸ La technique du « pied dans la porte », c'est une façon de :

❑ communiquer par le langage du corps

❑ lutter contre la criminalité

❑ éviter une réclamation

❑ obtenir un engagement, en commençant par obtenir un engagement moins important

1) les symptômes d'une certaine façon d'organiser le travail.
2) une chance de construire un dialogue avec le collaborateur.
3) obtenir un engagement, en commençant par obtenir un engagement moins important.

DANS CE CHAPITRE

Mieux communiquer avec sa direction

•

Dialoguer et négocier avec son $n + 1$

•

Gérer les comportements « toxiques » d'un supérieur hiérarchique

Chapitre 15

Manager ses supérieurs

Courroie de transmission entre le *top management* et ses équipes, le manager est un interlocuteur aux multiples casquettes. Sa capacité à bien communiquer avec son $n + 1$ est aussi cruciale qu'avec ses $n - 1$. C'est ici que les problèmes peuvent commencer, surtout si on ne prête pas suffisamment attention à la règle fondamentale ci-dessous.

Attention

La règle d'or du management de nos supérieurs

Attendre et recevoir passivement les instructions de la direction est l'exact opposé de les comprendre.

Pourquoi ? Dans le monde imaginaire, idéal, que dans notre esprit nous substituons trop souvent au monde réel, les consignes sagaces de notre hiérarchie descendraient vers nous avec une régularité parfaite, sous une forme limpide, sans aucune ambiguïté, sans la moindre omission, et toujours dans les meilleurs délais. Toute défaillance dans ce système serait la responsabilité de nos supérieurs qui reconnaîtraient leur faute le plus volontiers du monde. En réalité, les souhaits émanant de notre hiérarchie peuvent être mal formulés ; leur statut – ordre, désir, suggestion ou hypothèse – peut avoir grand besoin d'élucidation ; les desiderata en question peuvent arriver au dernier moment ou trop tard et mal coller avec la réalité du terrain, que l'initiateur de ces ordres voit de trop loin. Par-dessus le marché, si la nature brouillonne des consignes et la manière cavalière de les transmettre conduisent à des difficultés, la faute sera probablement rejetée sur nous et sur notre paresse ou notre manque d'intelligence.

C'est dire si les volontés de nos chefs, il faut aller les chercher. Quelles sont les causes de cette situation paradoxale ? C'est que nos supérieurs, en dépit de leur position apparemment privilégiée, ne sont que des êtres humains, tout comme nous. Ils ont besoin d'être managés par nous, comme nos propres équipes. Il faut donc garder constamment à l'esprit le fait que les difficultés naturelles de la communication s'appliquent autant à nos chefs qu'au reste du monde. De plus, il faut faire preuve d'empathie à leur égard, en essayant de nous projeter dans leur situation. Il leur arrive, comme à nous, d'être stressés, surmenés, en retard ou induits en erreur par de fausses informations. Et si ce qu'ils disent est peu clair, ils seront naturellement les derniers à le voir.

Ces considérations sont également pertinentes quand il s'agit de défendre nos équipes contre des interventions intempestives de la part de nos chefs, ou de négocier avec ceux-ci, au sujet par exemple d'une augmentation de salaire. Toutes les difficultés en question sont amplifiées quand notre supérieur est excessivement autoritaire, satisfait de lui, imprévisible ou hypocrite. Bref, quand il s'agit d'une personnalité « toxique ». Comment s'en sortir ?

Communiquer avec nos supérieurs hiérarchiques

Les trois aspects fondamentaux de la communication avec nos chefs, sont le « quoi », le « quand » et le « comment ». Les prendre systématiquement en compte nous permet d'éviter la plupart des écueils évoqués ci-dessus.

Le « quoi »

Quand nos supérieurs hiérarchiques nous transmettent des instructions, le plus important, c'est de comprendre l'objectif ultime qui est visé. Les questions suivantes guideront nos réflexions et surtout notre action :

1. **Les demandes de la direction arrivent-elles toutes aux oreilles du manager ?**

2. **Lorsque c'est le cas, sont-elles suffisamment documentées ?**

3. **Sans dialogue sur l'objectif final, quels sont les risques ?**

4. **Quelle serait la conséquence pour le client interne ou externe d'un objectif mal défini ?**

5. **Quelle en serait la conséquence pour l'image renvoyée par le manager à son *n* + 1 ?**

La première de ces questions nous incite à contacter notre direction si nous pensons que des instructions sont nécessaires. Les questions (3) et (5) nous motivent à le faire de la meilleure manière possible. La (2) nous rappelle qu'il vaut mieux garder une trace matérielle des consignes données, en cas de dispute par la suite. Et la (4) nous invite à mettre ce client final au centre de nos préoccupations et, si nécessaire, à y attirer clairement l'attention de notre chef.

Le « quand »

La direction a-t-elle toujours conscience de la nécessité de bien communiquer ses objectifs et de *prendre le temps* de les expliquer ? Très souvent, c'est au manager de planifier des rendez-vous réguliers avec son management qui, naturellement, est comme lui débordé. S'il ne le fait pas, les informations risquent d'être transmises n'importe quand ou trop tard. Évoquons, à ce sujet, une situation familière : un *n* + 1 qui transmet « en deux mots » les décisions prises et ce qu'il attend du manager au mieux dans un bureau, au pire dans un couloir ou devant la machine à café... Et de surcroît trois fois par jour ! Dans ce contexte, comment conduire un dialogue productif avec son supérieur ?

Une scène de la vie ordinaire

Notre *n* + 1 nous croise dans le couloir et nous interpelle :

— Laurence, je sors d'une réunion, voici ce qui a été décidé...

— Je comprends et je présume que c'est important. Pour traiter efficacement ce sujet, que diriez-vous si nous en parlions lors de notre point hebdomadaire ?

— Non, c'est urgent, il faut que nous en parlions aujourd'hui.

— C'est donc urgent et important. Ça mérite sûrement que nous prenions le temps d'en parler dans les meilleures conditions ? Je vous propose de passer vous voir en fin de journée ou demain matin ; d'ici là, j'ai déjà des engagements.

S'il s'agit d'une question à la fois importante et urgente, il faut délicatement mettre l'autre devant ses responsabilités.

Circonscrire les temps d'échange formels (tout en gardant un peu de flexibilité) c'est :

» **créer de la rareté et valoriser son rôle et son image ;**

» **s'assurer de bonnes conditions d'échange : disponibilité, calme, préparation... ;**

» offrir aux deux interlocuteurs la possibilité de se préparer ;
» donner de la valeur à cet échange et donc à la demande du *n* + 1 ;
» se donner une chance de bien comprendre l'objectif ultime de ce qui est attendu par le questionnement et la reformulation ;
» ne pas être dérangé constamment et maîtriser aussi bien son emploi du temps que son efficacité.

Le « comment »

Si un objectif est incomplet ou pas clair, c'est un des plus sûrs moyens de ne jamais l'atteindre ! Les anciens Romains en étaient déjà parfaitement conscients :

> **« *Pour celui qui ne connaît pas son port, il n'y a pas de vent favorable.* »**
>
> (Sénéque)

(Pour le manager désireux d'impressionner ses collègues, l'original en latin, est : *Ignoranti quem portum petat, nullus suus ventus est.*)

Un objectif vague... Cela peut être le fait d'un manque de clarté de la part de l'émetteur, d'une incompréhension du récepteur ou le plus souvent... des deux à la fois. Sans compter que le *n* + 1 peut être tenté par la rétention d'information, symbole de pouvoir. Pour toutes ces raisons, c'est au manager de « percer la cuirasse ». Sa meilleure arme ? Comme toujours, le questionnement :

» Qu'avons-nous (l'entreprise) décidé ?
» Dans quel but ?
» Quelle est finalement la promesse faite au client final (interne ou externe) ?
» Quels sont les résultats attendus ?
» Comment le mesurerons-nous ?
» Dans quels délais ?
» Certaines solutions ont-elles déjà été envisagées ou exclues ?

Autre scène de la vie ordinaire

Notre $n + 1$ nous croise devant la machine à café et nous dit :

— Au fait, j'ai besoin que vous me fassiez un point sur les résultats du premier trimestre.

— Ok, je vous prépare ça pour demain.

Le lendemain, le $n + 1$ revient vers nous en se plaignant :

— Votre tableau fait quatre pages... Comment voulez-vous que je présente ça lors du codir de demain ?

— Ah, je n'avais pas compris que vous vouliez en faire une présentation. Je pensais que vous vouliez seulement savoir où nous en étions.

— Non, c'est une synthèse avec les points les plus importants qu'il me faut. Vous pouvez me préparer ça pour ce soir ? Le codir est demain matin.

Cet exemple illustre la nécessité de bien clarifier et comprendre un objectif avant de foncer tête baissée dans sa réalisation. L'exigence de réactivité, le culte de la vitesse, de l'efficacité, la volonté de satisfaire vite, la recherche de reconnaissance peuvent paradoxalement faire perdre beaucoup de temps et d'énergie. Au-delà de la bonne compréhension de ce qui est attendu, ce questionnement aura d'autres vertus :

» montrer son intérêt pour l'entreprise et sa stratégie ;

» valoriser son interlocuteur ;

» s'assurer du bien-fondé et de la faisabilité des décisions prises.

Défendre nos équipes

Sans remettre en cause les décisions prises, n'est-il pas du devoir du manager d'expliquer ce qui n'est pas possible ou pas souhaitable ? La direction n'est pas toujours consciente des conséquences des décisions prises... ni demandeuse de contraintes. Or, le manager de proximité détient des informations essentielles : la capacité de production, d'adhésion des équipes, leurs compétences... Il se doit aussi de ne pas surexploiter ses troupes, au risque de voir partir les meilleurs.

Attention

La règle d'or de la protection de nos équipes

1) Expliquer avant d'agir à son *n* + 1 ce que peuvent faire ses équipes est une *clarification*.

2) Expliquer après l'action pourquoi les objectifs n'ont pas été atteints... c'est *se justifier*.

3) La *clarification* vaut toujours mieux que la *justification*.

Sans possibilité pour l'équipe de réaliser les objectifs, les meilleurs projets peuvent se traduire en vaines incantations aux résultats décevants ou inexistants. Autant de raisons de défendre ses équipes et de les protéger de l'épuisement ou de l'insatisfaction d'un travail mal exécuté.

Encore une scène de la vie ordinaire

Notre *n* + 1 nous croise dans l'ascenseur et nous dit :

— Nous avons décidé de baisser les effectifs de 10 %. J'attends vos propositions pour la semaine prochaine.

— Quelle est la raison ?

— Nous avons décidé de réduire les coûts fixes pour augmenter nos marges, c'est une demande des actionnaires.

— Ils ont demandé de baisser les effectifs ou de baisser les coûts ?

— De baisser les coûts, peu importe comment.

— Donc, si nous trouvons un autre moyen de baisser nos coûts fixes nous atteindrons l'objectif.

— Oui.

— Mes équipes sont déjà sous pression et j'ai besoin d'eux, je vais réfléchir aux différentes possibilités et je reviens vers vous.

À tout moment, le manager doit :

- » Rester positif et concret.
- » Expliquer les moyens (notamment humains) qu'il a et ceux qu'il n'a pas.
- » Proposer des solutions et éviter de ne voir que l'intérêt de son propre service, qui n'est qu'un élément dans un ensemble plus important.
- » Se souvenir que l'objectif est fait pour le client final, entreprise ou client, presque toujours à l'extérieur du périmètre du manager.
- » Sortir du triptyque « victime-bourreau-sauveur » : si le manager endosse le rôle de victime, il accepte d'avoir un bourreau... et il est peu probable qu'il trouve un sauveur.
- » Avoir confiance en lui-même pour ne pas se retrouver en dépendance.

Mener une négociation salariale, de carrière

Une négociation salariale représente presque toujours un exercice périlleux mais nécessaire lorsque l'on sait que ceux qui obtiennent le plus sont ceux qui le demandent. Comme pour toute négociation, un des points clés est de ne pas la subir. Préparer une négociation, c'est se préparer à la réussir. C'est aussi ce qui va permettre d'aborder la négociation avec sérénité. « Se faire battre est excusable, se faire surprendre est impardonnable. » Cette devise napoléonienne résume bien la situation.

La préparation

L'enjeu d'une négociation salariale est plus de faire prendre conscience de ce qui nous rend précieux pour l'entreprise que sa traduction chiffrée. Les étapes essentielles de la préparation sont les suivantes :

- » Connaître l'entreprise et sa politique salariale.
- » Connaître sa valeur sur le marché du travail. En se fiant aux études sur le sujet ou aux éventuelles propositions qui vous ont été faites.

- Attention : ces données sont à manier avec précaution pour ne pas entrer dans une logique de chantage, toujours mal perçue.
- Connaître son interlocuteur et son style de négociation.
- Préparer ce que vous allez mettre en avant pour justifier votre augmentation : efforts, résultat, satisfaction de vos clients internes et/ou externes…
- Identifier ce qui est souhaitable, ce qui est acceptable et ce qui n'est pas négociable.
- Préparer les options possibles : autres éléments que le seul salaire (primes, bonus…), avantages en nature… et préparer des propositions.
- Évaluer le rapport de force et notamment la capacité de nuisance de son interlocuteur… et la sienne.
- Se préparer à réussir : garder une vision positive et son calme en toutes circonstances.

L'entretien

Un entretien peut commencer par deux questions à poser à votre *n* + 1 (à adapter en fonction du contexte) :

- De quoi êtes-vous satisfait ?
- Que pensez-vous que j'apporte le plus à l'entreprise ?

Écoutez bien les réponses… jusqu'au bout. Ensuite, idéalement, vous demanderez ce que votre interlocuteur peut vous proposer – ça peut parfois dépasser vos attentes ! S'il demande que vous vous exprimiez d'abord, proposez plusieurs options qui vous semblent satisfaisantes et raisonnables – et que vous aurez déjà formulées dans votre esprit lors de la phase de préparation. Il réfléchira alors à la meilleure des options… plutôt que de refuser une demande unique.

Si vous vous heurtez à un refus, rappelez le contexte :

- « L'entreprise est en progression. Mes équipes et moi-même avons contribué à l'atteinte de ces résultats. » Prenez soin d'appuyer votre déclaration sur des chiffres.
- Vous avez atteint les objectifs fixés lors de votre dernier entretien annuel.

- Une augmentation est un pari sur l'avenir, pas seulement le vôtre mais aussi celui de l'entreprise. Que se passerait-il si l'on devait se passer de vous ? Combien coûteraient le recrutement et la formation d'un remplaçant ? Il faut cependant jouer de ces arguments avec précaution et tact. À défaut, vous pourriez provoquer une réaction du type : « Si vous n'êtes pas content, allez voir ailleurs ! »

Quoi qu'il arrive, rappelez-vous que votre recours le plus sûr, c'est la force du questionnement :

- « Quelle est, à votre avis, ma part de cette création de valeur ? »
- « Que proposez-vous comme traduction chiffrée de cette contribution ? »

Considérons l'exemple d'un manager qui passe, en cours d'année, de la direction de la communication à celle du marketing. Le directeur du marketing lui annonce une nouvelle peu enthousiasmante :

Une énième scène de la vie ordinaire

— Je suis désolé, vous n'aurez pas d'augmentation cette année parce que vous n'avez pas été présente sur tout l'exercice et je n'ai pas de marge budgétaire.

— Et qu'en dit mon ancien *n* + 1 ?

— Il m'a dit qu'il ne pouvait rien faire, puisque vous n'êtes plus sur son budget.

— Si je comprends bien, mon erreur a été d'accepter les nouvelles responsabilités qui m'ont été proposées précisément parce que j'avais de bons résultats ?

— Je comprends votre déception, mais vous savez, je ne peux pas faire ce que je veux.

— Combien m'auriez-vous accordé si vous en aviez eu la possibilité ?

— Je vous aurais accordé 3 %, je crois.

— Je vous propose que nous nous tournions vers l'avenir. Pouvez-vous négocier une prime équivalente à l'augmentation que vous m'auriez accordée, versée en fin d'exercice, si vous êtes satisfaite de mon travail ? Nous

»

réintégrerons cette prime dans mon salaire brut l'an prochain.

— Ok, je vais voir ça avec le DRH.

Dans ce cas, le manager ne cesse de poser des questions ouvertes à son interlocuteur, et se tient prêt à faire des propositions là où c'est approprié.

Gérer un supérieur hiérarchique « toxique »

Quand on se trouve en présence d'un *n* + 1 « toxique », les options les plus évidentes... sont les moins efficaces :

» *L'affrontement*. C'est l'option la plus naturelle : « Je supprime ce qui m'empêche d'avancer. » Cependant, vous risquez de perdre en crédibilité et en image. Dans un contexte où vous n'avez pas le pouvoir, les conséquences sont multiples et peuvent aller jusqu'à la perte de votre emploi. Et surtout, vous n'avez aucune chance de gagner !

» *La soumission*. En acceptant ce qui est inacceptable, vous niez vos propres intérêts. Vous vous mettez en danger à long terme. Vous niez le problème et vous risquez de vous adapter à une situation anormale. Le *burnout* s'approche à grand pas. Vous allez de plus vous construire une image de celui qui accepte tout... à qui on pourra demander de toujours en accepter plus.

» *Refuser l'obstacle* : c'est démissionner en restant dans l'entreprise. Que deviendra votre motivation ? Vous irez bientôt au travail sans la moindre envie, juste pour gagner votre salaire. Triste perspective.

Alors que faire ? En parler avec l'intéressé, bien sûr. Mais attention ! Uniquement si cela est possible. Certains cas (certes difficiles à évaluer) relèvent de la pathologie et en parler à l'intéressé n'est pas dans ce cas la meilleure option. Ne dites jamais à un malade qu'il devrait consulter un psychiatre !

Beaucoup de managers peuvent se révéler toxiques, non par choix ou par nature, mais parce que personne n'ose leur donner de *feedback*. C'est souvent le cas pour les autocrates despotiques. Pour y parvenir, il faut faire preuve d'assertivité : oser dire la vérité... sans se faire un ennemi. L'objectif est de se préserver sans mettre l'interlocuteur en difficulté. S'il est mis en difficulté, il en profitera sûrement pour rentrer dans la spirale de l'agressivité.

Voici le schéma d'une telle conversation initiée par vous :

» **Commencez par les faits : « Lorsque vous nous dites : "Dépêchez-vous, bande d'incapables !"... »**

» **Soulignez votre intention positive : «... Je comprends votre volonté que le travail avance, je sais que vous n'avez aucune intention de nuire... »**

» **Passez ensuite aux conséquences pour vous/pour l'équipe : « Voici ce que je ressens, ce que ça provoque au sein de l'équipe... » (mal-être, démotivation...).**

» **Terminez par une demande : « Que proposez-vous ? Quelle solution pouvons-nous trouver ensemble pour éviter cela ? »**

Et si ça ne marche pas ? La direction a le devoir de prévenir les risques psychosociaux dans l'entreprise (voir chapitre 14) et, à ce titre, il est possible de demander à être entendu. Il faudra tout d'abord s'assurer de la confidentialité de l'entretien (ce qui se dit ici ne pourra pas nous être opposé). Une bonne pratique est de ne pas parler que de soi et pour soi, mais plutôt des conséquences pour les équipes et pour l'entreprise (démission, démotivation, anxiété...). Sinon, cela pourrait passer pour une vengeance personnelle. Aussi faudra-t-il s'informer auprès des collaborateurs des situations critiques rencontrées avec l'intéressé.

Tant pour votre image que pour l'efficacité de l'entretien, commencez-le avec une volonté de résolution, plutôt que dans un esprit de vengeance ou dans une logique de plaignant.

Admettre une erreur

Ici, la règle de base, c'est qu'il est inutile de se flageller, de s'excuser ou de se justifier. Si vous arrivez dans le bureau de votre responsable avec un problème mais pas de solution, vous faites partie du problème. Nous avons trop souvent besoin, soit de trouver un bouc émissaire pour nous dédouaner, soit de nous confesser afin d'expier notre culpabilité. Notre $n + 1$ n'en aura probablement pas cure. Sa préoccupation à lui sera ailleurs, comme le dialogue suivant le démontre :

Dernière scène de la vie ordinaire

Vous voulez faire votre *mea culpa* devant votre $n + 1$:

— J'ai fait une grosse erreur. En validant une facture, j'ai versé trop d'argent à notre fournisseur. Je suis vraiment désolé.

— Je m'en fiche !

— Comment ça ?

— D'accord, une erreur a été commise, mais c'est du passé, et nous ne pouvons pas le refaire. Savoir qui est le coupable ne m'intéresse pas. Si cela s'est produit, c'est que notre organisation et nos procédures sont à revoir. Ce qui compte, c'est de chercher une solution au présent et de préparer l'avenir en trouvant le moyen que cela ne se reproduise pas. Revenez me voir avec des solutions !

Si nous ne voyons pas la bonne solution, ne remettons pas indéfiniment l'entretien avec le $n + 1$: le problème risque de s'aggraver. Allons-y, mais avec plusieurs possibilités. Le plus important, c'est de ne pas arriver les mains vides. Après tout, le management consiste surtout en la recherche de solutions.

Test

Testons nos connaissances

❶ Laquelle des actions suivantes représente ce que le manager ne doit pas faire par rapport aux instructions de sa direction ?

❑ Les comprendre.

❑ Les écouter.

❑ Les recevoir passivement.

❑ Les clarifier.

❷ Lequel des éléments suivants représente le meilleur recours du manager dans une négociation salariale avec son $n + 1$?

❑ Une baisse du pouvoir d'achat en France.

❑ Le questionnement.

❑ Une recommandation faite par son ancien patron.

❑ Une attitude courageuse.

❸ Quand nous admettons une erreur devant notre $n + 1$, celui-ci a normalement besoin :

❑ d'une solution au problème révélé par l'erreur.

❑ de nous absoudre.

❑ d'entendre notre confession.

❑ de jouir de notre déconfiture.

1) Les recevoir passivement.
2) Le questionnement.
3) d'une solution au problème révélé par l'erreur.

DANS CE CHAPITRE

Comprendre la relation fournisseur-partenaire-client

•

Cultiver les meilleures relations possibles avec fournisseurs et partenaires

•

Faire du client un ambassadeur

Chapitre 16

Manager ses clients, ses partenaires et ses fournisseurs

Avec nos fournisseurs, nos partenaires et nos clients, nous formons un écosystème complet dont la nature fondamentale est constituée par l'interdépendance. Pourtant, les relations effectives ne reflètent pas toujours cette réciprocité. Nous sommes les *clients* de nos fournisseurs et nous avons notre propre *client* qui attend le produit ou service final. Ce mot de « client » est dérivé du latin *cliens*, dont la racine voulait dire « écouter » ou « obéir ». Chez les Romains, le « client », c'était quelqu'un qui dépendait du patronage d'un citoyen plus riche et plus influent. La relation n'était pas du tout symétrique, d'égal à égal. Aujourd'hui, nous avons interverti les termes – dans nos langues modernes, c'est le « client » qui a la main haute – mais il y a toujours cette notion de dépendance à sens unique. Trop souvent, nous voulons que les autres – partenaires et fournisseurs – dépendent de nous ; et nous souffrons fréquemment en pensant que nous dépendons de nos clients. Comme le dit cette célèbre citation de Sartre : « L'enfer, c'est les autres. ».

Existe-t-il une meilleure façon d'aborder ces relations, en contournant la notion de « dépendance » ? Sûrement. Commençons par le schéma marchand classique : nos fournisseurs, par exemple, doivent nous vendre leurs produits ou services au plus bas coût, avec la meilleure qualité, dans les délais les plus courts... notre but étant de proposer à notre client final un produit ou un service au meilleur prix possible. Nous pourrions baptiser ce schéma le « presse-citron » :

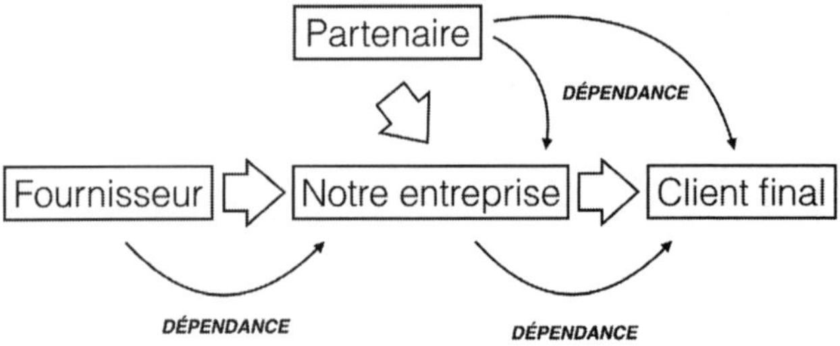

Dans cette vision des choses, on cherche à introduire dans les relations un maximum de dépendance à sens unique, en masquant le rôle fondamental de la coopération entre les acteurs. Tous, même ceux qui semblent les plus modestes, apportent une contribution décisive à la valeur du produit ou du service. Pourrait-on vendre un Airbus si personne ne vidait les poubelles des bureaux d'études, ou si personne ne fournissait les rivets pour assembler la carlingue ? Comment pourrions-nous améliorer la qualité de nos avions sans demander à notre fournisseur de rivets ce qu'il pourrait nous proposer comme produit plus performant, plus léger... ? De ce point de vue, le seul véritable client, c'est le consommateur final. Afin de satisfaire celui-ci, il faut que tous les acteurs en amont collaborent entre eux le plus librement possible et investissent toute leur intelligence collective dans un véritable partage des projets.

> **La règle d'or de la relation client-partenaire-fournisseur**
>
> Attention
>
> Il n'y a pas d'autre client que le client final.
>
> Tous les autres acteurs sont une communauté de partenaires à son service.

À retenir

Il convient donc de reconsidérer toute la vision de la chaîne de valeur. Dans le nouveau schéma, les notions de *partenaire* et de *fournisseur* ont tendance à être supplantées par la notion de *communauté* – celle qui réunit tous les acteurs dans la poursuite d'un objectif commun : la satisfaction du client final. Et même celui-ci peut être impliqué dans le processus, si l'on trouve de nouvelles façons de le faire contribuer à la quête de sa propre satisfaction :

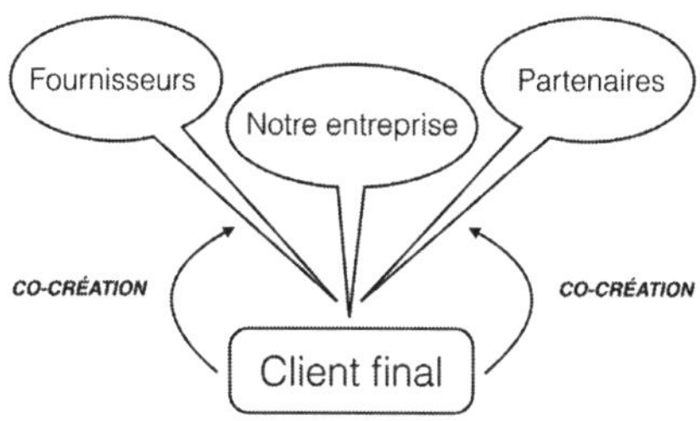

Comment cultiver cette véritable communauté d'intérêt qui réunit tous les acteurs, qu'ils s'appellent d'habitude « clients », « fournisseurs » ou « partenaires » ? Et si cette approche nécessite évidemment un investissement spécial de la part des services marketing et relations clients, quel est le rôle spécifique réservé au manager ?

Créer une communauté d'intérêt

Il y a un certain parallélisme entre la manière dont le manager traite ses partenaires et fournisseurs et la manière dont il traite à la fois d'autres unités opérationnelles au sein de son entreprise et ses propres collaborateurs. Dans toutes ces relations, nous retrouvons trop fréquemment le schéma du presse-citron.

Attention

Le manager a tendance à privilégier les rapports de force au détriment de la coopération. Pourtant, il a besoin de *manager* ses partenaires et fournisseurs de la même manière qu'il a besoin de *manager* ses collaborateurs : en les inspirant à investir le maximum de leur énergie et de leur intelligence dans la création de valeur pour le client final. En impliquant l'opérateur, celui qui fait, on ouvre des portes à une création supplémentaire de valeur. Celui qui fait, sait : qui est mieux placé que celui qui est chaque jour sur le terrain pour trouver les gains de productivité ? Si, en tant que manager, je traitais mes collaborateurs comme un client traite ses fournisseurs, je ne tirerais pas le meilleur parti de leur expérience, de leur savoir-faire et de leur inventivité. Il faut donc sortir de la logique traditionnelle de la relation client-fournisseur. Le rôle du manager est de créer des communautés d'intérêt :

» au sein de son équipe ;

» avec les acteurs internes (les autres unités opérationnelles de son entreprise) ;

» avec les opérateurs externes (les partenaires et fournisseurs) ;

» avec les clients finals.

> « Si tu veux construire un bateau, ne rassemble pas tes hommes et femmes pour leur donner des ordres, pour expliquer chaque détail, pour leur dire où trouver chaque chose... Si tu veux construire un bateau, fais naître dans le cœur de tes hommes et femmes le désir de la mer. »
>
> Antoine de Saint-Exupéry, *Citadelle*.

Pour résoudre un problème ou relever un nouveau défi afin d'innover, les questions que le manager doit se poser incluent les suivantes :

» **Quels sont les groupes de personnes au sein de l'entreprise et à l'extérieur qu'il faut mettre en communication ?**

» **Quels moyens de communication – digitaux ou en face-à-face – vont-ils utiliser pour interagir et collaborer ?**

» **Quelle est la valeur qui sera créée ainsi ?**

La recherche Gallup montre que les approches managériales centrées sur l'implication, qui améliorent le plus la performance à l'intérieur de l'entreprise, sont celles qui améliorent la synergie entre les partenaires. Avoir de bonnes relations avec ses fournisseurs et d'autres partenaires constitue un indicateur clé des revenus et de la profitabilité des entreprises[11].

L'intérêt d'avoir de bonnes relations avec nos fournisseurs

Selon le grand spécialiste de la qualité W. Edwards Deming, une entreprise devrait toujours traiter ses fournisseurs comme des partenaires. C'est loin d'être toujours le cas. On croit trop souvent que, parce qu'on signe le bon de commande, on peut imposer des demandes exorbitantes à son fournisseur. Le témoignage suivant est éloquent à cet égard :

Un cas d'école ?

Histoire vraie

Point de vue d'un ex-partenaire sur un grand constructeur d'automobiles américain : « À mon avis, **** envoie ses cadres à l'"école de la haine" pour qu'ils apprennent à haïr les fournisseurs. »

11. Jordan Katz, « Should You Treat Distributors Like Employees ? Or Customers ? », *Gallup Business Journal*, 5 décembre 2014, en ligne : http://www.gallup.com/businessjournal/179873/treat-distributors-employees-customers.aspx.

Pourtant, la coopération de nos fournisseurs – ou son absence – a un impact direct sur la qualité de nos produits ou services, leur fiabilité, leur prix et nos délais de livraison. Par exemple, les fabricants automobiles qui ont de bonnes relations avec leurs fournisseurs arrivent à concevoir et à créer un nouveau véhicule beaucoup plus rapidement que les autres constructeurs. Une grande partie du succès de Dell dans les années 1990 s'explique par sa capacité à impliquer ses fournisseurs : le célèbre constructeur d'ordinateurs a réduit le nombre de ceux-ci, en persuadant ceux qui avaient été retenus d'installer des entrepôts à 15 minutes de l'usine Dell. Cela a permis de baisser considérablement les coûts de stockage et de réduire le prix final pour le consommateur.

Pour avoir de bonnes relations avec nos fournisseurs, il faut :

» **respecter scrupuleusement les délais de paiement ;**

» **fixer des dates de clôture raisonnables pour les appels d'offres et de propositions ;**

» **donner un *feedback* juste et honnête ;**

» **partager les informations nécessaires et en temps opportun.**

Le retour sur investissement en termes de bonne volonté sera appréciable quand il s'agira de demander à nos fournisseurs un effort spécial sur une livraison urgente, sur une réduction de prix ou sur le développement d'une innovation essentielle pour notre stratégie.

N'oublions pas nos distributeurs

Nos distributeurs, à l'instar de nos fournisseurs, ont l'air d'être à notre solde parce que nous les avons choisis pour vendre nos produits et nos services. Pourtant, plus que de simples vendeurs, ce sont des ambassadeurs de notre marque. Nous avons intérêt à ce que leurs commerciaux soient bien formés pour présenter nos produits ou services et à ce qu'ils soient impliqués le plus possible dans leur rôle. Bref, il faut traiter nos distributeurs comme des partenaires. Malheureusement, ce n'est pas toujours le cas :

Témoignage de Jackie

Histoire vraie

« Un grand fabricant nous a contactés récemment pour distribuer ses produits. On était naturellement flattés. Mais quand ils nous ont envoyé leurs termes et conditions… c'était un véritablement manuel sur la manière de présenter et de ne pas présenter les produits, qui détaillait la punition attachée à chaque infraction à une de leurs nombreuses règles. Le ton était autoritaire, le dialogue à sens unique, les exigences non négociables… On n'avait pas l'impression qu'il s'agissait d'un intérêt mutuel. Ils ont beau être une grande marque, on les a envoyés balader ! »

Pourtant, quelle est la dépendance d'un fabricant de voitures par rapport à ses concessionnaires ? Toyota est allé jusqu'à formuler le principe suivant sur ses priorités : « Le client vient en première place, ensuite le concessionnaire, et à la fin le fabricant. » Le fabricant, c'est évidemment Toyota lui-même.

Pour avoir de bonnes relations avec nos fournisseurs, il faut :

» entretenir des relations très personnelles, avec des réunions en face-à-face ;

» faire en sorte que les voies de communication soient toujours ouvertes et partager les informations les plus récentes ;

» toujours participer aux événements organisés par le distributeur.

» Aider le distributeur à établir les meilleures relations avec ses clients qui sont aussi nos clients !

Impliquer le consommateur final

Sommes-nous vraiment capables d'écouter nos clients ? Quand nous les écoutons, entendons-nous ce qu'ils nous disent ou ce que nous voudrions qu'ils nous disent ? Ce n'est pas évident, comme cette histoire l'indique :

Histoire vraie

Quelle est votre attente en matière... d'attente ?

Un service public a dû faire face à un profond mécontentement de ses usagers en matière de temps d'attente. Il a réagi immédiatement en investissant dans la réfection de la salle d'attente. À la fin, la salle était toute neuve, toute belle. Qui ne voudrait pas passer 45 minutes dans une salle pareille ? Ainsi, le service public en question est resté sourd à la véritable demande du public : « Nous ne demandons pas d'attendre dans un lieu plus agréable : nous demandons de ne plus attendre du tout ! »

Dans les entreprises aujourd'hui, on répète que tout ce que font les collaborateurs doit être « axé sur le client ». C'est apparemment beaucoup plus facile à dire qu'à faire. Un des tests les plus simples pour voir si une entreprise est vraiment centrée sur le client, c'est d'observer sa réaction en cas de plainte ou de conflit. Les entreprises qui invoquent immédiatement leur « politique » et ses clauses de sauvegarde, plutôt que d'essayer de satisfaire le client, sont centrées très largement... sur elles-mêmes.

Un autre indicateur clé est la capacité de l'entreprise à céder au client une partie du contrôle sur leurs relations. Encourager le client à être plus exigeant devrait constituer une source d'inspiration, mais beaucoup de managers trouvent difficile de lâcher prise. En l'occurrence, de nos jours, les consommateurs ont eux-mêmes saisi l'initiative, grâce aux réseaux sociaux.

Co-créer avec le client

L'apparition des réseaux sociaux a fait naître des communautés de consommateurs. Les clients sont devenus ainsi des acteurs externes de l'entreprise. Ces communautés construisent et véhiculent l'image de marque, ce qui fait d'elles des armées d'ambassadeurs... ou de détracteurs. Leur importance n'a pas échappé à certaines entreprises. Elles y ont vu un levier à la fois marketing, commercial, relationnel et médiatique. En créant le poste de *community manager* (voir chapitre 13), elles ont concrétisé ce lien nouveau avec les consommateurs. Quels seraient les risques de ne pas les faire participer à la création de valeur ? La co-création implique le consommateur au bon moment dans un processus d'innovation et beaucoup plus en amont par rapport à l'approche traditionnelle. Celle-ci représente un processus fondé sur la répétition et la reproductibilité, plutôt que sur l'adaptation continuelle. Impliquer le consommateur nécessite plus de souplesse, mais permet à la fois une forme de *crowdsourcing* ou « approvisionnement par la foule » et une forme de *feedback* par anticipation. La marque de luxe britannique, Burberry, en exploitant les médias sociaux, invite ses clients à suggérer des dessins pour le prochain imperméable. Face aux problèmes soulevés par le transport de tissus vivants pour le don d'organes, Fedex a développé, en travaillant avec les patients, les chirurgiens et le personnel d'hôpital, un logiciel sophistiqué pour contrôler les conditions vitales du transport, comme la température ou l'humidité.

S'il est essentiel de rester en lien avec ses consommateurs, il ne suffit pas toujours d'écouter les desiderata exprimés pour préparer l'avenir. Henry Ford aurait déclaré : « Si j'avais demandé à mes clients ce qu'ils voulaient, ils m'auraient demandé un cheval qui va plus vite. » Et pourtant, cela ne dispense pas d'une écoute des besoins réels – ici, « se déplacer plus vite » – pour créer le produit répondant à leurs attentes. Selon une étude conduite par le spécialiste des questions digitales, Brian Solis, 76 % des entreprises sont convaincues qu'elles savent ce que veulent leurs clients, mais seulement 34 % des services marketing leur ont demandé ce qu'ils voulaient. Cet écart est révélateur du regard quelque peu paternaliste que trop d'entreprises, plus centrées sur elles-mêmes que sur autrui, portent encore sur leurs clients.

Traiter les réclamations

La réclamation client est un exemple classique d'une menace qui, en fait, constitue une opportunité pour qui sait l'exploiter. Plutôt que de considérer que les consommateurs sont forcément des râleurs en puissance et qu'il faut se prémunir contre leur capacité à jouer les trouble-fête, l'entreprise devrait saisir la chance d'une plainte pour combler le client. Car un client mécontent dont la réclamation a été traitée efficacement devient un ambassadeur de la marque plus actif encore que celui qui n'a pas rencontré de difficulté. Les convertis font les prosélytes les plus zélés.

Comment traiter efficacement les réclamations ? Voici les étapes à suivre :

» D'abord, postuler que le client a raison et a ses raisons, même si ma raison les ignore. Répondre à l'attaque par une défense, pour naturel que ce soit, est la pire réponse que l'on puisse faire. Un autre écueil est la justification personnelle : « Ce n'est pas de ma faute. Je ne m'occupe pas de ça… » N'oublions pas que le client ne s'adresse pas à nous personnellement mais à l'entreprise.

» Un client mécontent est chargé d'émotion négative. Il convient donc d'écouter. Écouter, c'est d'abord se taire. Laisser le client déverser, jusqu'à la dernière goutte, le flot verbal qui exprime sa colère. Ce n'est qu'ensuite que l'on pourra accuser réception : « Je comprends votre mécontentement. Moi aussi je serais insatisfait dans votre cas. »

» Dans un second temps, le message essentiel à faire passer est que « son problème est mon problème ». Chercher le coupable, c'est s'éloigner de la solution. Il faut donc expliquer que « je suis là pour trouver cette solution ». Et que « non, le problème n'est pas entre nous. Nous sommes tous les deux du même côté. Notre intérêt commun est de trouver une solution. Je suis moi aussi insatisfait de la situation ». Il faut rassurer le client sur sa capacité à mettre en œuvre tout ce qui est en son pouvoir pour régler ce différend.

» La solution peut consister d'abord à promettre d'agir pour résoudre le problème en informant le client du résultat. Dans ce cas, il faut absolument tenir parole.

- **La meilleure solution consiste à dédommager le client. Proposer une mesure commerciale est un critère majeur de satisfaction.**

En général, le manager doit trouver le courage d'accorder à ses collaborateurs le pouvoir nécessaire pour régler un problème avec un client le plus rapidement possible et à la plus grande satisfaction de celui-ci.

Pour en savoir plus

Jeffrey Liker, Thomas Y. Choi, « Building Deep Supplier Relationships », *Harvard Business Review*, décembre 2004.

Jeffrey Liker, *Le Modèle Toyota. 14 principes qui feront la réussite de votre entreprise* (Pearson).

Francis Gouillart, « Co-Creation : The Real Social-Media Revolution », *Harvard Business Review*, 4 décembre 2012, en ligne : **https://hbr.org/2012/12/co-creation-the-real-social-me/**.

Francis Gouillart Douglas Billings, « Community-Powered Problem Solving », *Harvard Business Review*, avril 2013.

Brian Solis, *What's the Future of Business ? Changing the Way Businesses Create Experiences* (Wiley).

Test

Testons nos connaissances

❶ Quel est le seul véritable client ?

❑ Notre fournisseur.

❑ Le consommateur final.

❑ Notre propre entreprise.

❑ Celui qui choisit son distributeur.

❷ Par son origine, qu'est-ce que le mot de « client » implique ?

❑ Une relation d'égal à égal.

❑ Une communauté d'intérêt.

❑ Une forme de dépendance.

❑ L'approvisionnement par la foule.

❸ Face à une réclamation client, il ne faut pas :

❑ écouter la plainte jusqu'au bout.

❑ proposer de dédommager le client.

❑ chercher une solution.

❑ se défendre immédiatement.

1) Le consommateur final.
2) Une forme de dépendance.
3) se défendre immédiatement.

DANS CE CHAPITRE

Comprendre l'impact de la société civile sur l'entreprise et le manager

Répondre aux attentes de la société civile

Avoir recours à la veille et au lobbying

Chapitre 17

Manager dans le contexte de la société civile

Un manager ne peut concevoir et mener à bien l'ensemble de ses tâches sans intégrer les relations avec la société civile. La société à laquelle il appartient, les collectivités territoriales responsables des régulations locales, les syndicats de salariés, les ONG actives sur des sujets relatifs à l'activité de l'entreprise qu'il dirige… l'interpellent, formulent des questionnements, édictent des normes et fixent des objectifs sociétaux à atteindre. Ce sujet de la gestion des relations entre un manager et des acteurs de la société civile est relativement nouveau.

La question des relations entre des acteurs de la société civile et l'État est apparue dans les sociétés industrialisées dans les années 1970 avec l'émergence, en Europe et aux États-Unis, de mouvements d'idées, de protestations et de revendications sociales d'émancipation. Il est toujours d'actualité dans un grand nombre de pays en développement qui ne sont pas encore démocratiques.

En revanche, la question des relations entre des représentants de la société civile et de la sphère marchande s'est affirmée plus récemment, avec l'émergence des théories relatives au développement durable et à la responsabilité sociale des entreprises (RSE), ainsi qu'avec la radicalisation des mouvements altermondialistes nés d'une contestation des politiques conduites par l'Organisation mondiale du commerce.

La plupart de ces organisations de la société civile (OSC), catégorie générique qui comprend tous les acteurs dont les ONG, groupes de pression et associations, évaluent constamment, au travers des réseaux sociaux, la capacité de l'entreprise à gérer tous les enjeux susmentionnés. Comment le manager peut-il se préparer à répondre à ces demandes ? A-t-il un moyen de les anticiper ? Est-il possible d'établir une sorte de *mapping* des acteurs et des thématiques clés dans son environnement ?

Comprendre la société civile et ses acteurs

Si la définition de ce qu'est la société civile varie selon les auteurs, la plus généralement acceptée est celle de Larry Diamond (professeur à Stanford) : « La société civile [...] implique des citoyens qui agissent collectivement dans un espace public pour exprimer leurs intérêts, leurs passions et leurs idées, échanger des informations, atteindre des buts communs, interpeller les pouvoirs publics et demander des comptes aux représentants de l'État. » On pourrait compléter cette définition en ajoutant que toutes ces interpellations et demandes peuvent également être dirigées vers l'entreprise et la sphère marchande au sens large.

La société civile est donc un espace auquel nous appartenons en tant que citoyens, salariés, responsables d'associations ou simples militants. Le périmètre géographique peut varier : société civile locale, nationale, européenne ou internationale. Les organisations de la société civile s'organisent librement dans un contexte où les libertés individuelles et collectives sont garanties. Elles ne poursuivent pas d'objectif visant un quelconque profit mais œuvrent à la prise en compte par les acteurs étatiques ou économiques d'objectifs particuliers : insertion des handicapés, lutte contre le harcèlement des femmes sur le lieu de travail, lutte contre la disparition des espèces animales...

Un ménage à trois

À retenir

Il s'agit donc au total d'une interaction entre trois ensembles :

Société civile	Société politique	Société marchande
Syndicats de salariés ONG Associations Églises...	L'État et ses institutions Justice Armée et ordre public Organisations internationales...	Entreprises Dirigeants Actionnaires Agriculture Industrie Services...

Les relations sont permanentes entre chacun de ces ensembles : l'intérêt du manager porte surtout sur le couple « société civile »/« société marchande », mais il ne faut pas négliger totalement le couple « société civile »/« société politique » si l'on veut mieux comprendre l'économie de leurs interactions.

L'entreprise, à la fois une cible et un acteur

L'entreprise se trouve être à la fois un acteur à part entière de la société civile, dont le point de vue est tout aussi légitime que celui d'autres groupes, ET une cible pour d'autres acteurs de la société civile (comme les syndicats ou les ONG). Elle est parfois même attaquée avec violence, comme en témoigne la campagne médiatique employée par Greenpeace en mai 2006 contre l'industrie chimique européenne (CEFIC). Les débats étaient virulents à l'époque entre la Commission européenne, qui présentait le règlement REACH destiné à évaluer la toxicité des substances chimiques avant leur mise sur le marché, les entreprises de la chimie utilisatrices de produits chimiques, et finalement les ONG environnementalistes et les élus verts au Parlement européen. Pour frapper les esprits et susciter une réaction forte dans l'opinion publique, Greenpeace a diffusé un photomontage avec le président de la Commission européenne, Manuel Barroso, et le commissaire allemand à l'industrie de l'époque, Günther Verheugen, en train de donner à boire à un nourrisson une éprouvette remplie d'un liquide vert fluorescent avec une étiquette sur laquelle figurait une tête de mort !

Histoire vraie

La légende était toute aussi agressive : « Lobby toxique : comment l'industrie chimique est en train d'essayer de tuer REACH. »

Comprendre le contexte éthique de son action et les attentes de la société civile

L'action du manager à l'égard de ses salariés, actionnaires, fournisseurs et clients doit s'inscrire dans un cadre éthique rigoureux et contrôlable par des tiers. Il doit assurer non seulement la parfaite et constante conformité des activités de l'entreprise et des entités qu'elle contrôle avec l'ensemble des lois juridiques, fiscales, sociales et environnementales en vigueur, mais il doit également être animé par le souci permanent de mettre en œuvre de manière effective des mesures concrètes répondant à des demandes de la société civile :

» Lutte contre les discriminations liées à l'âge, au sexe, à la race, à l'orientation sexuelle, à la confession (embauche, accès à la formation, rémunération, évolution de carrière).

» Politique active de lutte contre la corruption : formation des acheteurs, transparence dans les mécanismes de prise de décisions et dans la composition des instances de décision.

» Véracité et fidélité des informations comptables et financières.

» Rapport d'activité sur les démarches RSE pour les entreprises concernées.

» Dialogue économique et social actif et régulier.

» Insertion dans le schéma d'aménagement du territoire et participation à l'animation économique et sociale locale.

Les attentes de la société civile et les réponses à apporter

Les attentes exprimées à l'égard des entreprises (indépendamment de leur taille) par des acteurs de la société civile sont de plus en plus fréquentes, diversifiées et incisives dans leur formulation (tract, pétition, interview dans la presse locale, caricature, photomontage agressif). Il peut s'agir, par exemple, de demandes sur l'impact économique, social et environnemental des activités de l'entreprise et de ses filiales ou sous-traitants à l'étranger, de questions sur la composition de l'actionnariat et ses évolutions, d'invitations à soutenir les entreprises locales prestataires de services et fournisseurs. Comment le manager doit-il se comporter vis-à-vis de ces demandes ?

Il doit mettre en valeur la manière dont il respecte toutes ses obligations légales mais il doit faire plus en montrant qu'il va au-delà, en interrogeant les représentants syndicaux sur leurs préoccupations, en étant à l'écoute des acteurs du territoire (associations, élus, parents d'élèves, riverains...). Par exemple, en apportant des réponses dans les trois domaines suivants :

- *Social* : subvention à une association caritative pour faire partir en vacances au bord de la mer des enfants de milieux défavorisés, distribution gracieuse de fournitures scolaires, organisation d'une collecte de sang en interne...
- *Environnement* : participation aux campagnes de nettoyage des berges, communication publique sur ses consommations d'eau, d'énergie et ses émissions de gaz à effet de serre, actions de protection de la biodiversité dans le canton...
- *Économique* : relations durables avec les fournisseurs, valorisation des acteurs locaux, opérations de mécénat en congruence avec les valeurs de la culture d'entreprise...

Les entreprises peuvent, dans une certaine mesure, prendre exemple sur la manière dont une organisation internationale structure ses relations avec la société civile :

Histoire vraie

Quand les Organisations de la société civile (OSC) deviennent des partenaires

Créée en 1990, peu après l'effondrement du communisme, la Banque européenne pour la reconstruction et le développement (BERD) avait comme finalité première d'aider au développement des pays d'Europe centrale et de l'Est grâce à la mobilisation de capitaux des secteurs privés et publics. Depuis, elle a étendu ses opérations – qui prennent la forme de prêts – à 40 pays, dont plusieurs d'Asie centrale, afin d'investir dans les secteurs de l'énergie, les banques, les infrastructures, l'industrie et l'agro-industrie.

La BERD a décidé dès 2000 de structurer ses relations avec les OSC, qui lui apportent de la connaissance du terrain, des compétences techniques, des idées novatrices et des solutions aux problèmes locaux. En 2013, elle adopte le cadre de renforcement des capacités afin d'encourager la coopération et la collaboration avec les parties prenantes de la société civile, en particulier les groupes de jeunes, de personnes handicapées, la population rurale, les autorités locales concernées et les petites et moyennes entreprises (PME). Cette initiative de renforcement des capacités vise à favoriser le développement :

1. de véhicules de sensibilisation et de stimulation de nouveaux modèles de comportement social. Outils : formations et ateliers à grande échelle pour un large éventail d'acteurs de la société civile afin d'améliorer les connaissances techniques et les compétences en communication ; petites subventions pour permettre aux stagiaires d'atteindre la population générale ;
2. de « Centres d'excellence » pour le transfert de connaissances et de compétences. Outils : formation sur mesure et mentorat d'organisations à but non lucratif individuelles, y compris

»

des groupes de réflexion et des associations professionnelles, développement de plateformes de dialogue, de consultations et de mise en réseau multipartites ;

3. d'entreprises sociales qui utilisent les mécanismes du marché pour remplir leurs missions sociales. Outils : une combinaison de conseil et de soutien institutionnel et financier pour permettre aux acteurs de la société civile à but non lucratif d'augmenter les revenus et de les réinvestir dans l'amélioration des opportunités économiques pour les communautés défavorisées (actuellement à l'étude).

Le cadre se concentre sur 4 domaines principaux :

» **Énergie et ressources durables :** il s'agit de soutenir des projets contribuant à l'efficacité énergétique résidentielle, à la résilience climatique, au transport durable, à la minimisation de la consommation d'eau, d'énergie et de production de déchets.

» **Inclusion économique :** la BERD aide les acteurs de la société civile à promouvoir les initiatives d'apprentissage par le travail, la gestion participative des ressources, l'entrepreneuriat social, afin d'augmenter les opportunités économiques pour les jeunes et les communautés rurales, tout en tenant compte des considérations d'égalité des sexes.

» **Bonne gouvernance économique :** l'objectif est de renforcer les capacités des OSC en matière de surveillance et d'établissement de normes d'intégrité afin de leur faire jouer un rôle dans l'élaboration des politiques dans des domaines tels que la transparence, la lutte contre la corruption, l'amélioration du climat des affaires et le suivi des marchés publics.

»
Quand les Organisations de la société civile (OSC) deviennent des partenaires *(suite)*

» **Numérisation :** les OSC ont montré leur efficacité dans la réponse à la COVID-19 en apportant des solutions de gestion des urgences, de surveillance publique, de financement d'équipements de protection, de lutte contre la diffusion de fausses informations. Le soutien à la transformation numérique du secteur de la société civile a été identifié comme un domaine critique (plateformes numériques).

Depuis la mi-2013, 29 projets d'un montant total d'environ 7 millions d'euros ont été financés, et 13 000 représentants des OSC ont bénéficié de formation et de mentorat dans plus de 20 pays.

On constate que certains éléments de ce plan sont très accessibles et permettent à une entreprise même de taille modeste de structurer de manière pertinente un dialogue avec la société civile (rubrique sur le site Web, organisation de réunions et d'ateliers...) sans aller bien sûr jusqu'à faciliter l'ouverture de litiges contre des projets de développement de l'entreprise que l'on dirige !

Régulation, société civile et vie des entreprises

Même si, en théorie, la société civile est distincte de la société politique à l'origine des régulations, du point de vue d'un manager, les deux ensembles peuvent se confondre. Ce dernier doit, en effet, se conformer à un cadre réglementaire qui a été conçu pour répondre à des attentes de la société civile et dont les évolutions sont tributaires de celle-ci. On peut dire que les organisations de la société civile jouent un rôle de médiation entre les intérêts privés et les intérêts publics.

L'impact de la régulation sur le développement de l'entreprise

Prenons le cas de la transition énergétique au service de la lutte contre le changement climatique. La loi adoptée par le Parlement le 22 juillet 2015 intègre des décisions sur l'évolution du mix énergétique avec une réduction de la part du nucléaire, mais elle contient également des dispositions réclamées par des ONG environnementales sur un sujet apparemment trivial : faire de l'obsolescence programmée un délit.

De quoi s'agit-il ? De « l'ensemble des techniques par lesquelles un metteur en marché vise à réduire délibérément la durée de vie d'un produit pour en augmenter le taux de remplacement ». Lorsqu'un plaignant est en mesure de démontrer, preuves à l'appui, que telle était bien l'intention du fabricant, ce dernier peut être sanctionné par deux ans d'emprisonnement ou écoper d'une amende pouvant aller jusqu'à 300 000 €.

Cette définition du délit d'obsolescence programmée a été modifiée par la loi sur l'empreinte environnementale du numérique promulguée le 15 novembre 2021 : « Est interdite la pratique de l'obsolescence programmée, qui se définit par le recours à des techniques, y compris logicielles, par lesquelles le responsable de la mise sur le marché d'un produit vise à en réduire délibérément la durée de vie. » En supprimant la condition d'intentionnalité selon laquelle le requérant devait prouver que le responsable de la mise sur le marché des produits avait pour objectif d'augmenter leur taux de remplacement, le législateur allège la charge de la preuve pour les consommateurs, ce qui devrait conduire à une recrudescence du nombre d'actions en justice.

Attention

Fabricants de batteries, de smartphones, de consoles, d'imprimantes, tremblez devant ce nouveau délit crée par la loi française ! Mais étiez-vous au courant ?

Les bonnes réponses : la veille et le *lobbying*

Le meilleur recours, c'est la veille et le lobbying. Qu'est-ce que cela signifie pour un manager ? Il doit assurer une veille sur les évolutions sociétales et réglementaires dans le champ de ses activités, par rapport à son profil d'entreprise (familial, ETI, groupe), avec une couverture géographique adaptée à l'implantation de ses sites. Si l'entreprise qu'il anime exerce son activité dans la conception, la réalisation, la sous-traitance ou la distribution de vêtements, il doit, par exemple, être informé d'une nouvelle obligation à laquelle il est soumis depuis le décret n° 2015-295 du 16 mars 2015 pris en application de l'article L. 117-1 du Code de la consommation. Le metteur en marché doit assurer à un consommateur qui en ferait la demande que les conditions sociales de fabrication des produits qu'il commercialise en France sont conformes aux huit conventions sociales fondamentales de l'Organisation internationale du travail (travail forcé, liberté syndicale, négociation collective, égalité de rémunération, abolition du travail forcé, lutte contre les discriminations, travail des enfants) ainsi qu'aux pactes relatifs aux droits civils et politiques, aux droits économiques, sociaux et culturels, aux droits de l'enfant et aux droits des personnes handicapées.

Un nouveau décret du 29 avril 2022 relatif à l'article 13 de la loi AGEC (Antigaspillage pour une économie circulaire), adoptée en février 2020, complète cette obligation de transparence vis-à-vis des consommateurs. Les metteurs sur le marché devront désormais indiquer la traçabilité de chaque produit, a minima depuis le tissage/tricotage jusqu'à la confection, en passant par la teinture et l'impression « sous un format dématérialisé, accessible sans frais en amont et au moment de l'acte d'achat ». Cette « fiche produit relative aux qualités et caractéristiques environnementales » permettra d'en savoir davantage sur la proportion de matières recyclées, la présence de substance dangereuses, et le rejet de microfibres plastiques dans l'environnement lors du lavage. Dès le 1er janvier 2023, les entreprises qui réalisent un chiffre d'affaires annuel supérieur à 50 M€ et qui mettent sur le marché au moins 25 000 produits devront se mettre en conformité avec la loi.

Comment faire ? Il faut par exemple :

- **se doter en interne d'une équipe de veille et de spécialistes des affaires publiques ;**
- **recourir à des cabinets spécialisés de manière permanente ou ponctuelle par rapport à l'anticipation d'une menace ;**
- **structurer et nourrir un dialogue continu avec ses principales parties prenantes ;**
- **tenir à jour, en en informant ses équipes et ses actionnaires, de l'état de mobilisation des organisations de la société civile sur un nouveau développement envisagé par l'entreprise qui soulève une question éthique...**

Un autre moyen peu coûteux pour être informé des principales évolutions dans son secteur de l'environnement réglementaire en France, en Europe et dans le monde consiste à adhérer à une organisation professionnelle de branche nationale ou européenne. Ces acteurs, qu'ils relèvent des réseaux MEDEF (Mouvement des entreprises de France) ou CGPME (Confédération générale des PME), sont des partenaires sociaux et des acteurs systématiquement consultés par les pouvoirs publics sur tous les projets de régulation dans les domaines sociaux, fiscaux ou économiques.

Truc

Une méthode visuelle souvent utilisée par les spécialistes de la veille consiste à établir un *mapping* des risques auquel l'entreprise, du fait de son activité, est exposée. On fait figurer sur un graphique, qui doit être actualisé régulièrement concernant l'évolution de la position des acteurs, la répartition des intérêts en présence par rapport à une évolution stratégique clé : fabriquer un nouveau produit, changer de modèle économique avec les réseaux de distribution, s'allier avec un partenaire étranger...

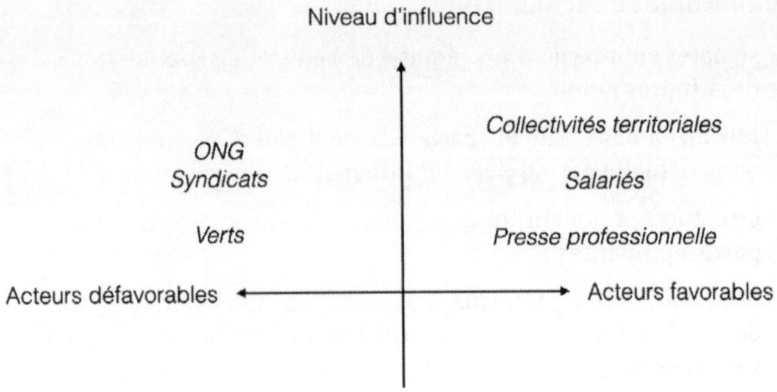

Un tel *mapping* permet en un clin d'œil d'identifier les acteurs clés afin d'élaborer une stratégie à leur égard : une stratégie de coopération et d'alliance avec les acteurs favorables et une stratégie de cantonnement, d'opposition ou de neutralisation vis-à-vis des « anti » les plus influents.

Au-delà de la veille, et lorsque l'entreprise intervient durablement sur une thématique qui soulève des oppositions fortes des organisations de la société civile ou qui mobilise le régulateur, c'est une véritable action d'influence qu'il faut construire dans la durée, en élaborant une stratégie de lobbying. Ce mot, dérivé du « couloir » ou de la « salle des pas perdus » dans une assemblée, désigne l'ensemble des actions qu'une entreprise, une filière ou une organisation va mettre en œuvre pour éviter, ou atténuer, l'effet d'une décision ou d'une campagne pénalisante pour son activité (lobbying défensif) ou, au contraire, obtenir un avantage concurrentiel dans son environnement par rapport à ses concurrents (prise de participation, crédit d'impôt, nouvelle réglementation...).

Pour en savoir plus

Gautier Pirotte, *La Notion de société civile* (La Découverte).

Jeanne Planche, *Société civile. Un acteur historique de la gouvernance* (Charles Léopold Meyer).

Zaki Laïdi, « La société civile internationale existe-t-elle ? Défaillances et potentialités », *CFDT Cadres*, 410-411, juillet 2004, en ligne : **http://www.larevuecadres.fr/la-société-civile-internationale-existe-t-elle%C2%A0**.

Test

Testons nos connaissances

❶ Lequel des éléments suivants n'est pas un acteur de la société civile ?

- ❑ Une église.
- ❑ Le ministère des Finances.
- ❑ Greenpeace.
- ❑ Un syndicat.

❷ Lequel des éléments suivants n'est pas normalement lié à une demande de la société civile ?

- ❑ La lutte contre la discrimination.
- ❑ La RSE.
- ❑ La veille.
- ❑ La lutte contre la corruption.

❸ Le lobbying défensif consiste à :

- ❑ obtenir un avantage concurrentiel.
- ❑ mettre en place un système de veille.
- ❑ atténuer les conséquences d'une décision politique.
- ❑ identifier ses ennemis.

1) Le ministère des Finances.
2) La veille.
3) atténuer les conséquences d'une décision politique.

DANS CE CHAPITRE

Identifier les véritables priorités

Gérer son énergie

Gérer l'énergie des autres

Être cohérent avec soi-même

Chapitre 18
Équilibrer vie professionnelle et vie personnelle

Nous entendons de la part de nos aînés qu'il est « important de séparer la vie professionnelle de la vie personnelle pour se préserver ». Qu'il faut « s'endurcir », ne pas « tout mélanger », qu'il est essentiel pour l'équilibre d'un bon manager de bien « dissocier vie pro et vie perso », car les troupes ne se fient qu'à des hommes et des femmes solides. Quel paradoxe ! Il s'agit certes de deux univers mais au sein d'une seule et unique vie, et c'est bien un seul et unique être humain qui est aux manettes.

Comment faire en sorte que notre vie professionnelle n'empiète pas sur notre vie personnelle ? Comment maintenir une harmonie ? Comment préserver ce qui est important pour nous ? Peut-être déjà en commençant par ne pas différencier vie professionnelle et vie personnelle dans l'identification de nos facteurs de performance.

Identifier nos véritables priorités pour bien gérer notre temps

La montre est souvent le seul paramètre que l'on utilise pour réguler notre gestion du temps, mais la vision globale de notre vie va nous permettre de donner du sens à nos décisions. C'est une erreur de se dire, par exemple, que si nous arrivons à finir à temps notre journée de travail, nous irons à notre cours de karaté. L'énergie est à répartir en amont. Si, pour nous, aller au karaté le mardi soir est important, il faut organiser notre journée en fonction. En identifiant correctement nos priorités, nous gagnons du temps sans entamer notre productivité. Quelle est la différence ici entre une *montre* et une *boussole* ? La *montre* représente le séquencement et la durée de nos activités mais ne dit rien quant à l'importance relative de ces activités. En revanche, la boussole représente notre orientation : elle indique la direction générale que nous voulons donner à notre vie, le sens que nous conférons à nos différentes activités. Dans l'équilibrage des versants professionnels et personnels de notre vie, il faut utiliser la boussole autant que la montre.

Faire le deuil du « manager débordé »

Attention

Le premier secret de la gestion du temps est encore d'accepter de ne plus être débordé. Étrangement, encore aujourd'hui, dans de nombreuses entreprises françaises, être débordé, courir partout, ne pas avoir une minute, ne pas être disponible est quelque chose de valorisé. Dans l'inconscient collectif, cela signifie que l'on est important, que l'on a beaucoup de responsabilités. Encore plus étrangement, gérer correctement son temps, être disponible, trouver du temps au dernier moment, être posé, finir sa journée dans les temps, n'est pas vraiment valorisé alors que c'est la clé d'une organisation optimale. De nombreux pays anglo-saxons et scandinaves accordent déjà une grande valeur à la « bonne » gestion du temps, et ces pays ne comptent pas pour les moins productifs !

La « loi de Parkinson »

Attention

Selon la loi énoncée de manière à la fois humoristique et sérieuse par l'historien britannique Cyril Northcote Parkinson, tout travail d'un fonctionnaire se prolonge pour occuper entièrement le temps qui a été affecté à sa réalisation. Nous pouvons reformuler ainsi cette loi dans le contexte présent : « Plus on a de temps pour une tâche, plus cette tâche prendra du temps[12]. » La conséquence de cette loi pour nous, c'est que, lorsqu'on ne fixe pas de limite horaire ou calendaire dans la réalisation d'une tâche ou la prise d'une décision, celles-ci s'éternisent. Il faut donc borner son temps et celui des autres, en faisant préciser les délais : « Avez-vous cinq minutes ? — Oui, j'ai cinq minutes précisément ! » « Répondez-moi dès que vous pouvez » peut devenir : « Répondez-moi avant 18 h 00. »

Truc

Nous pouvons utiliser la fameuse matrice d'Eisenhower (présentée au chapitre 3) pour catégoriser toutes nos activités, qu'elles relèvent de notre vie professionnelle ou de notre vie personnelle. Cela nous permet de distinguer entre ce qui est urgent et ce qui est important et ainsi d'identifier ce qui est à la fois urgent et important. Les tâches importantes sont celles dont la non-réalisation entraînerait des conséquences graves. Il est étonnant de voir combien d'activités représentent des tâches clés à planifier ou des tâches parasites à repenser.

	Moins urgent	Plus urgent
Plus important	Tâches clés – à planifier	Tâches prioritaires – à faire maintenant
Moins important	Tâches parasites – à repenser	Tâches « pompier » – à déléguer si possible

Bien communiquer sur son organisation

Selon une loi connue sous le nom de « loi de Carlson », « le temps perdu à cause de l'interruption d'une tâche est supérieur au temps de l'interruption ». Car remobiliser son attention demande

12. Roger Moyson, *Gérer son temps et son stress. Pour un nouvel humanisme*, De Boeck.

du temps et de l'énergie, et la transition peut se révéler beaucoup plus chronophage et énergivore qu'on ne pourrait l'imaginer. Ainsi, les interruptions non maîtrisées sont à limiter. Les tâches parasites sont souvent liées aux interruptions non programmées dans la journée : différents collaborateurs qui font irruption dans notre bureau pour des questions diverses, différentes « urgences » que l'on nous demande de régler rapidement.

Truc

D'où l'importance de communiquer clairement sur ce qui est gérable ou pas dans notre mode de fonctionnement. Il nous faut fabriquer un référentiel commun avec notre entourage, ce qui permettra de déterminer ce que nous permettons et ce que nous ne permettons pas comme intrusion. Par exemple, nous pouvons décider qu'un collaborateur peut nous déranger hors permanence si, et seulement si, la résolution est un arbitrage qui vous prendra moins de 2 minutes : un simple choix, par exemple, entre option A ou option B. Pour toutes les questions de fond qui demandent plus de temps, nous pouvons reprogrammer un rendez-vous de travail. Communiquer sur notre fonctionnement est impératif dans la mesure où cela permet à notre entourage d'être responsable de l'effet produit sur nous. Une communication floue augmente les temps de justifications hasardeuses et chronophages de la part de collaborateurs qui voudraient nous imposer leurs priorités de manière non planifiée.

Réduire les tâches parasites renvoie souvent au problème de réduire les temps d'échanges informels que nous trouvons utiles aussi pour créer une bonne qualité de relation. Bonne nouvelle, ces temps-là aussi sont programmables : pourquoi ne pas accorder des temps privilégié aux uns et aux autres à des moments de la semaine qui sont pertinents dans notre agenda ? Le mardi et le jeudi, une demi-heure après déjeuner ? C'est à nous d'organiser un fonctionnement efficient pour préserver nos objectifs pro et perso et la qualité de nos relations en général. À chacun de mettre en place le système le plus pertinent par rapport à ses besoins.

Gérer notre énergie

Attention

Cette fois, c'est une loi attribuée au penseur écologique Ivan Illich, la « loi d'Illich », qui nous enseigne qu'« au-delà d'un certain seuil, l'efficacité humaine diminue jusqu'à devenir négative ». C'est la loi des rendements décroissants. Au bureau, au-delà de 90 minutes, l'attention est en chute libre. Alors, inutile de s'acharner sur un dossier en négligeant le déjeuner ou en restant beaucoup plus tard que prévu, la journée à rallonge ne nous rendra pas plus efficients. Si obtenir notre ceinture marron de karaté est un objectif important pour nous, alors il doit trouver sa place dans notre agenda. Sans quoi nous allons nous retrouver dans un état de frustration contre-productif et surtout extrêmement consommateur d'énergie. Ne nous cachons pas derrière notre travail pour ne pas avancer sur la globalité de nos projets. Dans la vie personnelle aussi, il va falloir arriver à identifier nos priorités réelles, c'est-à-dire celles qui génèrent de la véritable satisfaction et donc de l'énergie. Ces arbitrages-là ne peuvent pas faire l'économie d'une explication claire dans notre entourage.

Rendre concrète la notion de ressources

À quoi cela sert-il de stocker de l'énergie, de l'emmagasiner comme un chauffe-eau solaire ? Pour tous ces jours où il nous est impossible de faire autrement, pour tous ces jours où la tâche ou l'activité est subie, ou très fatigante car la contrainte de masse de travail est trop grande. Il faut donc rendre concrète la notion de ressources. Prenons une analogie toute simple, en imaginant que les ressources dont nous avons besoin chaque jour pour être efficaces dans notre vie sont notre carburant. Ce carburant, comme toutes les énergies, peut être mis en stockage et renouvelé, mais il n'est pas inépuisable.

Naturellement, et cela varie d'une personne à l'autre, nous avons la capacité de stocker de l'énergie pour faire face à différentes situations, dont certaines demandent beaucoup de ressources, d'autres moins, certaines pas du tout. Ce sont ces dernières qui génèrent des ressources et alimentent notre réserve.

Il est possible d'identifier au sein de chaque univers, professionnel et personnel, ce qui nous coûte plus ou moins d'énergie, afin de ne pas nous retrouver à sec. Notre réservoir doit toujours être suffisamment plein pour souffrir de variations fortes. Nous ne sommes jamais à l'abri d'un imprévu qui viendrait épuiser la quasi-totalité de nos réserves : une énorme charge de travail ou un problème familial.

Il y a une économie des flux : ne disons jamais que tous les jours se ressemblent. Certains jours, nous aurons plus d'entrées que de sorties et inversement. Prenons un exemple : c'est le matin du lancement d'un nouveau projet dont vous êtes le pilote, vous allez devoir prendre des décisions et mobiliser un maximum de ressources. Un jour comme celui-ci est *a priori* « coûteux ». Pourquoi *a priori* ? Car même sur un jour coûteux, nous pouvons récupérer de l'énergie, par exemple si tout se passe comme nous l'avions prévu. Si notre travail est reconnu, alors la satisfaction que nous allons en retirer nous permettra de trouver un équilibre entre coût et bénéfice.

Parfois, il faut prendre le risque d'investir plus au départ (en préparation, en gestion logistique, en gestion de personnel, en clarification des objectifs, en formalisation...) pour optimiser le retour sur investissement. Il faut donc identifier avec pertinence les temps qui peuvent générer de l'énergie sur le plan personnel. Normalement, les moments de plaisir, de partage avec ceux que l'on aime (la famille ou les amis) sont générateurs d'énergie.

La satisfaction immédiate : un faux ami

En général, la satisfaction immédiate n'est qu'un mirage pour notre bien-être et ne viendra remplir notre cuve que d'une vapeur éphémère qui fera monter la jauge fictivement le temps d'un bref instant. Cette forme de satisfaction est à utiliser avec parcimonie. L'important, c'est d'en avoir conscience et de ne pas se laisser leurrer.

Prenons une image : vous pouvez tolérer d'avoir cédé au plaisir intense d'une énorme cuillère de Nutella une fois de temps en temps. Mais si cela se répétait trop souvent, plusieurs fois par jour et par semaine, vous seriez plus victime de culpabilité que bénéficiaire du plaisir gustatif. Il en va de même pour nos deux univers, professionnel et personnel. L'équilibre passe par l'évaluation la plus subtile de ce qui va nous nourrir de façon pérenne et de ce qui nous rassure sur l'instant sans pour autant enrichir notre leadership.

Vous ne supportez plus la lenteur ou le manque d'investissement d'un de vos collaborateurs ? Ce qu'il ne faut pas faire, pour votre survie, c'est d'attendre en vous disant qu'il finira par comprendre à force de petites insinuations. Non, car dans ce cas précis, vous êtes en situation de leurre : cela vous soulage sur l'instant de gérer la situation en surface avec une petite réflexion. Vous faites le calcul que c'est une période dense, que le rythme de travail est soutenu, inutile d'en demander plus à tout le monde, nous verrons plus tard... Erreur ! Si vous prenez le temps de faire un débriefing avec ce collaborateur, si vous l'amenez, en plusieurs étapes judicieusement menées, à comprendre que vous avez une réflexion à mener ensemble, si vous l'accompagnez dans l'incorporation de l'idée qu'il peut faire autrement, alors vous aurez gagné sur tous les plans :

» **Pour vous – une situation parasite en moins. Une fois autonome, ce collaborateur ne vous prendra plus d'énergie inutilement.**

» **Pour vous deux, dans la relation managériale – une relation de qualité est amorcée par la confiance et la co-construction, ce qui nécessite moins de remettre le métier sur l'ouvrage.**

» **Pour lui – la découverte d'une nouvelle partie de ses compétences et l'acquisition d'une énergie supplémentaire, probablement à mettre au profit d'autres chantiers en cours.**

Être aligné

Notre pire ennemi en matière d'énergie, c'est l'inconfort du non-alignement. Il s'agit de tous ces moments où vous êtes à un endroit ou dans une tâche, tandis que le reste de votre esprit se demande pourquoi vous êtes là, ou pourquoi vous avez dit « oui ». Nous sommes alignés quand ce que nous ressentons est en accord avec ce que nous disons et avec ce que nous faisons.

Un collaborateur vous demande du temps une énième fois alors qu'au fond de vous, vous trouvez qu'il n'est pas très actif ? Il faut trouver un moyen de vous aligner. Il y a deux façons :

» **Soit vous refusez de lui consacrer du temps, en trouvant un moyen diplomatique d'exprimer votre refus.**

» **Soit vous acceptez, mais en vous persuadant qu'il a de bonnes raisons de vous demander de l'aide.**

Dans les deux cas, l'objectif est que ce que vous ressentez soit en accord avec ce que vous dites mais aussi avec ce que vous faites. Il suffit d'utiliser le tableau suivant :

Moi	Alignement
Ce que je ressens	Oui/non
Ce que je dis	Oui/non
Ce que je fais	Oui/non

Nous capitalisons lorsqu'il y a un alignement parfait entre notre ressenti intérieur et nos paroles et nos actes.

Imaginez que vous êtes convié à un repas de famille un beau dimanche de printemps, et pour ne pas blesser votre grand-tante, vous avez accepté de vous y rendre alors que vos meilleurs amis sont partis faire une randonnée qui vous faisait beaucoup plus envie. Comment est votre tableau ? Cet exemple met en évidence que, contrairement à ce que l'on pourrait croire, ce ne sont pas forcément les moments dits « de détente » qui infléchissent le curseur vers le positif. Évidemment, on ne peut pas systématiquement aligner les trois dimensions, mais c'est très souvent possible, ce qui nous laisse de l'énergie pour toutes les fois où c'est impossible.

Voici six qualités qui nous permettent de gagner systématiquement en ressources énergétiques :

- *La clarté*. Être clair avec soi, ses envies, son positionnement, son engagement. Être clair avec les autres et faire régulièrement des points d'étape pour s'assurer qu'on est toujours en accord, tant dans son équipe que dans sa famille. Si une situation évolue, ne laissons pas le trouble s'installer.
- *L'anticipation*. Rien ne se passe jamais comme on l'a prévu. Lorsque c'est important pour vous, cherchez à anticiper et à réduire l'impact des pépins.
- *La liberté*. Donnez aux autres la liberté de choisir, afin de ne pas porter par la suite la culpabilité d'une situation. Donnez suffisamment d'éléments à vos collaborateurs, à votre entourage, pour qu'ils puissent choisir en toute liberté de vous suivre ou non.
- *La cohérence*. Être cohérent évite de déstabiliser votre entourage. La régularité dans les actions et les réactions donne des repères qui permettent à une équipe de s'assainir. Si vous reconnaissez un temps de surcharge de travail pour vos équipes, ne lancez pas dix nouveaux projets le lendemain. Si vous parlez de restrictions budgétaires, n'étalez pas votre visite dans la filiale canadienne en hôtel 5 étoiles.
- *La neutralité*. Ne prenez pas parti dans les conflits des autres. Ne créez pas d'alliances individuelles, même si vous avez des affinités avec certains plus qu'avec d'autres. Cela génère trop de non-dits et de tensions qu'il vous faudra réguler à un moment ou à un autre.
- *Le cadre*. Déterminez un cadre clair et tenez-le fermement. À l'intérieur de ce cadre, la marge de manœuvre peut être extrêmement grande. C'est à vous de délimiter le périmètre que vous vous sentez à même de contrôler. N'allez pas au-delà.

Soyons justes et notre entourage le sera aussi. La simplicité dans l'échange permet de travailler de façon constructive, même si cela prend plus de temps à mettre en place. Ne surjouons pas de notre posture de manager. Faisons confiance aux capacités des personnes qui nous entourent : elles sont souvent simplement en sommeil du fait de ne pas être suffisamment sollicitées. Pour un bon équilibre entre vie professionnelle et vie personnelle, il faut jouer collectif. Si nous répartissons les actions dans le temps et dans l'espace, alors les objectifs seront atteints.

Nous vivons des mutations sans précédent. La crise sanitaire a remis en cause notre rapport à l'espace et au temps, et a fait s'effondrer de nombreuses frontières, notamment entre l'espace professionnel et l'espace personnel. La société est pleine d'injonctions, elle marque de plus en plus d'attentes, et de plus en plus vite. Nos vies quotidiennes se modifient, changeant irrémédiablement les modes de vie des personnes (individus, couple, famille), des organisations (télétravail, école) et les processus de décisions. Jusqu'où faut-il marquer nos différences ? En quoi ces différences permettent d'entrer en résonance avec l'autre pour être en relation ? Quels frottements nous façonnent, nous transforment ?

Discutons les rôles historiques qui ont été attribués à chacun des genres. Sont-ils encore acceptables aujourd'hui ? Sont-ils adaptés ? C'est le moment de s'affranchir de ce qui a été imposé culturellement aux femmes et aux hommes, pour revisiter nos aspirations, nos modes de fonctionnement, et préparer un avenir qui a du sens pour nous, marqué par une coopération plus juste entre les genres.

Pour en savoir plus

Roger Moyson, *Une nouvelle gestion du temps ! Qualité de vie et efficacité personnelle* (De Boeck).

Christine Mirabel-Sarron, Nayla Chidiac, *Bien gérer son temps. Pour vivre mieux* (Odile Jacob).

Lothar J. Seiwert, *Prendre son temps pour en gagner. Gérez vos priorités, rééquilibrez votre vie* (Eyrolles).

Test

Testons nos connaissances

❶ Une tâche qui n'est ni urgente ni importante est une tâche :

❑ parasite.

❑ « pompier ».

❑ clé.

❑ prioritaire.

❷ La « loi de Parkinson » décrit une situation où :

❑ on nous interrompt constamment.

❑ les rendements sont décroissants.

❑ notre énergie doit être dosée.

❑ une tâche prend tout le temps qui lui est attribué.

❸ Pour bien gérer son temps et son énergie, un manager a besoin d'aligner les éléments suivants, sauf un. Lequel ?

❑ Ce qu'elle/il ressent.

❑ Ce qu'elle/il dit.

❑ Ce qu'elle/il boit.

❑ Ce qu'elle/il fait.

1) parasite.
2) une tâche qui prend tout le temps qui lui est attribué.
3) Ce qu'il/elle boit.

Partie 5
La partie des Dix

Dans cette partie...

Deux sections très courtes et faciles à consulter vous aideront à approfondir votre propre réflexion sur le management moderne.

Chapitre 19

Dix éléments en conflit dans le management actuel

En ce moment, le management et le monde de l'entreprise connaissent un changement de paradigme. Dans la vie professionnelle, le système de nos relations, influences et interactions est en train d'évoluer, donnant lieu à de nouvelles propriétés émergentes. Le manager de l'avenir, mais déjà le manager actuel, doit s'adapter aux nouvelles exigences de son rôle au quotidien. Le nouveau paradigme se décline à travers des conflits entre les dix éléments suivants :

Le passé ?		L'avenir ?
L'autorité	*contre*	Le leadership
La bureaucratie routinière	*contre*	Les « 3U »
Le reporting simpliste	*contre*	La culture d'entreprise « apprenante »

Le passé ?		L'avenir ?
La rente	*contre*	La création de valeur
L'attitude « chacun pour soi »	*contre*	L'équilibre intérêts individuels/intérêts collectifs

L'autorité contre le leadership

Le management fondé sur le commandement pur et simple (en anglais *command and control*), où le manager tire son autorité de son rang dans la pyramide hiérarchique, cède la place à une autorité fondée surtout sur la capacité d'initiative, la force de persuasion personnelle et une compréhension profonde des autres – leurs compétences, leurs motivations et leurs besoins. Pour attirer et conserver les meilleurs talents et pour relever les défis des marchés d'aujourd'hui en constante mutation, l'autoritarisme ne suffit plus.

La bureaucratie routinière contre les « 3U »

La bureaucratie routinière, où l'on se contente d'appliquer des procédés toujours identiques, se révèle totalement inadéquate face à la complexité de la vie quotidienne de l'entreprise. Si ses collaborateurs doivent faire preuve de plus d'autonomie et de jugement individuel, le manager à son tour doit leur laisser plus de marge de manœuvre. Il doit les encourager et les préparer à être ainsi plus agiles. Il veillera désormais à ce que tout procédé dans l'entreprise soit *utile*, *utilisable* et *utilisé* (les *3U*) – c'est-à-dire, *a*) pertinent par rapport à l'objectif fixé ; *b*) adapté aux moyens réels qui sont à la disposition des collaborateurs sur le terrain ; et *c*) véritablement mis en œuvre. L'origine des procédés – qu'ils soient décidés par la direction de l'entreprise ou inventés et bricolés par les collaborateurs – est secondaire pourvu qu'ils répondent à ces trois critères.

Le reporting simpliste contre la culture d'entreprise apprenante

Les systèmes de *reporting* simplistes, qui réconfortent le manager en lui donnant l'illusion de contrôler la situation et en lui permettant de désigner des « coupables » quand les choses se passent mal, n'ont pas prise sur la réalité et gaspillent des ressources. Les meilleures entreprises d'aujourd'hui sont en train de développer de véritables cultures « apprenantes » (en anglais *learning cultures*) où on traite l'erreur en la considérant comme une source de leçons pratiques au lieu d'une faute à punir.

La rente contre la création de valeur

Dans le monde traditionnel, la valeur ajoutée et les récompenses sont très souvent calculées en fonction surtout de *chiffres* (pour la valeur ajoutée) et de *situations* (pour les récompenses). Aujourd'hui, on reconnaît de plus en plus la contribution à la valeur de la *créativité immatérielle* et on respecte de moins en moins la part de *rente* exigée par ceux qui se sont fait une « place au soleil » dans la hiérarchie. Pour récompenser les vrais talents dans nos organisations et les fidéliser, il faudra savoir apprécier plus finement la création de valeur dans l'entreprise.

L'attitude « chacun pour soi » contre l'équilibre intérêts individuels/intérêts collectifs

Dans les organisations pyramidales qui ont tendance à écraser les individus, l'attitude égoïste peut acquérir une dimension positive dans la mesure où elle semble constituer un acte de révolte contre le système. Aujourd'hui, *l'individu* plus que jamais réclame son autonomie face au « Léviathan » organisationnel, mais plus que jamais nous avons besoin de travailler en équipe. Chaque acteur doit intégrer son équipe, y contribuer, être disponible pour les autres et respecter les objectifs communs ; mais l'équipe doit s'adapter dans une certaine mesure aux caractéristiques et aux besoins particuliers de ses membres. Savoir faire la part du collectif et de l'individuel est désormais une des capacités fondamentales du manager.

Chapitre 20

Dix classiques de la littérature managériale

Voici dix livres classiques pour vous permettre de découvrir différentes approches du management. Si ces livres présentent parfois des thèses contradictoires, c'est au lecteur de trancher !

Bâties pour durer. Les entreprises visionnaires ont-elles un secret ?

Jim Collins, Jerry I. Porras. Éditions First.

Votre entreprise est-elle bâtie pour durer ? Jim Collins et Jerry Porras, tous deux professeurs à Stanford, nous montrent par leurs recherches poussées que les entreprises qui perdurent sont celles qui ont une vision. Un best-seller pour appréhender le concept « d'entreprise visionnaire ».

De la performance à l'excellence. Devenir une entreprise leader

Jim Collins. Pearson.

Votre entreprise est-elle performante ou excellente ? Jim Collins explique les secrets des entreprises qui réussissent mieux que les autres. Et si ce n'était pas qu'une question de vision ou de leadership charismatique ?

L'Entreprise consciente. Comment créer de la valeur sans oublier les valeurs ?

Fred Kofman. Éditions des Îlots de résistance.

Êtes-vous plutôt *victim* ou *player* ? *Knower* ou *learner* ? Fred Kofman nous fait travailler sur nous-mêmes et nous fait prendre conscience des comportements parfois négatifs que nous pouvons avoir dans l'entreprise. Une bible du management pour créer de la valeur sans faire l'impasse sur ses valeurs.

La Sagesse des foules

James Surowiecki. Éditions J.-C. Lattès.

Comment utilisez-vous l'intelligence collective dans votre entreprise pour répondre à vos enjeux ? L'économiste James Surowiecki nous montre que les plus grandes décisions de l'histoire ont été prises de manière collective et que cette notion ne s'applique pas qu'à la politique. En effet, la somme des intelligences non expertes sur un sujet peut être supérieure à un celle d'un expert pour régler un problème complexe.

Les Employés d'abord, les clients ensuite. Comment renverser les règles du management

Vineet Nayar. Éditions Diateino.

Le client, toujours le client, encore le client. Tout est fait dans l'entreprise pour le client. Expérience client, stratégie client, fidélisation client... Pourtant est-ce vraiment le client qui crée la valeur de l'entreprise ? Dans son livre comme dans son entreprise, Vineet Nayar pense à ses employés d'abord, les clients ensuite. Un livre rafraîchissant pour renverser les règles du management.

Alerte sur la banquise ! Réussir le changement dans n'importe quelles conditions

John Kotter, Holger Rathgeber. Village Mondial.

Quelle est votre expérience de la conduite du changement ? John Kotter nous propose, à travers l'histoire de Fred le Pingouin, la meilleure approche pour réussir un changement face aux résistances que l'on peut vivre. Une métaphore enfantine pour comprendre un sujet qui est loin d'être enfantin !

Gamestorming. Jouer pour innover. Pour les innovateurs, les visionnaires et les pionniers

Dave Gray, Sunni Brown, James Macanufo. Éditions Diateino.

Comment rendre vos réunions, vos ateliers, vos temps de réflexion et de créativité plus efficients et plus plaisants ? Ce livre va vous permettre, à travers plus de quatre-vingts jeux, de stimuler la créativité de vos équipes. Qui a dit que plaisir et travail n'étaient pas compatibles ?

Business model. Nouvelle génération. Un guide pour visionnaires, révolutionnaires et challengers

Alexander Osterwalder, Yves Pigneur. Pearson.

Nous sommes passés d'une consommation de la musique avec l'achat de cassettes et CD au droit d'écouter de la musique par le paiement d'un forfait (par exemple, Deezer). Aujourd'hui, nous parlons d'ubérisation de l'économie. Et vous, quel est votre *business model* ? Que faites-vous aujourd'hui pour adapter votre *business model* à vos clients ?

Ce livre va vous apporter de nouvelles façons de penser et des outils pratiques pour innover et créer de la valeur.

L'Intelligence émotionnelle

Daniel Goleman. J'ai lu.

Quel est votre niveau d'intelligence émotionnelle ? Si pour beaucoup d'entreprises, émotions et travail ne vont pas ensemble, les émotions sont pourtant incontournables. Daniel Goleman nous permet de mieux les comprendre pour les maîtriser et ainsi améliorer nos compétences et aptitudes dans nos relations.

Les vrais leaders se servent en dernier. Pourquoi certaines équipes se serrent les coudes et d'autres pas

Simon Sinek. Pearson.

Afin de créer et de maintenir un esprit d'équipe fondé sur la confiance mutuelle et un sentiment de sécurité, les meilleurs leaders mettent l'intérêt de leurs équipiers avant le leur. L'auteur du livre a découvert cette leçon auprès d'un général des marines américain qui lui a dit : « Les officiers mangent en dernier », c'est-à-dire, après leurs troupes. Cette leçon s'applique, non seulement sur le champ de bataille, mais en entreprise aussi et dans tous les types d'organisation.

En toute franchise. Adoptez la sincérité bienveillante et devenez un super chef

Kim Scott. Pearson, 2019.

Le manager est souvent tenté de ne pas dire à ses collègues, collaborateurs et chefs ce qu'il pense véritablement, soit par crainte de leur réaction, soit parce qu'il les croit incapables de comprendre, soit parce qu'il est de l'avis qu'il pourra exercer plus de contrôle en gardant des informations pour lui. Mais trop souvent, en adoptant cette attitude, le manager crée de la méfiance, démotive les autres et sape sa propre autorité.

Ce livre nous montre de manière pratique le lien essentiel entre le leadership et une sincérité bienveillante.

Index

D

E

F

T

U

V

Z